新时代地方政府治理转型：基于长三角地区的经验研究

曾　莉　主编

華東理工大學出版社
EAST CHINA UNIVERSITY OF SCIENCE AND TECHNOLOGY PRESS
·上海·

图书在版编目(CIP)数据

新时代地方政府治理转型：基于长三角地区的经验研究 / 曾莉主编. —上海：华东理工大学出版社，2019.12

ISBN 978-7-5628-5942-0

Ⅰ. ①新… Ⅱ. ①曾… Ⅲ. ①长江三角洲—地方政府—行政管理—研究 Ⅳ. ①D625.5

中国版本图书馆 CIP 数据核字(2019)第 271668 号

内容提要

本书立足新时代地方政府治理体系和治理能力的现代化转型，借助华东理工大学公共管理(MPA)专业硕士研究生的优秀研究成果，以及地方政府职能部门一线工作人员的实证研究，从基层治理、公共服务、市场监管、应急管理、生态治理等领域，梳理长三角地区地方政府治理转型的典型案例，总结发达地区地方政府治理现代化转型的实践经验、特点和规律，以期推进我国地方政府治理转型的理论发展。本书的阅读对象主要为高等学校和研究机构中从事公共管理领域研究的师生，以及在公共部门工作的实务界人士。

策划编辑 / 刘 军
责任编辑 / 藕 园 刘 军
装帧设计 / 戚亮轩
出版发行 / 华东理工大学出版社有限公司
地址：上海市梅陇路 130 号，200237
电话：021-64250306
网址：www.ecustpress.cn
邮箱：zongbianban@ecustpress.cn
印 刷 / 江苏凤凰数码印务有限公司
开 本 / 710 mm×1000 mm 1/16
印 张 / 23.5
字 数 / 323 千字
版 次 / 2019 年 12 月第 1 版
印 次 / 2019 年 12 月第 1 次
定 价 / 118.00 元

目　录

第 1 编　基层治理

第 2 编　市场监管

第3编 公共服务

第4编 应急管理

第5编 生态治理

总　论

一、研究背景与意义

党的十九大报告指出:“经过长期努力,中国特色社会主义进入了新时代,这是我国发展新的历史方位。”这一重大判断的直接依据和关键前提是“社会主要矛盾的转化”,即新时代社会主要矛盾已转化为“人民日益增长的美好生活需要和不平衡、不充分发展之间的矛盾”。社会主要矛盾的转化意味着党和国家工作主线的变化,以及政府职能乃至政府治理的必然转型。改革开放40年来,我国经历了快速发展的工业化和城市化阶段,经济实力和综合国力实现了重大突破,人民生活发生了翻天覆地的变化。新时代社会发展的主要问题不再停留于吃、穿、用、行等基本生活层面,而是向更高层次、更高质量的美好生活需要看齐。但是满足美好生活需要,首先需解决因发展不平衡、不充分带来的系列问题。因此,社会主要矛盾的变化,迫切需要以政府职能转变为切入点,加快政府治理转型,从而助推新时代决胜全面建成小康社会。

地方政府是国家政权组织的基本单元,也是国家治理的基层践行者。

地方政府治理是地方政府部门运用政府权力，解决地方政府面临的公共问题，维护和实现地方整体利益而实施的政府行为。党的十八届三中全会强调，全面深化改革的总目标就是完善和发展中国特色社会主义制度，推进国家治理体系和治理能力现代化。国家治理现代化首先需要实现地方政府治理的现代化。地方政府治理转型，旨在立足我国城市化发展和社会主要矛盾变化，地方政府为应对市场“脱嵌”于社会带来的问题，在治理理念、治理结构、治理内容、治理方式等方面主动进行角色调适或行为变革，以最终推进政府治理体系和治理能力的现代化。地方政府治理转型，不仅影响政府治理的现代化进程，也关涉国家治理的现代化程度。

地方政府治理转型的过程，也是发展型政府向服务型政府转变的过程。服务型政府是新时代地方政府治理转型的基本方向。如何立足“以人民为中心”，解决不平衡不充分发展的问题，最大限度地满足人民日益增长的美好生活需要，是新时代地方政府治理转型的逻辑起点。我国“不平衡”的发展问题，首先是经济发展和社会发展的不平衡。改革开放的实践表明，我国仅用 30 年的时间，就完成了发达国家曾用 200 年才走完的发展历程，经济发展取得了举世瞩目的成就，目前经济总量已稳居世界第二，保持中高速增长。当然，经济增长的奇迹也得益于中国对社会主义市场经济制度的坚持。随着市场经济向纵深推进，“市场原则开始席卷非经济领域，大有成为整合社会生活机制的势头。甚至经济试图‘脱嵌’于社会并进而支配社会。”[①]对效率原则的极致追求，使市场化的诸多问题日益凸显，如贫富差距扩大、环境污染严重、看病难、上学难、食品不安全、城市交通拥堵、社会信用水平偏低等；社会福利发展滞后，医疗、教育、就业、社会保障等基本公共服务总量不足，均等化程度偏低。同时，我国“不平衡”的发展问题，也是区域之间、城乡之间发展的不平衡问题。总体上我国不同区域的城乡居民生活已得到普遍改善，基础设施建设、居民收入、社会保障、生活水平

① 王绍光. 大转型：1980 年代以来中国的双向运动[J]. 中国社会科学，2008(1).

都在稳定提升。但是，囿于市场机制的作用或政策效应的滞后，优势资源的配置在东西部之间仍存在差距。而且，城乡之间的差距仍然明显，尤其是在医疗、教育、养老、收入分配等方面，社会整体贫富差距尚需进一步缩小。

改革开放的实践经验表明，市场虽然是必要的，但不是万能的；在经济与社会发展的关系中，市场经济的发展取得了举世瞩目的成绩，但不平衡发展使社会矛盾不断激化；在经历了早期的市场化梦魇之后，社会的自我保护作用日益增强，而国家（政府）在平衡市场和社会之间的关系中，扮演着不可或缺的积极角色。新时代社会主要矛盾的转化，预示着地方政府工作的重心应从追求单一的经济发展，转向同时兼顾效率与公平，即在继续推进经济发展的基础上，更加关注民生福祉，即强调公平公正和公共服务质量的实质性提升。因此，建设人民满意的服务型政府，是新时代社会调节主要矛盾的需要，也是地方政府治理转型的未来方向，以及深化行政体制改革的必然要求。

新时代社会主要矛盾的转化，对深化行政管理体制改革、加快地方政府治理转型提出了更高的新要求。2018 年 6 月，李克强总理在全国深化“放管服”改革转变政府职能电视电话会议上进一步指出：“简政放权、放管结合、优化服务改革是一场刀刃向内的政府自身革命，是推动政府职能深刻转变、极大激发市场活力的战略举措。”①“放管服”改革，力求改变重权利轻责任、重效率轻公平、重发展轻服务等价值取向，推动地方政府治理体系和治理能力现代化。新时代地方政府治理转型，将以转变地方政府职能为切入点，以“放管服”改革为推手，重点聚焦“简政放权、创新监管、优化服务”的内容。其中，简政放权，是重构权力关系的结构性改革，是厘清“政府、市场、社会”等不同主体权力的清单，是划清各自权力的边界，建立法治型政府的基本要求，也是建设服务型政府的基本前提。创新监管，是全面深化政府职能转变

① 李克强. 在全国深化“放管服”改革转变政府职能电视电话会议上的讲话[R/OL]. 中国政府网，2018.

的重要体现，只有在地方政府职能精准定位的前提下，才能明确政府该管什么和不该管什么；只有做到有效放权，才能做到有效监管，二者必须统一。同时，政府监管将借助“互联网＋监管”技术的推广应用，助力政府质量的提升和责任政府的达成。优化服务，是利用现代互联网技术，全面推进服务型政府建设的重要手段。以人民为中心的发展观要求地方政府积极创新政务服务，利用先进技术手段，努力推进政务服务便利化、快捷化和人性化，以大幅度提升公共服务效率和群众满意度。

总之，新时代地方政府治理转型，是以转变政府职能为切入点，以法治型政府为前提，以责任型政府为抓手，以建设人民满意的服务型政府为目标，在治理理念、体制机制、治理技术等方面进行主动调适或深刻变革。其将最终推动我国改革开放向纵深发展，释放全社会“创新发展”的巨大活力，为经济发展、社会进步和人民福祉提供持续的内在动力，为实现新时代“新目标”、解决新时代“新矛盾”提供重要的体制机制保障。

二、地方政府治理转型的理论视界

（一）理论叙事：政府—市场—社会

政府是国家政治权威的代表，它以强制机制为基础，在国家治理中扮演着托底人的角色。政府治理转型关涉政府与市场、政府与社会之间的关系调整，这也意味着地方政府治理转型需要在“政府—市场—社会”的关系场域中讨论和践行。

1. 政府与市场的关系

政府与市场的关系是经济学理论发展的核心主题，其在不同阶段呈现出不同的特点。从15世纪末开始，随着商业资本的兴起，重商主义理论应运而生，其强调运用国家力量支持商业资本的发展，这是国家干预的原始形式。17世纪中叶，以亚当·斯密为代表的古典经济学诞生，其主张经济自由主义，反对国家干预，认为市场这只“看不见的手”是万能的，国家应该扮演“守夜人”的角色。随后，马歇尔对亚当·斯密以来古典经济学的经济思想进行了系统研究，强调自由市场经济是实现商品和要素均衡价格的方式，在其之后形成了“弱政府—强市场”的模式，在政府与市场的关系中，市场应发挥绝对作用。

20 世纪之后，经济学界越来越关注市场失灵问题和政府作用。20 世纪 30 年代世界经济大危机爆发，凯恩斯主义国家干预的理论兴起，作为现代国家干预主义形成的标志，其主张政府采取干预政策来调整经济。市场依然起主要作用，但政府发挥作用的领域和范围越来越广泛，形成“弱市场—强政府”的局面。20 世纪 70 年代，西方国家陷入“经济滞胀”的发展危机，新自由主义取代国家干预主义，经过不断发展，逐渐形成了包含哈耶克为代表的伦敦学派、弗里德曼为代表的货币主义、卢卡斯为代表的理性预期学派等广泛的理论派系，其在继承古典自由主义的基础上，宣扬自由化、市场化与私有化。到了 20 世纪 70 年代，主张政府干预的新凯恩斯主义兴起，在这些理论的不断发展中，学者更多地探讨政府与市场的相互作用，以期形成“强市场—强政府”的均衡局面。

受西方经济理论的影响，我国政府与市场的关系不断调整并走上了渐进发展的道路，政府与市场的关系经历了从非此即彼的替代关系到两者都是资源配置手段的观念转变，从计划经济为主、市场调节为辅的计划经济体制框架到社会主义市场经济框架的体制转变，以及从市场在资源配置中的基础性作用到决定性作用的转变。我国理论界对政府与市场关系的认知也在不断深入，社会主义市场经济体制完善需要依靠顶层设计与基层创新的良性互动，鼓励混合所有制经济的发展是中国社会主义市场经济体制的重大创新，完善中国特色的社会主义市场经济体制将是中国的一项长期任务。

市场经济是契约社会的体制基础，新市场元素和分散的国家机构的结合，催生了中国治理的创业精神。但是，放纵的市场竞争必然会带来无序的竞争和经济发展的外部性，以致损害个体及社会的利益，偏离市场发展的预期目标。同时，过多的政府干预，也会抑制市场的充分竞争乃至经济的良性发展。在适应国家治理转型的背景下，如何重构政府与市场的关系？一般聚焦于如下观点。

一是发挥市场的决定性作用，推进经济纵深发展。尊重市场运行中的价值规律、供求规律、竞争规律，市场的供求关系会自动地引导市场主体的行为，市场主体通过竞争机制提高劳动生产率，完善的市场机制下的价格信号引导企业家基于比较优势做出行为选择。可以说，市场的自发机制保障了经济活力。然而，市场可能在某些方面是失灵的，如在产业升级和技术创新的过程中必然会产生诸多外部协调，信息不对称的问题。可见，市场的良好发展离不开政府引导。

二是完善政府的宏观调控，保障社会公平。加强定向调控、相机调控、精准调控，健全财政、货币、产业、区域等经济政策协调机制；深化商事制度改革，全面实施市场准入负面清单制度，清除市场准入的垄断障碍；深化国有企业市场化改革，支持民营企业发展，发展混合所有制经济，激发各类市场主体活力；发挥市场监管职能，政府应发挥“掌舵”作用，为市场制定交易规则，确保市场有效运行，同时进行微观监控，约束经济主体的不良行为。除此之外，对于市场中出现的新事物，还应基于“交易先于制度”的原则，加强事中事后监管。

三是明确权责边界，加强政社合作。重构政府与市场的关系，不仅是两者在资源配置上的平衡问题，而且关键的是明确权责边界，尤其是公共物品的供给和生产责任的分配。为此，创新政社合作机制，应采用服务外包及公私合作等手段，创新公共物品的提供方式，继续探索政府与市场的有效合作模式。

2. 政府与社会的关系

政府(国家)与社会作为人类共同体的两个领域，其在不同时期不同地域都有自身的特征，这些特征一旦被人们的观念固化，便形成了对国家与社会关系的不同理解，进而演化为不同的理论模式。其中“多元主义”和“法团主义”较为典型。前者强调社会空间的独立性和竞争性，以及对政府的制约作用;后者突出社会组织由国家授权认可并受国家控制[①],强调国家与社会之间的制度化的合作关系。同时,“多元主义”建设基于发育良好的公民社会,它在中国并不具备条件;“法团主义”的政府主导治理逻辑对我国政府与社会关系的解释力较好。但是,政府与不同社会组织的关系是不同的,有的社会组织对政府的依附性更强,类似于法团主义,而有的社会组织则相对独立,其在结构上接近多元主义。概言之,由于这两大理论模式的个案研究取向,导致其对整体性解释存在不足,这就使得很多学者转而寻求其他替代性的理论模式。

基于此,康晓光等(2005)提出整体性的理论模式,即“分类控制”,其强调政府对不同的社会组织实施不同的控制策略,其控制强度取决于社会组织的挑战能力和社会功能[②]。继而,他们细化“分类控制”模式,提出“行政吸纳社会”理论[③],界定控制策略为“限制”和“功能替代”,即在通过控制社会组织稳固政府权力的同时,政府有意识地发挥社会组织提供公共服务的功能。其研究标志着中国政府与社会的关系研究从局部走向整体,从静态研究走向动态。在此基础上,有学者继续从不同角度进行完善。比如,唐文玉聚焦于服务型社会组织,修正“行政吸纳社会”,模式为“行政吸纳服务”[④],强调政府的支持与社会组织的配合;刘鹏提出“嵌入式监管”理论,即政府对社会组织实施嵌入性监管的同时,社会组织也愿意主动或被动地接受这种干预[⑤]。与分类控制相比,他们也更强调社会组织的自主性与主动嵌入性。另外,也有学者从政府角度展开分析,如,江华等(2011)提出“利益契合”分析框架[⑥],认为政府对社会组织的控制或支持都是基于利益契合度做出的,其用利益

---

① Schmitter P C. Still the Century of Corporatism? [J]. The Review of Politics,1974,36(1).

② 康晓光,韩恒. 分类控制:当前中国大陆国家与社会关系研究[J]. 社会学研究,2005(6):73—89.

③ 康晓光,韩恒. 行政吸纳社会——当前中国大陆国家与社会关系再研究[J]. 中国社会科学,2007(2):116—128.

④ 唐文玉. 行政吸纳服务——中国大陆国家与社会关系的一种新诠释[J]. 公共管理学报,2010,7(1):13—19.

⑤ 刘鹏. 从分类控制走向嵌入型监管:地方政府社会组织管理政策创新[J]. 中国人民大学学报,2011(5):91—99.

⑥ 江华,张建民,周莹. 利益契合:转型期中国国家与社会关系的一个分析框架[J]. 社会学研究,2011(3).

契合度的概念解释政府策略灵活性，而它也是政府与社会合作的切入点；邓正来等（2012）指出国家"机会主义"的管理策略，是具有"生存性智慧"的可纠错性的、灵活的制度安排[①]；任剑涛（2014）则认为，国家要保持中立性，让渡制度创新空间，形成国家与社会良性竞争的互动关系[②]。以上研究都强调了政府的开放性与合作诉求。这些修正性的理论弥补了对社会组织的自主性分析，深入了互动关系的研究，为政府与社会的合作奠定了理论基础。当然，未来的研究还需在已有成果的基础上，进一步运用实证方法具体剖析，以此加强问题导向。

总之，政府、市场、社会三者均随着时代的发展，不断调整自身的行为模式和功能，它们之间的力量对比始终处于动态的博弈之中。三者形成一种共生与互补的关系形态，并在相互耦合中形成一种整体性的制度结构模式。推动地方政府治理转型，需要"政府—市场—社会"三者间的良性互动，它们之间的关系结构也是地方政府治理转型的理论叙事。

（二）理论视角

政府治理转型是国家治理体系和治理能力现代化的必然选择。关于政府治理转型研究主要有三个维度，直接指向治理转型的实践环节，相对于前文的理论叙事而言较为具体和微观。第一，政治学视角，政府治理转型涉及治理的职能、职权与责任等层面，其主要回答"转型什么"的问题；第二，管理学视角，政府治理转型不仅是理论层面上的价值导向，而且是实践层面上的动态运行过程，涉及具体管理过程中资源、技术和制度保障等，其主要回答"怎么转型"的问题；第三，社会学视角，政府治理转型的目的是通过向市场与社会放权，建设服务型政府，构建社会协同共治的社会治理机制，更好地回应公众需求，其主要回答"向什么方向转型"的问题。目前，基于政治学的分析视角相对较多。

① 邓正来.监护型控制逻辑下的有效治理——对近三十年国家社团管理政策演变的考察[J].学术界，2012(3)：5—26.

② 任剑涛.国家转型、中立性国家与社会稳定[J].社会科学，2014(11)：3—15.

1. 政治学视角

(1) 权力维度

关于权力维度的地方政府治理转型研究，一般聚焦于中央与地方关系，从分权化改革、权责匹配等层面展开，其重点为剖析治理转型的政治逻辑。同时，一些研究从政府与社会关系的角度切入，探讨民主行政对推进地方政府治理转型的价值引导和根本影响。

首先，地方政府治理转型以政府分权化改革为逻辑起点，通过权力下放，使地方政府获得权力并成为独立的行政主体。但是，我国分权化改革存在分权不充分和地方权力膨胀的双重问题，分权不充分主要根植于权威体制与有效治理的矛盾①。张紧跟(2014)从分权目的的角度指出，立足中央集权的分权模式与公共资源的差异性分配，并不能增强地方政府在公共服务供给中的责任性与回应性②。周黎安(2014)从分权改革实践的角度认为，在行政权分配、激励机制和控制机制上的行政发包，赋予了地方政府更多的自由裁量权③，即分权改革获得了实质性的内容。同时，曹正汉(2011)从治理体制的角度指出，中国具有治官权与治民权上下分治的特征，地方在“治民权”上具有较大的自由裁量权和灵活性④，这种中国式分权体制的特征，决定了地方政府治理的自主性，甚或潜在的随意性。但是，在一些学者看来，改革开放后我国分权化改革从封闭性自主，转变为基于官僚组织控制和地方竞争体系的约束性自主，有效制约了地方政府自主性的膨胀⑤。为此，完善中央与地方关系的顶层设计，优化中央与地方的职能结构，合理配置财权事权，理顺重点领域条块关系，推进放管服改革，创新管理方式等都至关重要。

其次，财权与事权的统一，这是讨论地方政府治理转型的一个重要内

---

① 周雪光. 权威体制与有效治理：当代中国国家治理的制度逻辑[J]. 开放时代，2011(10)：67—85.

② 张紧跟. 参与式治理：地方政府治理体系创新的趋向[J]. 中国人民大学学报，2014(6)：113—123.

③ 周黎安. 行政发包制[J]. 社会，2014(6)：1—38.

④ 曹正汉. 中国上下分治的治理体制及其稳定机制[J]. 社会学研究，2011(1)：1—40.

⑤ 陈霞，王彩波. 嵌入式自主：中国经济发展中的地方政府治理转型——以国家自主性理论为视角[J]. 江汉论坛，2015(4)：31—34.

容。关于中央和地方政府的财权与事权不匹配问题，有诸多解释。如中国政府独特的职责同构导致上下级权责脱节①；事权划分不清晰、不合理，财权事权配置的规范化和制度化程度低；转移支付监管不力。一般认为，财权与事权匹配主要通过两种路径，其一，从“事权”角度推进权力规范配置。该角度认为，划分事权范围，应着重强调公共物品的纵向央地职责范围和横向多方主体的多层供给模式；而且，事权划分的关键是厘清政府职能，维持事权划分的稳定性。其二，借助转移支付制度来完善权责配置，即强化转移支付制度是对财权、事权不匹配的矫正安排。这种制度安排将有助于实现财政平衡，促进地方政府财力的合理配置。

最后，民主行政是政府治理的价值选择，也是政府善治的一种制度安排。民主行政主张去中心化和公民参与，反对单一的政府集权和效率至上主义，其中蕴含了公民参与和服务于民的管理理念，公共利益导向是民主行政的基本要义。然而，科层制组织结构及其效率导向也是政府治理的应有之义。由此，实现政府善治，也就意味着要处理好效率与民主价值的内在冲突，孙柏瑛等（2018）认为，政府治理转型是在“自上而下”基层政权建设与“自下而上”权利诉求的双向互动建构中进行的②，即政府治理转型是权威主体与社会主体之间价值碰撞与利益博弈的过程。

（2）职能维度

政府职能是政府治理转型的重要内容，职能转变是治理转型的内涵式变革。中华人民共和国成立后，我国政府角色经历了三个阶段的变迁：计划经济导向的全能型政府，经济绩效导向的管理型政府，以及公共利益导向的服务型政府。政府职能也由“划桨”向“掌舵”转变。值得注意的是，职能转变并不是简单的职能削减，政府职能包括政治、经济、社会和文化职能，职能转变其实就是政府职能增加、减少、合并与分散的过程，只是它更多地强调

① 周志忍，徐艳晴．基于变革管理视角对三十年来机构改革的审视［J］．中国社会科学，2014(7)：67—86．

② 孙柏瑛，武俊伟．“双向建构”中的城市政府基层社会治理转型——路径、困境与未来展望［J］．公共管理与政策评论，2018(1)：12—27．

职能的减少，如，行政审批改革、向基层放权的政策引导等；同时，它也强调职能的分散，如近年来职能面向的市场化和社会化趋势的不断增强。但是，政府职能的转变并没有改变“政府主导”的治理逻辑，由于政府职能自身的扩张性和非规范性，其容易异化为“政府本位”的观念和行为，造成政府失灵和治理失败问题。为此，转变政府职能的关键在于职能法治化，包括角色定位、顶层设计、体制机制等法治政府的完善和配套；同时，推动简政放权，转变发展方式，向社会组织购买服务等。

（3）责任维度

对政府责任的研究，涵盖了权责配置、政府行为选择以及微观机制设置等方面。学界一般围绕“权责—避责—问责”等内容展开相关探讨，即沿着权责不对等、风险回避的行为选择与问责制度缺失的逻辑，理顺政府责任机制。政府治理责任面临的主要问题是权责不对等，即有限权力与无限责任之间的冲突。之所以出现权责不对等现象，是由于权力与责任在触发机制、配置过程、边界范围和动态演变等方面出现的不匹配问题。[①] 其中，“有权必有责”的初始权责划分机制可能是合理的，但最重要的问题在于边界界定和动态演变两个环节，即法律界定的不清晰、不完善。另外，在中央对地方政府“层层加码”的过程中出现了责任下移问题，并且正是因为边界不清，事权才有可转移的潜在性。由此可见，法治化程度低是权责不对等的主要原因。此外，有学者认为，正是“问责有限的分权”，即横向问责机制的不健全与纵向问责机制的有限性，使得地方政府可以自由追求财政收益最大化并选择履行职能。[②] 也就是说，问责机制不力使得对权责不对等的制度矫正无法发挥有效作用。基于法治化程度低与负向惩罚的不力，风险回避成为政府行为选择的常态和“集体行动”。倪星等（2018）从风险的角度分析政府事前事后避责的行为选择[③]，也有一些学者从具体的治理情境及其风险规避策略入

① 倪星，王锐. 权责分立与基层避责：一种理论解释[J]. 中国社会科学，2018(5)：117—135.
② 郁建兴，高翔. 地方发展型政府的行为逻辑及制度基础[J]. 中国社会科学，2012(5)：95—112.
③ 倪星，王锐. 权责分立与基层避责：一种理论解释[J]. 中国社会科学，2018(5)：117—135.

手①，这些都说明风险回避已经成为当前政府治理实践中的现实选择。为此，应从制度完善入手，优化权责配置，健全法律制度；同时，明确权责清单，制定底线责任标准，完善横向与纵向问责机制。②

2. 管理学视角

管理学视角牵涉治理转型的动态过程，聚焦于政府转型的过程取向，包括组织资源的运用、与技术的结合及制度保障等。组织资源是治理的基础条件，技术运用是治理的方式创新，制度则关乎治理的规范保障。

（1）资源维度

管理学是以人为中心，对组织所拥有的资源进行有效的组织和控制以实现管理目标的过程；而组织资源的运用就构成了治理转型的工具内容和基本资源条件，其分为物质资源与文化资源。关于组织资源的研究，主要集中于人力资源方面，即公务员队伍的管理与建设。另外，对于组织文化的研究也不在少数。就人力资源而言，公务员是政府履行职能进行社会管理的主体，也是与公民直接联系的政府“代理人”。然而，公务员群体“官本位化”倾向严重，政府管理职业化程度逐步下降。同时，公民对公务员容易提出道德洁癖要求③，也就是说，公务员素质建设不足的现状与公民的高要求之间始终存在难以协调的矛盾，这将直接影响治理效能。

推进治理转型，首先需要理念的转变，而文化资源建设是影响政府治理理念转变的组织因素。文化资源不仅涵盖了价值观与组织伦理等理念文化，而且还包含组织体制与奖惩制度等制度文化。有学者指出，利益偏好、路径依赖和制度环境④等因素，增加了治理转型的复杂性，即理念滞后和制度文化不完善是组织文化面临的主要问题。为此，要确立以公共服务为核

① 吕同舟. 风险规避：地方政府治理中的一个逻辑[J]. 风险管理，2014(5)：84—86.
② 杨宏山. 激励制度、问责约束与地方治理转型[J]. 行政论坛，2017(5)：88—92.
③ 贾海薇，周志忍. 地方政府治理变革的困境与行政体制创新的路径——基于广东省的分析[J]. 广东社会科学，2016(2)：73—79.
④ 胡宁生，戴祥玉. 地方政府治理创新自我推进机制：动力、挑战与重塑[J]. 中国行政管理，2016(2)：27—32.

心的价值观和行政文化理念;加强行政伦理教育,强调领导伦理角色的模范作用①,以此改善行政文化基础;另外,完善公务员职位职责规范②,严格依法管理。通过提升行政文化、模范带头作用和权责规范等实现公务员的价值观内化,是实现治理能力提升的间接路径。

(2) 技术维度

技术是政府治理转型实践的工具媒介,信息技术与治理的结合,为政府治理提供了一种新的治理形式,即所谓的"数据治理"。当然,"数据治理"也存在不足,如导致"信息孤岛"、信息管理无序、信息安全风险等。另外,有学者提到网络管理的法律法规数量很多,但关于数据权利归属却不明晰。③ 这说明我国对网络问题相当重视,但数据权利问题的清晰界定仍是难题,而这正是信息资源共享与整合的症结,也是政府间能否展开协同治理的关键。为此,需要创新技术应用,完善大数据产业链;提升数据思维,培养大数据专业技术人才;整合法律法规,明确数据公开和分享的权利与法律责任;加强政府监管能力,以提供制度约束和保障基础。

(3) 制度维度

治理转型不仅要求治理理念的转变,抑或治理资源和技术的有效运用,更要求通过制度化的形式予以保障。治理制度是规范主体行为的组织结构安排,也是政府治理的规范保障。制度维度的相关研究虽然很少有专门论及具体制度本身,但或多或少都谈及此问题,主要集中于激励制度和考核制度等。有学者从地方政府机会主义角度论述,与官员的政治晋升相挂钩的考核机制设计偏差是其主要诱因④,可见,考核机制易引发官员的短视行为。另外,周黎安(2004)从地方晋升博弈角度分析地方官员在激励机制下同时

---

① 杨振海.转型期我国公务员行政伦理失范的原因及其治理对策——由温州市公务员行政伦理观调查引发的思考[J].中国行政管理,2008(3):83—85.

② 张宏伟.绩效管理视角下的公务员职位职责治理框架研究[J].江海学刊,2013(5):116—121.

③ 孟天广,赵娟.大数据驱动的智能化社会治理:理论建构与治理体系[J].电子政务,2018(8):2—11.

④ 梅立润.地方政府机会主义:一个值得关注的国家治理现代化议题[J].理论与改革,2018(1):123—132.

是“经济和政治参与人”①，相关激励机制导致横向政府间各自为政；而且，他还从行政发包制的角度指出，由于地方拥有的自主裁量权，导致上级监督不充分②。可见，激励机制和监督机制的制度约束有限，政府治理的制度化和规范性难以保障。基于此，提高自上而下问责约束和同级部门的监督，完善绩效考核立法，以及主体明确、协同管理的机制等，都是有益的制度完善路径。

3. 社会学视角

政府治理转型不仅取决于政府本身，还取决于社会的发育程度；不仅是政府自身的改革，也是社会职能承接的能力改进，且后者实际上提供了政府转型的社会空间。社会学视角研究的是：在社会力量的发育初期，社会很大程度上需要政府的大力培育，构建起合作的社会网络；在成熟阶段，需要政府与社会发挥各自的自主性和能力，同时进行协同合作。

（1）社会网络

社会网络的相关研究，主要是关于企业、社会组织与公民等多方主体治理能力培育的研究。社会网络是基于“网络”而非“群体”的组织形式，强调主体间的互动和联系。治理转型就是刺激新的伙伴关系和非正式网络的生成③，其旨在培育社会主体能力，以形成相互制约与相互合作的关系。由此可见，培育主体能力是社会网络的重要内容。一般认为，在社会主体能力培育中，政府是主要责任者，因为治理是对政府的竞争、补充和融合④，所以政府具有相当的积极性，如政府在转型的准备、起飞、加速与稳定四个发展阶段中，分别起到催化、动员、刺激与控制的作用⑤，即政府运用不同的培育方

① 周黎安.晋升博弈中政府官员的激励与合作——兼论我国地方保护主义和重复建设问题长期存在的原因[J].经济研究，2004(6)：33—40

② 周黎安.行政发包制[J].社会，2014(6)：1—38.

③ Jan Rotmans and Derk Loorbach. Complexity and Transition Management[J]. Journal of Industrial Ecology，2009，13(2)：184—196.

④ Andrew Jordan，Rudiger K W Wurzel，Anthony Zito. The Rise of ‘New’ Policy Instruments in Comparative Perspective：Has Governance Eclipsed Government? [J]. Political Studies，2005，53(3).

⑤ Jan Rotmans，René Kemp，Marjolein van Asselt. More Evolution than Revolution：Transition Management in Public Policy[J]. Foresight，2001.

式在转型的不同阶段会发挥不同的作用。还有些学者提出,要建立“强国家—大社会”结构,其强调“政府主导”的治理逻辑,重视政府的主导培育作用。[①] 另外,也有些学者认为,政府和社会主体通过“政府的要素下沉和社会主体权力上移”[②]的互动,共同培育社会主体,其除了重视政府作用,也强调社会主体的自主性。因此,政府和社会主体都应充分发挥自主性,政府积极培育、公民意识生成与社会组织发展相结合,为协同治理创造条件。

(2) 社会协同

除了政府自身转型,市场与社会的转型也至关重要,其重点是自主性和主体能力。社会空间的扩展为治理转型提供了基础条件,更重要的是有效发挥社会空间的作用,即基于社会网络,运用各方治理能力的社会协同。相关研究重点聚焦于公共服务领域的社会协同发展,有学者从社会主体的公共物品提供方式的角度,指出公民社会运用非正式组织,来提供多样化的公共物品和服务[③];另有学者从具体的治理工具切入,认为公共服务外包要协调好公共服务责任人、生产者和受益者之间的利益关系,促进多方共治[④];但也有学者就政府向市场购买服务这一供给方式,指出政府购买实际上是依循行政思维有选择的购买,而非基于市场契约[⑤],即政府购买是名义而非实质上的政府与市场的协同合作。除了公共服务领域外,也有学者提出生态治理领域的“政策网络型共生”[⑥]已经显露势头,这说明社会协同的应用范围在不断扩展,政府与社会也趋于形成制度化的稳定协同机制。概言之,公共服务领域是社会协同治理的主要场域,不断提升社会自治能力,完善合作机制,有助于促进国家治理体系的现代化。

① 张立荣,冷向明.当代中国政府治理范式的变迁机理与革新进路[J].华中师范大学学报,2007(2):35—43.

② 金太军,鹿斌.社会治理新常态下的地方政府角色转型[J].中国行政管理,2016(10):11—15.

③ 邵鹏.国家治理模式演进与国家治理体系构建[J].学习与实践,2014(1):66—71.

④ 李海明.治理范式转换视阈下的公共服务外包模式研究:以社会保障为例[J].政府管理评论,2017.

⑤ 李晨行,史普原.科层与市场之间:政府购买服务项目中的复合治理——基于信息模糊视角的组织分析[J].公共管理学报,2018.

⑥ 宋道雷.共生型国家社会关系:社会治理中的政社互动视角研究[J].马克思主义与现实,2018(3):196—202.

三、地方政府治理转型面临的挑战

改革开放40年来，在“发展型政府”主导的治理模式下，中国经济得到了迅速发展，综合国力显著增强。然而，在国家经济增长高歌猛进的同时，社会发展也出现了一些问题，如贫富差距加大、公共服务供给不足、社会保障不力等。从“发展型政府”向“服务型政府”转变是一个充满挑战的过程，其涉及中国行政体制的改革，乃至地方政府治理转型。

（一）实践困境

1.“官本位”观念的影响

十六届三中全会提出了“以人为本”的执政理念，党的十九大也提出了“以人民为中心”的发展思想。在地方治理的实践中，传统的“官本位”与“人治”理念仍占据一定地位，这是新时代治理理念转型的关键问题。

“官本位”是以官员为中心，将官职的高低作为衡量社会价值的标准理念。它表现为一种等级森严的上下级制度，同时在这种制度下，官员具有以权谋私、追逐特权、混淆政法等特征。在中国长达千年的封建统治下，“重官主义”盛行，官僚对民众有较强的控制权。受不良传统文化的影响，部分公职人员的服务意识淡薄，导致民众意愿受不到重视，政府公信力不断下降。

受“官本位”思想浸淫的部分公职人员，在处理公共事务上也会奉行“政府本位”主义，过于强调政府至上，夸大政府作用，以管制型模式过度干预微观管理活动，同时也限制了社会自身的活力。“人治”产生于中国传统君主专制时代，主要表现为统治者的绝对权威。其本身就具有不确定性与冒险性，将公共事务的处理交由统治者或官僚决定，难免受其个人素质、情绪等多方面的影响；其次，它强化了官僚的权威，加速腐败，导致社会不公的频频出现。

2. 权责不对等

从纵向来看，政府间权责不对等问题凸显。地方政府治理的实践表明，政府层级越低，承担的公共事务越多，责任越大，而相应的权力和资源却难以完全配套，以致基层政府治理的问责压力非常大。尤其是县乡政府，直接面对群众和基层矛盾，在责多权少的现实面前，对上负责和对下负责同时加压，让他们难以做到两全其美。

从横向来看，政府部门职能边界模糊是治理结构转型的一大挑战。各部门设置的首要目的，就是将政府承担的各项职能进行细化，具体到实践中去，以更好地处理公共事务。各部门间因边界不清，职能相互交叉，无人负责、相互推诿的现象屡见不鲜。

3. 政府职能错位

目前，部分地方政府在履行其职能时，表现出一定的行为偏好。管制取向明显的经济调节、社会管理、市场监管职能，在政府实际运作中有趋于强化的倾向，而具有服务取向的公共服务、环境保护等职能则被弱化。政府职能“缺位”或“越位”，使得“服务型政府”的构建在部分地区举步维艰。

首先，部分地方政府在其偏好凸显的职能方面频频“越位”。例如，通过僭越市场机制，直接干预微观经济活动来进行经济调节，为促进本地区的商品销售；通过对外地产品进行额外收费或实行不同的质检标准，使得地方保护主义盛行并干扰正常的市场秩序。其次，部分地方政府通过增加政府审批环节、多重监管等方式执行市场监管职能，导致耗时过长、企业压力增加、政府办事效率下降，从而抑制了产业的发展。最后，部分地方政府在执行社会管理职能时，经常过度管制，导致社会活力降低，基层民主推进缓慢。

而在偏好并不显著的职能上，部分地方政府的职能“缺位”现象难以改变。例如，在履行以满足公共需求为目标的公共服务职能上，因缺乏市场竞争，导致公共产品的供给效率低下，无法适应公共服务需求数量的日益增长和多元化的发展趋势。

（二）内在悖论

1. 民主行政与科层制行政

自公共行政学产生以来，民主行政与科层制行政（或官僚制）之间的争论便从未停止，两者之间的张力源于学科本身，其产生的范式冲突直接表现为：如何平衡“效率”与“民主”之间的关系。

在长达数百年的学科发展中，众多行政学家对此的观点各不相同：怀特认为公共行政的目的就是实现资源的最有效利用，效率准则是其理论基础①；西蒙虽然无情地批判了传统公共行政对效率的崇拜，他从“有限理性”的角度出发提出了用满意性准则代替最优化准则，但同时他却强调引入逻辑实证主义而将事实与价值相分离，并将行政科学的价值取向设定在效率之上，表现出他对效率价值的坚守②；沃尔多则认为，公共行政不可避免地是政治理论，公共行政的发展是政治思想史的一个篇章③，民主行政是公共行政的应有之义，科层制的效率不仅不是一个价值中立的概念，甚至可以说是与民主相对立，是民主理论发展的主要障碍④；文森特·奥斯特罗姆则运用经济学的分析方法，提出了重视偏好的有效公共组织的特征，在公共行政中顾客则为全体公民，这也表现出了他对民主制行政的推崇；登哈特更是直接提出政府不应“掌舵”而应“服务”。可见，在公共行政学的发展史上，民主行政与科层制行政的关系，始终因“民主”与“效率”的内在张力而备受争议。

在实践中，科层制自产生以来广受诟病，主要集中在以下三个方面：寡头政治的产生，绝对服从滋生出极权主义，在强调稳定与持久的科层制下，寡头政治的生命力更是逐渐加强，这样僵化的集权模式与民主可以说是背道而驰；暗箱操作致使信息垄断，在封闭式的科层制结构下，公职人员通过垄断特有信息来源以确保统治及效率，在不透明的信息流通形势下，公民所具有的监督政府的权利被变相剥夺，民主价值受到中伤；专业主义下政治责任的缺失，成为科层制中一员所必需的专业知识的保密性使得群众无法广泛参与到公共事务中去，同时，由上级任命的公职人员会向上级负责而非群

① 谭功荣. 西方公共行政学思想与流派[M]，北京：北京大学出版社，2008：46.

② 西蒙. 管理行为——管理组织决策过程的研究[M]，杨砾，韩春立，徐立，译. 北京：北京经济学院出版社，1991.

③ 颜昌武. 寻求公共行政的“身份”认同——沃尔多行政思想述评[J]. 中山大学学报（社会科学版），2008(3)，164.

④ 颜昌武，马俊. 公共行政学百年争论[M]. 北京：中国人民大学出版社，2009.

众，因单纯追求简单个人利益相加，科层制必然削弱社会自治与民主责任感。①

就价值层面来说，民主所包含的“自由、平等、参与”等价值理念，与“精英治理、分工明细、集权”的理念为主的科层制似乎存在着巨大的差异。对于科层制这一建立在法理权威之上的命令—服从类型，韦伯在提出时就意识到它的尽头必然走向僵化，而民主行政是使科层制保持活力的关键所在。因此，如何实现“科学”的科层制与“适度”的民主相结合，将民主制贯穿科层制是化解科层制困境的关键。

2. 运动式治理与常规化治理

在各国政治过程中存在着常规化和运动式的双重机制，两者互为矛盾，相互依存。常规化治理是指建立在分工明确、结构完善的科层制组织之上，主要通过稳定重复、常规程序及资源的有效整合与利用，进行各种治理的活动；而运动式治理则是掌握着政治权威的领导层与决策集团，通过政治动员的方式，集中社会资源进行社会治理。

近年来，由于运动式治理在各个领域的采用频率有逐渐增加的倾向，引起了众多社会学者的广泛关注。唐皇凤认为，在官僚制社会下常规化治理是符合社会正常治理要求的，而运动式治理则是反常态的治理方式。② 同时，冯仕政将政治运动与运动式治理视为一体，称之为国家运动，并认为任何国家运动都是无法持续发展的。③ 周雪光则认为，运动式治理有其发展的历史背景，作为一种应对科层制失败的临时政治机制，有其合理性与稳定性。④

诚然，常规化治理确有其弊端。同时，运动式治理在中国近代发展中也发挥了一定的积极作用，它打破了常规的组织结构，冲击了官僚制的稳定

① 曾莉. 理性官僚与民主政治的悖论及其调和——兼谈公共行政范式的逻辑自洽[J]. 江苏社会科学，2011(4).

② 唐皇凤. 常态社会与运动式治理——中国社会治安中的“严打”政策研究[J]. 开放时代，2007(3).

③ 冯仕政. 中国国家运动的形成与变异：基于政体的整体性解释[J]. 开放时代，2011(1).

④ 周雪光. 运动型治理机制：中国国家治理的制度逻辑再思考[J]. 开放时代，2012(9).

性，然而这种影响只是短期的、暂时的、不可持续的。因此，当前问题主要集中在实现运动式治理的常规化上，以确保运动式治理实现的政策结果能够可持续，以及减少官员避责心理，强化其责任意识，确保政策的落实。

总之，运动式治理和常规化治理作为我国地方政府治理实践的不同机制，各自发挥着重要的作用。两种机制的融合优势自不必说，但问题的关键是二者之间可能存在潜在的“互斥”，即运动式治理对常规化治理的“制度规范”和“民主机制”的“超越”。这在某种程度上可能危及常规化治理所依赖的正式制度及理性原则的底线，以致政府治理实践的非理性蔓延，甚至阻碍地方政府治理的现代化进程。同时，常规化治理的单一机制在实践中囿于科层制组织固有的弊病，效率悖论问题始终存在，显然这对后工业时代的公共事务管理而言是不利的，对新时代社会矛盾的化解也是一种牵制。可见，如何准确把握常规化治理与运动式治理之间的阀域限度，或许正是新时代推进地方政府治理转型的纠结之处。

3. 公共权力与社会自治

公共权力与社会自治之间的关系，表征了国家与社会之间的关系状态。2016 年 5 月，李克强在全国电视电话会议上提出“放管服”的改革措施，即简政放权、放管结合、优化服务。其中，简政放权的提出正是基于公共权力与社会自治之间的张力，其目标指向便是实现国家与社会之间的权力平衡。

首先，社会自治广义而言是指群众自己管理社会事务，其主要表现为基层群众自治，分别包括城市社区居民自治与农村村民自治，以自我管理、自我教育、自我服务为宗旨处理基层事物。同时这种自治权还可以通过组织化形成各类社会组织，参与各类社会公共事务的管理。而公共权力与社会自治之间存在着张力，主要表现在基层政府与村居委或其他社会组织之间的关系运行。

其次，部分社会组织甚至直接作为某些政府部门的下属机构，处理政府安排的各项工作，缺乏独立性和自主性。作为社会治理的重要组成部分，社会组织的发展缺乏足够的政策支持，同时中国社会组织的发展历史短暂，自身能力建设尚处于发展阶段，使得原本根基薄弱的社会组织更是举步维艰。

事实上，政府与社会之间本应保持“指导与被指导”的关系，而非“管理与被管理”的关系，政府强势主导的结果是社会自治的不断内卷化，公共权力渗透到各种社会自治形式中，使得社会自治被纳入公共权力适用范围，国家与社会之间的平衡难以维持，导致社会失灵的发生。这些都会导致政府职能转变难以落到实处，地方政府治理转型遭遇尴尬。当然，平衡公共权力与社会自治之间的矛盾，关键前提是理顺国家与社会之间的关系，也即前文提到的理论叙事。

四、地方政府治理转型的可能路径

（一）价值层面

推进政府职能的转变，首先要在价值层面创新行政理念。有何种行政价值与理念，就有何种行政态度和思维方式，也就会产生相应的行政行为和决策。党的十七大提出了三大执政方式，这要求政府转变行政思维。本研究认为，在地方政府治理转型中，应坚持三大治理理念，即民主、法治和科学。

民主行政。在现代社会中，“民主最为有效地解决了现代国家的合法性问题”[①]。政府需坚持民主执政，坚持以人为本，坚持走群众路线，把关心、帮助群众解决生活问题，满足群众需求作为政府努力的方向，保障群众权益得以实现。坚持公平正义，以人民为中心，突出以民为本的服务理念。为此，要求政府强化公仆意识，把维护好、实现好人民的利益作为各职能部门工作的出发点，最大限度地为民众提供便利。这与服务型政府的价值要求也是一脉相承的。

依法行政。法治政府治理能力现代化的内在要求，强调政府行为必须依据法律规定、通过法定程序实施，接受法律的制约和监督，其核心是转变

① 赵鼎新. 民主的限制[M]. 北京：中信出版社，2012.

政府治理中的人治模式，实现现代意义上的法治。推进政府职能转变，必然加快依法行政的步伐，树立依法行政的理念。转变法律观念，建立社会主义法治国家，必须摈弃法治思维中的法律工具主义，正确理解法律与权力的关系，确立制约权力和保障人权的观念。

科学行政。政府行政思维应尊重科学发展的规律，实现功利决策思维向全面决策思维的价值理念转变。科学的决策思维方式，是决策的系统思维方式。同时，科学行政应由感性决策程序转变为理性决策程序。为此，需要确立明确的决策规则，统一的决策标准，民主集中的决策过程，周延衔接的决策环节，科学有效的决策体系，使各种利益诉求可以获得表达和实现的机会，各类有利于正确决策的信息可进入决策系统，最终使公共利益在政策内涵中得到充分体现。

（二）制度层面

如果我们将国家治理视为“一个国家的权威得以运用的传统和制度”①的话，国家治理的核心则是各个治理行动者之间围绕着国家权威的分配而形成的制度化关系。这些制度化关系至少包括三种：“政府—市场—社会”之间的关系②，即主要体现为政府与市场、政府与社会之间的关系；中央与地方的关系③；执政者与施政者的关系，即民众、执政党和干部（公务员）队伍的关系。

1. 打造多方治理主体

我国当前仍处于社会转型期，各种利益冲突频繁、社会矛盾凸显，社会治理难度与复杂性日益加剧，依靠单一的政府力量是不能实现社会的有效治理的。党的十八届三中全会提出“完善和发展中国特色社会主义制度，推进国家治理体系和治理能力现代化”的总目标，十九大对此做了重申。这意

① World Bank. A Decade of Measuring the Quality of Governance：Governance Matters，2006. Washington，DC：World Bank，2006.

② Alexei Shevchenko. Bringing the Party Back in：The CCP and the Trajectory of Market Transition in China[J]. Communist and Post-Communist Studies，2004(37)：161—185.

③ 周雪光. 中国国家治理及其模式：一个整体性视角[J]. 学术月刊，2014(10).

味着国家的有效治理需发挥多方力量，形成“党委领导、政府负责、社会协同、公众参与、法治保障”的多元化社会治理格局，推进社会治理与公共服务的创新。这是我国地方政府治理转型的基本制度框架。

在政府、市场、社会等多元主体共同参与的公共事务治理模式中，政府从“管理者”向“服务者”转变，非政府部门是从“被动接受者”向“主动参与者”转变，政府与社会其他各主体的关系则是从“管理者”与“被管理者”，向“服务者”与“被服务者”以及“合作与协作者”转变。在公共事务治理的过程中，各主体通过合作或政府主导社会协作来共同解决社会矛盾与利益冲突，在不断平衡与调整中达到各自的利益目标。

2. 明确治理边界

一是划清政府与市场的作用边界。党的十八届三中全会强调：“经济体制改革是全面深化改革的重点，核心问题是处理好政府和市场的关系，使市场在资源配置中起决定性作用和更好地发挥政府作用。”到底应如何处理好政府与市场的关系，推动政府转型，发挥市场活力，使两者共生？本研究认为，应从以下几个方面着手。第一，确立市场主体的法人地位，凸显主体人格的独立与主体意志的尊严，保障市场交易的自由与平等。第二，依法界定政府与市场的“边界效应”。政府和市场有效运作，关键取决于政府职能的明确界定。市场经济本质上是法治经济，重构政府与市场的关系，“不是把市场与政府对峙起来，而是在两者之间保持恰当的平衡”①，让政府出定力，市场出活力，在法治基础上建构政府与市场的共生与互补关系。第三，依法明晰政府经济职能的“减法效应”。市场遵循法无禁止即自由的原则，政府应积极改善运营商环境，激发市场主体活力。当然，在关注市场高效性的同时，不能忽视市场的缺陷，市场的正常运转需要政府的适度干预。②

二是明确政府与社会的治理边界。地方政府治理与社会发展的协同逻

① 约瑟夫·施蒂格利茨. 社会主义向何处去：经济体制转型的理论与证据[M]. 周立群，等译. 长春：吉林人民出版社，1998：303.

② 卡尔·波兰尼. 大转型：我们时代的政治与经济起源[M]. 冯刚，刘阳，译. 杭州：浙江人民出版社，2007：136.

辑在于：政府与社会是互嵌互构的，政府所有的行为都嵌入社会结构之中，社会活动也离不开政府的身影。地方政府治理是政社互动的网状结构，两者交织，如何处理好两者关系？首先，政府与社会应划清权力边界，政府从管控向服务转变，政府与社会主体共同治理社会；社会既能自我服务也能参与社会治理，政府的角色则是为社会主体提供制度引导和服务平台。其次，形成“强国家—强社会”的模式，政府与社会作为治理主体平等相处、互为补充；政府在发挥好自身职能的同时，保护社会主体，规范社会发展，引导社会治理方向，最终实现责任政府的转身。

3. 实现权责对等

当代中国政府体制的一个重要关系是中央与地方的关系。其主要涉及两个方面：一是统辖的内容或治理的范围，二是资源和权力的重心归属。协调好央地关系，应做到以下四点。第一，坚持治理权力配置的法治原则、事权与财权相匹配原则和整体性原则，约束各自行为。第二，合理明确划分中央与地方的治理权界限，发挥两个积极性，在压力体制下处理好权力分配机制与剩余利益分配。保障中央政府对全国性事务的顶层设计地位，同时发挥地方政府治理地方性事务的优越性，对两者共同合作的事务权限进行明晰，进而达到政府治理能力的整体性提升。第三，简政放权，激发地方政府活力。推进地方政府治理转型，应不断创新行政管理方式，改变政府越位、错位现状，减少其对社会微观事务的干预。第四，基于体制转型，尝试从根源上理顺中央与地方的权力关系，掌握好渐进与突变之间的度，从运动式治理等制度堕距的弥合机制到创新中央与地方体制建设的治理机制转变①。

（三）行动层面

1. 积极推动多方合作共治

（1）坚持党委领导，发挥统筹协调作用

坚持党委领导核心地位。进一步发挥各级党委的核心领导作用，运用

① 王琪，陈昭. 央地关系：制度堕距与改革的内卷化困境[J]. 山东社会科学，2017(5)：132—139.

系统思维，从社会治理全局分析，正确把握社会治理的总方向，抓住社会治理的重点与关键领域，整合各方社会治理力量，统筹协调好各方利益，提高引领社会、组织社会、管理社会、服务社会的能力。同时统筹协调好党政之间的关系，使党政双方各司其职，相互配合，形成合力。

(2) 激发社会组织活力，提高社会协同能力

首先，要积极培育社会组织的主体意识，完善社会组织参与的相关制度，以保障其参与公共事务的权利与义务，强化其公共责任与主体意识，从而在意识形态上促进能力建设。利用网络媒体技术构建信息开放与共享平台，推动各级政府间、政府部门间、政府与市场及政府与社会间的跨界结网，促进社会治理各主体之间的信息沟通与共享，使社会治理主体间的人、财、物等有效流动，发挥社会治理资源的最大效应。其次，加强对社会组织的监管，保障其社会服务的规范性。引导社会组织提升自我约束力，自觉遵守社会公德，诚实守信，勇于承担公共责任；利用现代媒体资源对社会组织进行监督和评估，建立独立的第三方民间监督和评估体系，督促社会组织提供专业服务。

(3) 扩大公民参与，培育公民参与能力

一是要激发公民参与社会治理的积极性，培育平等合作的公民文化，培育各主体在社会治理中的参与和责任意识，激发参与热情与使命感。在制度建设上，完善人民代表大会制度、政治协商制度、信访制度、立法听证制度等，从而保障公民利益的表达，特别是弱势群体的话语权。二是疏通公民参与社会治理的渠道，提高公民参与社会治理的有效性。随着民主法治建设的不断推进，公民参与政府管理和社会治理的渠道得以拓宽，参与平台日益增多。但由于公民个体的能力有限，其更多的是以社会组织、社区成员的身份通过协作的方式参与社会管理。因而，要推进协商民主的制度化发展，使社会成员拥有更多发言权和影响力。

2. 加大资源开发，提升资源汲取能力

在人力资源开发方面，一是公务员作为政府运作的主体，培养具有坚定

的思想政治意识、过硬的专业技术能力和先进的治理理念的公务员队伍十分关键，制订公务员能力提升计划，创新培训模式，全面提升公务员队伍的能力与素质。二是制定社会领域高层次人才发展规划，建立社会建设人才库，为创新多元治理提供人才支撑，支持优秀的人才通过公益创新创业项目参与政府治理和公共服务，激发社会发展活力，更好地满足人民群众多层次的需求。三是加强社会工作人才队伍建设，优化专业岗位开发设置，提高社会工作人才队伍的科学化、专业化水平，完善政府购买社会服务的规章制度，在社会养老、社会救助、公益慈善、志愿服务等领域择优购买公共服务，更好地发挥社会工作人才在社会多元治理方面的专业优势。另外，在信息资源方面，政府应建立完善的资源采集渠道与数据分析平台，及时掌握准确有效的社会信息，为政府的各项工作开展提供数据基础。重视社会其他治理主体的资源与信息，统筹社会资源与运作。

3. 理顺央地关系，激发地方活力

央地关系实质上是一种委托代理关系。优化委托代理模式的目的在于减少代理问题，降低委托人观测成本与代理人行动成本，使代理人获益的同时达成委托人目的。在地方政府治理转型的过程中，中央政府应该积极引导地方政府克服“GDP 唯上”的惯性，向国家治理体系与治理能力现代化的总体目标靠近。

首先，细化中央政府对地方政府治理转型的目标激励。目标设定过于模糊，易造成政策偏差，因此目标激励的设定需要权衡明晰性与模糊性、单一目标与多目标的合理配置，克服政策偏失与内卷化的矛盾。同时利用大数据减少中央政府与地方政府之间的信息不对称。中央政府应对地方政府的风险类型、努力水平掌握充足信息，进行有效监督和激励调控。通过大数据追踪与挖掘技术，弥合中央政府与地方政府的信息差距，逐渐消解信息不对称，防止制度堕距问题。

其次，重视精神激励设计。中央政府借助中央党校等机构的研讨学习、地方政府领导官员轮训、中央官员在地方实地调研等方式，加强与地方政府的沟通交流，提高地方政府对于中央政府顶层设计的正确理解，开展地方政府治理创新典型经验介绍，推行标杆管理，激发地方政府治理转型的内在动力。

最后，尝试构建地方政府治理转型的府际间平行激励机制。地方政府在发展过程中，与其他地方政府并非博弈关系，有效的合作可实现共赢的局面。在合作过程中，建立市场化的利益补偿机制、利益让渡机制，实现多个地区形成规模效益及内部资源有效配置。

4. 建立多元评价体系，完善绩效考核机制

长期以来，政府服务绩效评估主体相对单一，公众参与不足，导致评估结果有失偏颇。因此，在服务型政府建设中，对于政府服务绩效评估应建立评估多元化理念，主要包括评估主体多元化和评估指标多元化。其中，评估主体多元化涵盖内在评估主体，主要由政府内部组成，以及外在评估主体，包括社会组织代表、企业代表、人大代表、政协委员、专家学者、社会居民等社会力量；多元化评估指标主要包括量化分析指标、行为分析指标、结果分析指标等。通过政府服务绩效评估的多元化，在全社会形成“鱼缸效应”，时刻接受社会和大众的审视和批评。

5. 加强行政伦理建设，推进多元问责

建立道德责任追究机制，要求政府行政职能部门或其工作人员在公共治理过程中出现失职行为时，必须向社会和公众道歉，接受社会的监督。通过道德责任机制的构建，行政职能部门及其工作人员在面向公众时，能够讲实话、讲真话。与此同时，政府职能部门还需要积极向社会提供符合公意的公共政策，尊重公民的基本权利，在各项政策制定中更多考虑价值因素，承担起服务社会的道德责任。此外，建立多元监督问责机制。现代科技技术的广泛应用、网络资源的普及以及新媒体的运用与发展，为公民直接参与公共治理创造了有利条件，公民可借助政府热线、微信、微博等网络媒体积极推进经济社会发展，反映群众诉求，监督政府部门等，有效行使公众参与国家和社会治理的权力，从而实现政府治理和社会自我调节、居民自治良性互动。

6. 创新治理方法，变革治理工具

在人工智能时代，各行各业正在依靠科技进步不断加快发展模式、管理方式转型升级的步伐。政府依托现代科技手段，实现治理工具的变革是推动政府转型的重要举措。一是加强政府大数据开发应用的统筹布局，建立健全大数据管理机构，推动大数据治理技术和治理模式创新。二是整合政府信息网络和电子政务系统资源，运用移动通信技术为政府各部门提供移动办公、移动执法、移动监测、移动流媒体等业务，组织开发政府 APP 等，通过智能移动终端实现政府工作人员及时实时处理公务，社会公众随时随地随需办理社会事务，提升政府管理与服务效率。同时，按照“数据为基、科技运用、多方参与、人工智能”的原则推进智慧政府建设，构建全面感知、广泛互联的公共服务和社会管理智慧应用体系，推动电子政务向电子公务转变，将政府为主体的行政过程转向政府、市场、社会三方协同的公共价值塑造过程，实现政府治理多元协同创新。

五、地方政府治理转型研究的华理探索与“智识”努力

新时代地方政府治理转型，既是实践部门着力突破的现实问题，也是理论界密切关注的研究课题。华东理工大学自 2005 年获批公共管理硕士(MPA)培养院校以来，在公共管理教育教学实践中，始终坚持务实求真，聚焦地方政府治理实践的热点难点，在教学实践中贯穿典型案例，注重理论联系实际，着力培养 MPA 学生洞察问题、分析问题和解决问题的能力。为此，在理论教学的基础上，华东理工大学 MPA 培养院尝试立足地方政府治理转型的时代主题，采用案例分析的课堂模式、热点问题的小组研讨、实地调查的作业形式等策略，借助 MPA 学生自身的一线资源，研究公共管理的真问题，助推地方政府治理转型。

华东理工大学 MPA 培养院全力打造优质高效的师资队伍，汇聚了国内外重点大学的优秀人才，并结合学校处在长三角区域的发展环境和区位特点，在公共管理的人才培养和理论研究方面，勇于创新、砥砺前行。在 MPA

学生毕业论文的选题上，把学生所在的工作岗位与教师的研究方向结合起来，聚焦长三角地区政府治理转型的热点问题，拟定了“基层治理、市场监管、公共服务、应急管理、生态治理”等研究主题，引导MPA学生结合工作实践，挖掘真实有趣的研究问题，基于一线的实证资料来分析问题并提出解决之策，以期助推长三角政府治理转型的实践和理论发展。同时，在公共管理专业教育的人才培养中突破传统“应用型人才”的短视与不足，力争为培养有领导力和研究力的“高层次、复合型”公共管理专门人才做出努力。

本书基于华东理工大学MPA人才培养的目标要求，有的放矢，结合师生的各自专长及多年来的研究或实践经历，从2015—2018届的MPA毕业论文中精心筛选了20篇聚焦长三角地区的研究论文，构成本书主体内容的原型。事实上，长三角地区作为我国经济最具活力、开放程度最高、创新能力最强的区域之一，是实施长三角区域一体化发展国家战略的主战场，“一带一路”和长江经济带的重要交汇点。我国地方政府治理转型理应在长三角地区先行先试，相关研究不可滞后，所以新时代地方政府治理转型之长三角地区研究，也理应成为一个重要的研究话题。基于此，本书立足“政府—市场—社会”的宏大叙事，结合长三角政府治理转型的最新实践，借助典型案例，剖析政府治理的实践困境，回应治理转型的内在悖论，并试图从价值、制度、行动等多个层面提出应对策略。通过梳理地方政府治理转型的长三角经验，呈现长三角地区在地方治理转型中的特有行动，为其他地方提供经验借鉴，也为助推我国地方政府治理的快速转型，乃至相关研究的理论推进贡献绵薄之力。这也是华东理工大学MPA教育中心的一贯坚持和努力方向。总之，本书正文具体包括“基层治理、市场监管、公共服务、应急管理、生态治理”等五个专题模块，每篇文章内容源自实际、聚焦热点、以小见大、深入剖析，极具现实性和代表性。

（一）基层治理

《“同心园”楼组自治：社会资本视角下社区治理创新的个案研究》（归骁骁，何雪松），通过对上海市J区工业园区楼组自治的实地调查，分析了社会资本视域下“同心园”楼组自治的形成与发展，探讨了“熟悉的陌生人”和“参与冷漠”等社区环境中，应如何建立有信任基础、环境规范、互惠互利的共同体。研究发现，“同心园”楼组自治以党总支、居委会为核心层，以大楼组自治块区为中间层，以自然楼组为外围层，覆盖到所有居民的社区自治体系。其中，大楼组自治块区成为社区自治的重要单元，将社区与居民紧密地联结起来，解决了目前社区工作中居委会规模过大、自然楼组资源过少的难题，也方便居民自我服务、自我管理、自我教育。因此，“同心园”楼组自治模式对于我国新时代的社区治理创新有极强的借鉴意义和推广价值。

《权责不对等：社区居民自治困境研究——以 N 市 C 区“邻里自理”为例》(姜志伟，汪华)，通过对江苏省 N 市 C 区“邻里自理”居民自治创新模式的实地调查，对“邻里自理”居民自治模式的困境及其背后原因——权责不对等进行了分析。“邻里自理”是 C 区政府基于社会治理创新打造的社区居民自治新模式，意指通过邻里建设，实现社区居民自我管理、自我教育、自我服务，推动基层治理工作由传统社区管理向居民自治转型。但是，这种新型治理模式在 C 区实施 4 年以来，并未按照当初设想的方向发展，也没有得到大多数居民的认可，居民更习惯把它当作政府形象工程的“花架子”，因此难以引起居民的广泛关注和参与，居民自治流于形式。为此，完善社区居民参与制度、重塑自治组织角色、明确自治组织权责、强化自治主体的监督等，都将有助于问题的解决。

《村民自治的实践困境及其完善路径——以 H 镇“1＋1＋X”村民自治模式为例》(张佳娜，汪华)，探讨了 T 区 H 镇“1＋1＋X”村民自治模式在创新过程中存在的主要困境，揭示了基层社会的各种权力博弈及各要素的复杂关系。研究发现，在基层农村社会，各级权力之间的不协调导致的自治异化、社会分化、自治理念的缺失等问题，阻碍了农村社会民主政治的健康发展，如经济、制度、监督等自上而下的宏观因素，以及治理主体的内在因素等，长此以往，对村民自治的发展会产生负面影响。为此，理顺主体关系、完善基层自治制度、培育自治文化等，是完善当前村民自治的有效对策。

（二）市场监管

《基于大数据应用的国有商业银行监管问题研究——以江苏省 B 银行为例》（程顾春，吴强玲），探讨了大数据应用后，国有商业银行监管模式从分业监管到联动监管的模式转变，指出联动监管具有政府职能部门共同参与，从源头上防范风险的优势。大数据的应用，使信息互通、数据共享，不仅使联动监管成为必要，而且提升了监管水平。在此基础上，本文以江苏省 B 银行基于大数据应用的联动监管实践为切入点，剖析了基于大数据应用的联动监管创新举措及其掣肘，进而提出了完善商业银行联动监管体制的创新路径。

《县域产品质量政府监管问题与对策研究——以浙江省 C 县为例》（龚淑蓉，王芳），以浙江 C 县产品质量监管为研究对象，采用个案研究方法，分析了 C 县产品质量监管的现状和运作机制，剖析了 C 县产品质量监管存在的特殊问题和共性问题，如政府的职能越位、责任意识缺乏、信息共享机制缺乏、监督流程不规范、监督方式落后、社会监督权威不足等。为此，本文提出整合制度体系、健全联动机制、实现省市级监管部门的执法一体化、实施等级差别化的"分距离"监管方法与"双随机"执法监管方式，实现大数据下的智慧监管等，进而提高县域产品质量监管水平。

《我国流通环节食品安全监管体系研究——以江苏省 A 市为例》（卢峰，罗建平），针对流通环节食品安全监管的特点，以江苏省 A 市流通环节食品安全监管中存在的问题为例进行分析。A 市食品安全监管部门包括法律法规的执行部门、食品经营者的监管部门及违法行为的查处部门，在流通环节的食品安全监管方面存在诸多问题，如监管部门执法理念落后、监管力量薄弱、职业素质有待提高、现场核查标准过于笼统、实质性的限制条件缺乏、食品安全检测体系有待提高等。本文进而提出修改完善建议，如继续修订完善《食品安全法》《食品安全法实施条例》及相关法律法规；明确流通环节食品安全监管主体，夯实改革成果；完善各项制度，包括完善市场准入制度，完善检验检测制度，完善监管人员的培训制度等。

《大部制改革背景下上海市场监管模式优化研究——以 M 区为例》（张瀚驰，陈丰），借助无缝隙政府理论、整体性治理理论等，结合实地调查，分析了上海市 M 区市场监管体制改革后的政府监管模式存在的问题，并试图以无缝隙政府理论和整体性治理理论来分析这些问题产生的原因，同时参照国内外先进经验及做法，提出加快顶层设计、规范履职边界、完善部门协调、调整基层职能、完善激励机制、引入第三方评估等路径，以优化政府市场监管模式。

（三）公共服务

《微政务与网络时代的公共服务创新研究——以江苏省 N 市 Z 镇为例》（侯甦舒，赵方杜），以微政务为研究对象，对 N 市 Z 镇微政务的发展模式与效果、微政务中存在的问题与不足、微政务发展的制约因素等进行了详尽的分析，并提出了优化微政务与公共服务的可行路径，以推进我国微政务实践在网络时代不断发展，促进公共服务水平的提升。首先，本文分析了微政务服务的发展模式与效果，从运营机构、人才与资金投入、运营机制三方面阐述了微政务的运营模式，从提升政府服务职能、改善政府宏观调控能力、提高政府工作透明度、增强公众参与度四个方面阐述了微政务的效果。其次，本文从内部管理机制、运营能力、双微联动及监督机制四个方面详尽分析了微政务发展过程中存在的问题。再次，本文分析了微政务出现问题的原因，即定位不准确、缺乏公共服务理念、双微平台差异化、缺乏评价体系。最后，本文从定位、服务理念、服务模式、管理机制及监督评价等方面提出对应问题的解决策略，进而推动政府公共服务创新。

《老人居家医疗中的家庭责任医生签约服务研究——以江苏省 Y 市 Z 区 H 街道为例》（汤晶颖，罗建平），家庭责任医生签约服务，是以社区居民医疗需求为导向，以全科家庭医生服务团队为依托，且社区居民与全科医生在自由选择的基础上，通过签约服务的形式，为老年人提供安全、持续、有效的综合医疗卫生和健康管理服务。研究发现，H 街道在老年人居家医疗落实家庭责任医生签约服务过程中，存在着相关制度宣传渠道不畅、全科医生数量严重不足、医生队伍工作积极性不高、服务配套设施不全、服务质量不佳等问题。基于此，本文提出了在老年人居家医疗中推行家庭责任医生签约服务的对策建议，即加强宣传和政策引导，转变传统就医观念；整合资源，壮大家庭责任医生签约服务队伍；加大政府投入，建立家庭责任医生激励机制；完善签约服务配套设施；提高签约服务质量。

《“4045”求职者公共就业服务供需匹配研究——以上海市 K 区为例》（应秋晨，罗恩立），以上海市 K 区就业促进中心云台路职介所的“4045”求职者为研究对象，采取案例分析法、问卷调查法、访谈法、文献分析法，开展了公共就业服务供给有效性和供给能力的匹配评估，对“4045 求职者”公共就业服务供需匹配提出了改进建议。研究表明，就业年龄歧视、吸纳大龄人员的岗位不足，是造成“4045”人员就业困难的主要原因；而就业援助政策、职业培训模式、各类失业补贴等公共就业政策也存在一定的政策失灵，要予以优化与改进。

《智慧城市背景下政府公共信息服务问题与对策研究——以浙江省 A 市为例》（谢明志，杜仕菊），采用案例研究法和 SWOT 分析法，以浙江省 A 市公共信息服务能力为例，通过对其智慧城市建设和具体公共信息服务建设情况的 SWOT 分析，为其公共信息服务能力提升找到路径和着力点，明确服务体系建设的发展方向，并提出从服务意识和能力出发、公共利益优先、重视多元化的参与主体、提升公共信息服务建设的主体能力、规范制度管理等方面去完善和优化。

《农村居家养老服务的供需问题研究——以浙江省 W 市 S 镇居家养老服务为例》（郑传奇，汪华），采用观察法、问卷法、访谈法等，以 S 镇农村居家养老服务供需脱节为切入口，从公共服务供给机制、公共政策制定、乡镇政府权责体制等角度对基层政府行为进行了阐释。研究发现，S 镇居家养老服务供需脱节的原因在于：真实需求缺乏调查、资金短缺严重、服务供给主体单一、监督机制不健全等。基于此，本文提出了完善养老服务管理体制与运行机制、拓宽资金来源渠道、建立多元主体参与机制、建立评估反馈与监督机制、加大人才队伍建设等对策建议。

（四）应急管理

《社会冲突论视角下的网络群体性事件研究——以浙江省C县X镇"4·19"群体性事件为例》（金运雷，李琼），以C县X镇"4·19"群体性事件为个案，深入分析了该事件的过程、规律、成因及防范策略。研究发现，网络群体性事件具有网上突发性强、扩散迅速、网上网下互动性强、以青年网民为主、手机网民居多等规律，其主要原因在于利益诉求表达机制不健全、网民民主意识逐渐增强、网络缺乏监督制约机制、政府处置突发事件的方式欠妥等。为此，本文提出加快互联网监测系统升级、完善相关法律法规、加强网民宣传教育、建立有效的沟通渠道、提高工作人员素质等策略，以提高相关部门治理网络群体性事件的能力。

《事故灾害类应急预案的建设现状和对策分析——基于浙江省R市的实证研究》（叶康康，唐有财），选取浙江省R市突发性公共事件为研究对象，借助文献、访谈等资料，深入分析了R市的公共安全状况、事故灾难类应急预案管理现状、预案管理模式等，并以"R市海上交通事故和R市危化品火灾"等两个典型案例为切入口，深入剖析了事故灾害类应急预案的成效、问题及其原因。进而从完善应急预警机制、强化信息透明度、完善信息沟通渠道、提高基层政府决策力等方面提出了解决问题的应对策略。

《我国非政府组织参与灾害救助机制研究——以浙江省C县壹加壹应急救援中心为例》（薛迎春，刘晶），选取浙江省C县壹加壹应急救援中心作为研究个案，梳理了非政府组织参与灾害救助的现状及其特点，并分析其参与困难和瓶颈，如组织运作资金缺乏、组织成员合法权益保障不力、组织的社会公信力不足等，进而剖析了其中的主要原因，如资源整合能力欠缺、组织自律与他律约束不足，为此提出了非政府组织有效参与灾害救助的对策思路。

《环境污染群体性事件的演化过程与冲突管理策略研究——以江苏省C市毒地事件为例》（刘雯，李琼），采用个案研究方法，以江苏省C市毒地事件为研究对象，基于社会冲突理论，探寻其冲突演化过程，即冲突酝酿、冲突升级及冲突消减的过程；运用社会冲突的正功能理论，对当地政府应对过程及产生的社会影响进行客观评价。在社会冲突理论的启示下，本文试图寻找政府与公众在环境污染群体性事件中的平衡状态，从冲突控制与化解的角度，对政府在环境污染群体性事件的冲突治理提出对策建议。

（五）生态治理

《农村水环境污染现状与治理策略——以浙江省P县X镇为例》（林雪琼，刘燕），分析了X镇水环境污染治理模式和问题。由于地方政府执政理念落后，市场手段应用较少且效率不高，公众参与的组织化程度不高、信息知情权不强等原因，X镇水环境治理资金投入不足，产业结构落后，企业难以自律，缺乏有效的公众监督机制。基于此，本文提出公共组织（政府）、私人组织（市场）以及公民组织均可成为治理水环境污染事务的参与者，构建政府、市场和社会三维框架下的多中心治理模式。这种模式的优势在于充满竞争、富有效率和活力，能最大限度地整合社会资源，为深入解决农村水环境污染防治过程中出现的各种问题提供解决方法。

《区域大气环境政府协同治理的困境和对策——以长三角地区为例》（高蓓，王芳），借助相关省市政府文件、工作报告、领导讲话，以及年鉴、公报、数据汇编等资料，采用案例分析法，从区域治理论、资源依赖论、集体行动论等理论出发，对长三角地区大气环境政府协同治理的运作机制、效果及协作困境进行了分析。研究发现，长三角区域大气污染治理的协作深度不够、缺乏中长期的整体规划，其原因主要是政府间利益冲突、缺乏制度和资源保障、“搭便车”现象盛行，以致协同治理成效不明显。为此，本文提出以相互信任为基础，通过共同建设协同治理文化，建立“绿色GDP经济核算体系”，以生态GDP指标来代替传统GDP指标，将考核结果与政府官员政绩考核相挂钩并建立环境损害终身问责制。

《可持续发展视野下自然保护区社区共管模式研究——以江苏省Y市D区麋鹿保护区为例》（顾娴，张良），探讨如何解决“保护”与“发展”这一对矛盾的路径，从根本上减轻甚至消除当地群众对自然保护区资源的过度依赖，做到"保护"和"发展"两手抓，进而促进麋鹿保护区及其周边社区的可持续发展。研究提供了"参与磋商式共管""合作式共管""功能性共管""自我能动式共管"等社区共管类型，以及"政府＋保护区＋社区""政府＋保护区＋社区＋NGO""政府＋保护区＋社区＋公司"等社区共管组织形式。本研究为探索保护区与社区管理可持续发展的有效模式提供借鉴，并引导我国自然保护区在以"保护自然资源"的前提下，合理使用自然资源，建立生态效益、经济效益和社会效益三赢的良性发展模式。

第 1 编

基层治理

1.1 “同心园”楼组自治：社会资本视角下社区治理创新的个案研究[①]

上海市历经多年的理论与实践探索，在城市社区治理方面有了很大的进展。但是，上海的社区治理创新仍面临诸多现实困难，如社区的陌生化、居民参与社区事务不积极、社区自组织发展缓慢等。本研究以社会资本理论为研究视角，采用个案研究方法，通过对上海市J区工业区楼组自治的实地调查，分析了社会资本视域下，“同心园”楼组自治是如何形成和开展的，它如何促进社区居民的参与并整合资源，以及如何在社区环境和居民关系相对陌生的情况下建立起一个有信任基础、规范环境、互惠互利的共同体。

① 本文作者：归骁骁，华东理工大学2017届MPA硕士，导师何雪松。

一、社区治理的难题：社会资本的视角

（一）社区治理的现实困境

社区属于地域性社会，也是人类社会生活当中的基础，能够为“个体”与“社会”之间的联系提供支持。然而，随着社会经济水平的快速发展，人的自我保护意识越来越强，人与人之间渐渐筑起了一道心墙，原来的熟人社会转变成了陌生人社会。

首先，社区治理的体制机制规范存在不足。从目前来看，一方面，城市社区居民自治的内生发育不足，离不开基层政府的“扶持之手”，城市社区居民很难自发组织起来管理好社区事务。另一方面，对于城市社区居民自治，基层政府在扮演“扶持之手”的同时也裹挟着“干扰之手”的发挥。这方面的例子首先是街镇与居委会关系的“名实分离”。更为突出的是，街镇条线都握有对社区居委会的考核权，资金和人事管理也掌握在街镇手里，社区干部难以挣脱自上而下的行政化控制，社区内部组织间关系也难以理顺。

其次，阶层分化造成信任缺失。现阶段城市社区的社会常态是陌生化和阶层分化，这就导致了居民之间的不熟悉、不理解，以及思想观念和利益诉求上的不一致，实际上形成了一种“众口难调”的社区治理困境。

最后，居民社区参与意识冷漠。目前存在的问题是社区居民参与度不高，甚至对于居民自治持冷漠态度。从总的社区参与形势来看，只有少数社区居民较为实质地参与到社区治理活动中，而多数社区居民则游离于社区活动之外，缺乏参与社区活动的兴趣和意识。

本研究认为，社区治理应该是一场结合自上而下和自下而上的社区运动，在强调上层建筑宏观调控的同时，强调基层的参与。那么，以社会网络、信任和互惠为主要内容的社会资本恰好蕴含了社区治理的内容，从社会资本的视角来看，社区治理就是要建立起互相信任的、互惠互利的、规范的社区社会网络体系。

（二）社会资本对于社区治理体制的重构意义

1. 规范社区体系

社区居民自治规范化体系的建立对于社区居民交流互动具有重要意义，甚至也对社区居民社会资本的发展产生了很大的影响。规范社区体系除了要对社区居民性质以及职责加以明确，还要了解社区政府以及物业公司组织之间的关系；通过建立各个组织之间的合作机制，使社区居民实现自我管理；同时要为社会基层群众提供服务，与政府机关相互协作来处理好与居民利益相关的问题。政府职能部门要与居委会相互协作，并加大对社区居民工作的监督，政府与群众不仅仅是行政隶属关系，社区在一定程度上能够代表居民共同的利益，并加强对社区物业的管理力度，与其他社会组织相互协调并为其提供重要指导，加大对社区居民的监督。同时，要明确政府部门的承诺机制：即承诺责任主体不变，相关政府部门承诺落到社区的工作，责任主体仍是相关政府部门，要倒逼政府部门履职履责。

2. 构建信任体系

社会开始转型，政府职能也开始发生转变，甚至改变了社区人口结构，大多数的“单位人”变成了“社会人”，这一模式也改变了城市社区的组织方式，社区成为主要的发展形式。外在环境变化也会改变社区居委会工作内容。阶层不同的人们聚集在一起，社区人口结构更加复杂。在城市化进程当中，人口数量不断增加，人口密度也在不断提升，还有社区居民文化层次、健康水平、年龄等多个方面因素的差异，导致社区居民服务需求存在很大的区别。家庭结构主要是以小型化为主，还有人口老龄化问题等，也使得社区居民福利需求层次化明显，人口结构越来越复杂，居民价值观念也发生改变。因此，要举办多元化的社区活动来对社区功能进行优化，还要采取措施来满足社区居民利益诉求，为社区居民提供更好的服务，加强社区居民的自我管理，为社区居民提供基本服务。

3. 推动社区社会组织发展

城市社区居民自治要不断创新则需要政府提高政府权力的开放性，还要转变社区自治组织的管理职能，让社区自治组织回归自治功能，把更多的时间和精力用于服务社区居民。通过不断完善社区组织，居民对于社区治理的认同感不断加强。例如：上海市一小区内的垃圾较多，对社区环境卫生影响较大，导致社区居民存在很多怨言。“睦邻点”的居民们通过沟通交流来制订解决对策，与物业公司、开发商等单位进行协商，通过召开组织协调会的方式，解决了垃圾堆放这一问题，改变了社区居民居住环境。而“睦邻点”这一社区自组织也使得社区居民之间的了解不断加深，加强了楼组社区居民之间的交流以及社区治理力度，对社区自治具有重要意义。

总之，社会资本的培育对社区居民集体行动力的提升具有重要意义，同时也加强了社区居民参与社区治理的责任感，因而能够增强社区治理能力。而这种集体责任感的增强，也可能推动社区居民更加积极地投入社区参与和动员中，因而存在着扩大社区社会网络的可能，也就可能进一步培育社区社会资本，以更好地推动社区治理。

二、“同心园”楼组自治的实践

（一）“同心园”楼组自治模式的背景

上海市J区属于上海西北部，同时也是上海国际汽车城的所在地。宋J区十年建县，距今有800年历史。1993年撤县建区，下辖12个街镇，总面积463.55平方千米。在这个历史文化悠久的古城中，有着这样一个工业区，地处J区西北部，区域面积78万平方公里，村、社区、企业各自占据了一定的比例。其中，社区居委会有13个，居民小组726个，覆盖2.2万户，是一个拥有众多像沃尔沃汽车等国际知名企业的现代化制造业园区，又是一个集乡镇政府服务和街道社区建设功能为一体的政府派出机构。作为由三个乡镇合并而成的转型发展区域，面积大、人口多，又处在全面融入先进制造业和加速城市化的进程之中，其社区治理面临着诸多新的要求和问题。

因此，“同心园”所在的J区工业区将社区居民楼组自治建设作为准入点，并提出了“大楼组”建设概念，克服社区面广量大的实际困难，以点带面，逐步构建起了同心多层的社区治理新格局。而这离不开以下几个因素：第一，项目化试点积累了经验。2010年7月，J区工业区加大社区居民自治建设关注力度，同时将其作为重点项目来进行社区治理楼组自治建设试点，最终选在庆阳、裕民、越华、永盛四个社区的五个楼组建立了楼组自治工作点。各个社区在楼组内重点培养3～5人开展业余活动，加强邻里之间的相互了解与情感沟通。通过半年的实践，成效最大、最显著的成果体现在楼组自治功能不断健全完善上。第二，概念化布局因地制宜。在进行试点工作当中将居民小组作为核心，根据实际情况对726个居民小组进行分类的方式存在很大问题，主要原因在于一些小组缺乏建设条件。因此，在加强“同心园”楼组建设过程中，工业区对“大楼组”提出了相应的解决措施，各个社区根据实际发展情况来对楼组自治建设进行划分，同时也要控制楼组规模在150户以内，还要对楼组人员、经费等资源加以充分利用。在实践中发现，“大楼组”的概念在实际推进过程中操作性更强。第三，制度化推进有条不紊。2011年年初，J区工业区通过对社区治理进行试点，并召开相应的征询会来了解社区居民等各方意见，研究制定相关制度，明确发展要求，争取做到J区工业区“同心园”楼组自治全覆盖，同时规范楼组自治建设，并提出重要的解决措施。

（二）“同心园”楼组自治的“点、层、环”

1.“圈好一个点”

自我国改革开放政策实施以来，我国社会转型的重要标志表现为单位到社区的变化。但是，构建社区治理体系的支点在哪里？构成社区治理体系的自治单元在哪里？这是大多数基层政府的困惑。而且，现在的社区规模比较大，一般在2 000～3 000户，自治工作开展比较困难；而单一的楼组自治又面临户数少、资源有限的问题。因此，J区工业区根据自身实际情况并结合社区治理焦点问题，将社区治理的支点和自治单元确立在大社区和小楼组之间的中间地带，即重新寻找并确立一个合适的自治单元，构建以“大楼组”为单元的自治“同心园”，并将若干单元楼组组合在一起形成“大楼组”

概念。同时，J区工业区构建了以党总支、居委会为核心层，以大楼组自治块区为中间层，以自然楼组为外围层，覆盖到所有居民的社区自治体系新格局。大楼组自治块区成为社区自治的重要单元，将社区与居民紧密地联结起来，解决了目前自治工作中居委会规模过大、自然楼组资源又过少的难题。设置“大楼组”自治块区并不是增加管理层级，而是合理划分自治单元，方便居民就近参加自我服务、自我管理、自我教育活动。政府为社区居民活动的举办提供了重要指导，并为社区居民提供支持，提高了楼组活力。而“同心园”楼组自治建设提高了社区居民满意度，使得社区居民对政府的认同感不断提升。

2. “搞活中间层”

楼组块区这个点一旦被圈出来，它如何形成一种同心力，如何形成一个真正的自治单元，就成了一个值得思考的重要问题。J区工业区依靠“三个五”来搞活楼组块区这一中间层，使其释放出自治的能量。一是用“五个工程”指导怎么建。“五个工程”即一支骨干队伍、一块公示牌、一个宣传阵地、一个自治服务站、一本民情服务册，是J区工业区“同心园”楼组自治标准化建设的五个方面，在人员配备、办公场所、工作内容、工作经费等方面进行统一设计，统一制作，统一配备，统一标准。楼组依托居民代表、党员、志愿者等资源组建“一长五大员”工作队伍，在楼组醒目处制作公示牌和宣传栏，在居民家中设立自治服务站，作为邻里学习活动、矛盾调解、事情商议的固定地点，一本民情服务册重在反映楼组内动态信息，做到人员信息、日常动态、楼组活动、公共设施等底数清，台账明。二是用“五项制度”规范怎么做。采取措施来完善社区楼组自治，“五项制度”主要是推广楼组居民自治经验，通过定期例会、联系走访、信息报告、学习培训、评比交流五个制度，做到认真听取居民意见，共同商讨楼组事务，掌握楼组人员信息、思想动态、生活需求，摸排社情民意、人员流动、计划生育、矛盾纠纷、不稳定因素等及时向社区汇报，畅通信息渠道。同时加强“一长五大员”队伍建设，充分提高社区楼组志愿者的积极性，逐步提升社区楼组自治工作整体水平，推动社区居民自治发展。三是用“五个创建”引导怎么走。“五个创建”即自主学习、自我娱乐、环境治理、困难解决、纠纷处理，既要注重社区居民治理的文明、欢乐、温馨等重要基础来丰富居民文化生活，还要解决社区居民之间的矛盾等多个方面，注重建设具有特色的社区居民自治；充分利用社区楼组资源，加强社区居民之间的交流，为社区居民自治提供重要支持，积极参与特色楼组创建。例如，停车难一直是目前社区中的“老大难”问题，J区工业区庆阳社区为了切实解决这项民生问题，通过小区电子屏广泛宣传，再动员楼组长对辖区内的各个楼道业主进行停车位改造民意收集摸底，征询业主的意见和建议。

3. “合好一个环”

J区工业区通过打通两根“管道”，来实现楼组自治的上下贯通和左右联动，营造“同心多层”的社区治理新格局。一根是自上而下的“管道”，即由政府自上而下的政策推动。通过制定一系列指导性文件，引导建立楼组块区的协商、激励、联动机制。设立专项经费，扶持楼组块区自治项目，由各楼组自治块区自行上报项目，经评审通过后，仍由各楼组自行实施，从而调动楼组自治块区的积极性。另一根是自下而上的“管道”，是构建同心园楼组自治的平台和公约。各社区居委会在修订《自治章程》的过程中，进一步明确了楼组块区的定位和功能。各楼组块区还立足实际，不断创新自治形式和内容，自发创设了巧媳妇手工坊、爱心服务社、社区之声等自治载体，不仅开展邻里服务、协调楼组事务，还开展块区间的联动、交流，形成更具针对性、代表性和广泛性的自治议题。打通这两根“管道”之后，J区工业区即形成了以党(总)支部、社区居委会为核心层，以楼组块区为中间层，以自然楼组或单元楼组为外围层的社区自治体系。这一体系是一个同心多层的圆环，也是一个头尾可以相互衔接、重心在中间段的闭合环路。在这一体系中，社区自治、楼组自治、居民自治，分别在相应的层面得到了合适的实现，最终汇合形成一个整体。

（三）“同心园”楼组自治的社区治理成效

1. 拓展服务体系

在“同心园”幸福助邻行动启动仪式上，五个文艺特色楼组和社会团体结对，成为社区居民自我提升精神文化水平的有效途径；开展“‘食’惠楼组，爱有你我”幸福助邻项目，楼组困难群众和企业、社会组织和楼组志愿者结对，形成了定期走访慰问的关爱服务机制；开展“同心园”楼组自治创新项目申报工作，提供资金扶持，让居民了解自身需求并注重自我服务。“同心园”楼组自治还整合企业、社会团体、社会组织、职能部门、楼组志愿者等各方力量，以服务楼组文艺爱好者、困难群体、“新居民”为出发点，充分发挥社区居民的自我服务功能。

2. 强化管理功能

“同心园”楼组自治通过加强自我管理来处理楼组自身存在的问题，并加强社区居委会自我治理，提高基层社区居民管理的积极性。在文明指数测评和全国卫生城区复审阶段，各社区积极开展环境自治活动，在楼组长和骨干志愿者的带领下，组建自治小组，以责任块区为单位，对小区楼道堆物进行巡查整改，带动楼组居民自觉维护环境卫生，为社区环境政治开展提供重要支持，同时还注重社区整治效果的提升。开展“小手携大手”楼组环境卫生宣传活动，通过下一代对长辈的影响力，改善公共区域乱堆物现象，有助于形成良好的环境管理长效机制。

3. 健全反馈机制

“同心园”楼组自治建设催生了一批热心的“一长五大员”。他们自觉承担起“楼组管家”的职责，时时处处留心楼组各种动态，了解公共设施损坏的主要原因，还有外来人员进入其中存在的一些问题。对于居民生病住院、安全隐患、邻里矛盾和不稳定因素等信息，他们都会和居委会进行及时有效的沟通，有利于居委会进一步掌握居民群众的思想动态和小区基本情况。他们是联系社区与居民的纽带，实现了楼组信息和组织管理信息的双向传递，建立纠纷解决机制，并能够有效控制社区管理成本，对于社区治理具有重要意义。

4. 培育社区领袖

在社区治理的过程中，人选是基础，各社区用心挖掘培育了一支有责任心且具备一定的领导、协调、组织能力的“一长五大员”队伍。多年来，他们为居民们树立起了楼组建设的好榜样。例如，民乐社区新世纪小区26号楼组长庄阿姨，举办了多个楼组活动，主要是为了吸引楼组里的知识分子参与，通过上门走访谈心的方式来举办楼组书画展，激发了高级知识分子对于学习书画作品的兴趣，展示了高级知识分子收藏的作品，创造了良好的楼组文化学习氛围。许许多多的社区领袖，在楼组自治建设中传播着正能量，逐渐成为社区的领袖人物，凝聚起了社区的内在力量。

三、社会资本视角下社区治理的框架设计

（一）从“同心园”楼组自治到社区治理模式建构

居民自治不仅是社会建设和社区成长的必然产物，更是国家治理体系和社会治理顶层设计的重要内容，简言之，居民自治是社会逻辑和治理逻辑双重运作的积极成果。从治理层级的角度来说，社会治理是国家治理的一个方面，而社区治理则是社会治理的重要组成部分，居民自治作为社区治理最为重要的基点，起着举足轻重的作用。中国国家治理的基本逻辑讲求家国一体，国家如何与一个个家庭相联结，与一个个单位相联结，与一个个社区相联结，是中国国家治理的传统和优势所在。这就意味着居民自治搞得好不好，社区治理搞得好不好，将直接影响我国国家治理水平的高低。居民自治的最大魅力在于将居民拉回到一个平等、温情的公共空间中，使他们感受到作为“社区人”的尊严，社区温度高低是衡量城市生命力是否旺盛的重要标志。所以，几十年来，中国始终走在构建熟人社区、培育社区情感、丰富社会资本的道路上。因此，J区工业区的“同心园”楼组自治社区治理模式可以说是成功的，它以150户为楼组块区，形成“大楼组”概念，作为社区治理的抓手与载体，在社区信任、规范和网络上也发挥了一定的作用。目前，“同心园”楼组自治社区治理模式已在J区得到全面推广，它将邻里交流、安全预

防、冲突解决、规范限制等作用共同归入这一治理平台中，进一步实现了楼组在社区治理中所具有的基本功能，从一定程度上发展和拓宽了社区功能，并通过实际运作和不断创新，产生了新型的社会治理体系。通过长期的不断摸索和有益实践，这一治理模式产生了社区民情职责区大环境下的“网中网”的治理结构，在一定程度上极大地满足了居民生活要求、居委会工作要求以及政府治理要求等多项功能，初步取得了令人满意的成果。楼组，其实就是构建和利用社区社会资本的重要载体，通过发挥楼组长的作用，有效联合块区内的所有居民，促进相互之间的沟通交流，增进居民间的密切关系，全面调查和掌握居民生活要求，最大限度地实现居民满意，重新构建起一个以信任、结构、网络等社会资本为基础的社区治理空间。

（二）楼组自治的社会资本转化

1. 激发自治意识

建立自治空间首先要考虑的就是适度规模的自治单元，因为居民优先关注的是家门口的人和事，在解决家门口的事、动员家门口的人的过程中，社区公共意识才能逐渐产生。J 区工业区开展的“大楼组”自治块区工作，充分考虑并适应了现阶段社区发展的地缘空间要素。同时，社区领袖是社区自治的宝贵资源，其作用相当于古代社会的乡绅或长老。要重视培养社区领袖，给他们能更好地发挥作用的舞台，通过社区领袖的示范、带头、引领作用，影响更多的居民参与到社区自治的活动中。J 区工业区通过这两个方面的设计，有效激发了居民的自治意识，使社区自治从外部引领进一步走向自主自觉。汇聚民智，加强自治，为扩大社区参与提供了有效途径。

2. 引导自治行为

政府采取一切措施，力求最大限度地促成社区自治。然而，实现真正的社区自治并非是一朝一夕的事，需要经历一个不断完善和成熟的过程。J 区工业区通过推动“同心园”自治建设，不是放任，而是有效引导自治行为。它对楼组自治的引导主要体现在两大方面：一是坚持“三个五”基础建设，二是打通两根“管道”。“三个五”即“五个工程”指导怎么建、“五项制度”规范怎么做、“五自创建”引导怎么走，这是对标准建设、内容建设、机制建设的引导。两根“管道”是指：一是由政府自上而下提供菜单式“大礼包”服务，二是由楼组自主申报自治项目。

3. 规范自治秩序

社区自治的最终目的是形成一个既有活力又有秩序的基层社会。社区秩序是外在和内生的结合。J区工业区在“同心园”自治工作中，既重视外在的制度建设，同时建立了楼组自治的工作制度，规范了自治工作的运作，也明确了发展方向。社区是生活共同体，最终的联结在于社区自身的文化内涵。

（三）基于楼组自治的社区治理路径创新

1. 扶持引导

鉴于长期以来的基层治理实际，社区居民参与公共事务管理的意识普遍淡薄，自治能力不强，居民自治需要社区党组织的引领。让社区干部“走出去”，党员干部“沉下来”，发挥基层党组织和党员干部的引导示范作用，让居民群众在“议论纷纷”中能坚持主旋律，弘扬正能量；发动群众，影响群众，从而形成良性自治的氛围。

2. 宣传动员

居民自治要指导楼组制度的规范化执行，尤其是加大骨干志愿者的培育力度，从而增加社会资本，即给相关主体带来利益，继而形成互利性规范；而只有真正实现了这类规范，才可以在社区内有效构建起优良的信赖感和较为长久的网络系统。此外，可以通过开展社区层面和工业区层面的楼组自治星级服务站、楼组“民星”评选与表彰，用美好的发展愿景，传递正能量，做好更广泛的社区动员，重塑社区自治价值体系，逐渐形成“党组织引领—社区牵头—群众参与”的自治格局，这样就激活了社区居民自主表达诉求、协调利益、调处矛盾、保障权益的“内循环”，在社区治理过程中全面实现群众自治功能。

3. 自我增强

居民自治要自下而上，整合楼组内部资源，开展邻里互助活动。结合楼组居民需求，聚焦目标人群，因地制宜地推广楼组服务菜单，倡导志愿者和服务对象签订结对服务承诺书，不断完善居民自我服务功能。居民自治也要自上而下，依托职能部门的优势，解决群众多元化需求。把政府管理资源和社会力量“下沉”到基层一线，同时把相关部门的任务变成符合居民需求的行动，在基层探索建立自治共治的长效机制。除此之外，还要有效发挥“一长五大员”的重要支柱作用，全面提升自我治理水平。组建楼组自治小组，以责任块区为单位，探索建立环境自治长效机制。进一步改善联系体制，全面实现“一长五大员”承上启下的功能。选取有威望、明事理的居民作为楼组矛盾调解员，化解邻里纠纷，提高社区治理水平。

四、结论与讨论

对于社会资本，国内外有各种各样的定义，但是不管定义有多少种，它始终描述了一种在社会交往中不断累积的信任资源、关系资源和媒介资源。生活在城市中的人，往往会有一种无助感，因为这是一个陌生的空间。如果说社区的交往密度十分低，那么，再繁华的城市其实已经陷入一种孤寂中。在社区中恢复人们在社会系统中失去的信任，点燃人们在社会系统中失去的关爱，重建社区网络体系，就是在催生社会资本。社会资本一旦被催生出来，基层民主和社区自治也就运转起来了。

（一）以楼组自治为切入点，可有效推进社区社会资本建设

如今，困扰社区居民、居委会干部的问题往往来自家门口。例如，楼道堆物，公共空间卫生差，楼道楼梯墙壁年久失修，等等。伴随着住房商品化时代的到来，高楼宇密度、高人口密度与低交往密度、低精神密度形成了鲜明的对比。以邻为友、助邻为乐成为许多居民美好却难以实现的期望。楼组自治概念的提出，恰好解决了这个难题，让居民自觉地走出家门，走进社区，是实现社区治理的第一步，更是发展社区社会资本最基础及最重要的一

步。因为楼组具有绝对的地理优势，是和居民私人化生活空间具有极大联系的公共区域，也是个人与个人，家庭与家庭最直接、最频繁的社会互动空间。因此，作为现代邻里关系的黏合剂，楼组自治更能挖掘出社区中的社会网络，从而实现互相信任的社区邻里关系及互惠互利的社区规范。将楼组作为基本结构单元进行社区自治，能够确保群众参与式的社区治理真正建立在社区最基层的基础上，更能引起群众参与社区事务的自觉性和主动性，从而建设成极具标准性、互利性、可信赖性的社区网络系统。

（二）社会资本建设是社区治理框架的核心组成部分

社会资本主要代表个人或组织间的相互联系——社会网络、互利性规范和因此而形成的信赖感，是人们在具体社会角色下所获得的基本资源。由此能够得出，社会资源形式越多，民主水平就越高，社区治理效果也越明显。

对于一个社区而言，社会资本中涉及的社会网络、互惠性规范和信任，即推动社区治理发展的重要因素，社会资源能在一定程度上影响社区团结，对群众参与水平以及社区治理成果发挥决定性作用。社会资源越广，分布格局越恰当，社区治理的民主水平就越高，社区治理成果也越明显；反之，社区治理便会由于缺少一定的民主性而无法真正实现。

（三）培育社区骨干，建立社会资本长效机制

社区骨干是支撑城镇社区自治的主要力量，也是社会资源的关键构成成分。从激励机制上说，这些社区骨干之所以愿意为社区工作奉献时间和精力，基本动力来源于内心激励，包括自身的公益心和对社区的认同感。从事物的长久性来说，社区自治的组织过程需要珍惜和爱惜社会骨干的公益心。但是在社区陌生化和阶层分化的社区情态下，社区骨干的公益心却很难获得足够的社会回报。所以，基层组织应该给予他们有效的公共激励，才能补足社会激励不足的短板。公共激励的有效输送有两个途径。一是物质与情感上的激励，即为一些社区骨干的付出委婉地给以一定的补贴，比如，过年过节社区干部要上门送温暖，表达感激之情，或组织社区骨干短期旅游

等。目前有的地方已经开始探索专职性楼组长，给予一定的考核机制和待遇，但我们并不建议这样去做，因为一旦物质激励正式化，不仅会带来更多的财政支出压力，公益心态也容易被打工心态所取代。二是社会地位和荣誉上的激励。社区内各种社会自治组织和群众团队等组织都会自动产生一些职务和地位，这些都是有一定含金量的"社会地位品"。比如，一些社区骨干对他们因为参与社区活动而获得的"头衔"和荣誉证书会比较珍惜。社区骨干队伍的代际传承的关键是挖掘合适的中青年群体，相比老一代社区骨干，中青年群体不愿成为社区骨干的原因包括工作忙、时间少、付出大和回报少。所以发展中青年群体社区骨干，一方面，要对社区骨干适当"减负"，这可以通过完善物业管理来减轻社区骨干的一些日常工作；另一方面，要建立中青年社区骨干更为在意的回报机制。

（四）创新渠道和机制，吸引更多居民参与社区公共生活

从中长期视野来看，城市社区自治的完善必须创新渠道和机制吸引更多中青年居民和外来人口的参与。吸引更多中青年居民的参与有四个基本路径。一是加强沟通与相互理解。实际上，中青年群体之所以在社区活动中不活跃，一定程度上是因为他们对于社区工作的不了解，而加强社区干部和中青年居民之间的沟通交流，有助于增进相互理解。二是社区在分配公共资源时，需要综合考虑广大中青年群体的特殊要求。城市社区居委会掌握了一定的社区公共资源，目前这些社区公共资源的分配还主要以中老年和弱势群体为中心，这种资源配置应当适应社区人口结构的转型，增加更多受中青年群体欢迎的社区资源。三是开展适合中青年群体参加的多项社区活动。社区活动仍然是吸引中青年群体的基本抓手，社区应该策划和设计更多中青年群体感兴趣的社区活动，比如，"小手牵大手"的亲子活动，青年居民之间的交友相亲活动，社区性的才艺秀活动等。四是搭建更多中青年群体易于参与的组织性平台。社区干部应该在日常工作中注意排摸社区内中青年群体的兴趣爱好，挖掘中青年群体的积极分子，帮助中青年群体之间搭建一定的群体团队组织。社区还应当适应信息化时代的趋势，通过高度

渗透中青年群体的新媒体手段，充分用好现实空间之外的虚拟空间。随着外来人口通过购房和租住的形式导入城市社区，城市社区自治不应忽视这些外来人口。对于外来人口，应该有一定的分层视野，实际上外来人口中的中高端群体具有相当的意愿融入城市社区，也愿意参与社区自治事务，甚至能够做出一定的贡献。这里面，社区应当着力抓住通过购房进入的外来人口业主，以及社区周边的外来经营户，这些外来人口都与社区存在紧密的利益关系，对融入社区具有更大的意愿。

参考文献：

[1] 卜长莉. 社会资本与社会和谐[M]. 北京：社会科学文献出版社，2015.

[2] 陈捷，呼和·那日松，卢春龙. 社会信任与基层社区治理效应的因果机制[J]. 社会，2011(6)：22—40.

[3] 封莹莹. 社会资本、公民参与和政府治理[D]. 杭州：浙江大学，2011.

[4] 贺寨平，曹阳. 普特南社会资本理论评述[J]. 山西师大学报(社会科学版)，2014(3)：70—74.

[5] 胡仙芝，罗林. 社会组织化与社区治理研究[J]. 中共福建省委党校学报，2007(11)：36—41.

[6] 纪彤. 社会资本与社区治理关系实证研究[D]. 武汉：华中师范大学，2015.

[7] 李飒. 精英构建型社会资本与“村改居”社区治理[D]. 上海：复旦大学，2012.

[8] 刘毅. 社会资本理论视角下常德市Z社区治理研究[D]. 湖南：湖南大学，2013.

[9] 刘建军. 居民自治指导手册[M]. 上海：上海人民出版社，2016.

[10] 刘铎. 开放式社区治理：社区治理的演化趋势——基于四个社区治理案例的分析[J]. 甘肃行政学院学报，2009(3)：96—101.

[11] 刘雯铮. 信任、规范、网络：中国社区治理中社会资本的三维变量研究[D]. 上海：上海师范大学，2015.

[12] 宋雪峰. 日本社区治理及其启示[J]. 中共南京市委党校学报，2009(3)：90—96.

[13] 孙小逸，黄荣贵. 再造可治理的邻里空间——基于空间生产视角的分析[J]. 公共管理学报，2014(3)：118—126.

1.2 权责不对等：社区居民自治困境研究

——以N市C区“邻里自理”为例①

伴随着我国城镇化水平的不断提升，城镇居民的居住空间发生了显著变化，同时基层社会结构及其治理模式也发生了根本性的改变。城市社区是城市居民生活的空间，社区发展的基本方向是居民自治，发展目标是实现社区居民自治。从当前我国社会治理的结构来看，居民自治已经成为社会发展的必然要求。社区自治组织与自治成员之间的互动，以及社区事务的自我管理，使得实现自我服务成为自治发展的现实动力。通过梳理国内外社区自治的相关研究，我们发现社区自治在某种程度上还停留在理想化的阶段，而现实中社区居民自治并没得达到预想的效果。影响社区居民自治实现的因素有很多，在诸多因素中，自治组织的权责互动不匹配，制约着社区自治模式的运行和自治主体的参与热情，从而影响社区自治组织的发展，

① 本文作者：姜志伟，华东理工大学2018届MPA硕士，导师汪华。

造成了社区居民自治无法完全实现的困境。

本研究以江苏省N市C区的“邻里自理”创新居民自治为研究的切入点，将社区邻里作为研究主体，具体对“邻里自理”居民自治模式的困境及其背后原因进行分析。本研究通过研究我国居民自治的困境发现，居民自治组织的权利与责任存在不对等，只有责任没有权利的矛盾制约着居民自治组织的运行和发展。在借鉴和分析国内外社区居民自治模式的基础上，本研究尝试提出消除困境的对策。这对促进社区居民自治，完善社会治理体系具有重要的现实意义，同时对扩大我国基层民主建设和稳固基层政权具有重要意义。

一、邻里自理：C区的社区居民自治创新实践

伴随着城市化进程的加快和社会转型的升级，新形势下的社会治理工作面临了诸多挑战，城市社会的基础流动性较强。传统单位管理模式解体后，城市居民之间出现了疏离，同时，由于社区发展的局限性，这一基层组织无论在服务水平还是基层凝聚力方面都不能满足现有形势下的要求。

N市C区就是其中一个例子。该区城镇化发展速度较快，大量的农村人口转为城镇人口，拆迁安置小区的数量逐年递增，小区居民生活方式转变困难，破坏小区公共绿地种菜、大搞封建迷信活动等现象依然突出。同时，很多老小区存在着公共设施老化、人口结构老化、外来人口激增、无物业管理等问题，这对社区公共事务管理形成了严峻的挑战。为此，C区政府自2013年开始积极探索“邻里自理”模式，通过组织、动员社区居民参与邻里事务管理，以“自我教育、自我服务、自我管理”为导向，推动基层社会治理向现代居民自治转型。但这一社区自治模式创新实际运作的结果却未达到施政者先前的预期，政府自上而下的社区自治创建并没有使居民表现出相应的参与积极性，“邻里自理”流于形式，收效甚微。

（一）“邻里自理”居民自治工作模式

1. 创新自理组织架构

在开展“邻里自理”居民自治工作中，C区以“一党委、一居委会、一管理

服务站、一综合治理办公室”新型社区管理服务体制为基础，不断在公共资源配置方面进行优化，探索建立以邻里为点，以邻里和谐促进会为单元的新型管理模式，重构服务群众机制。在社区层面，C区从地域相邻、楼幢相近、资源互通的角度，以100 000—600 000平方米，100—400户的规模建立邻里组织，将服务单位划到社区与居民的中间地带，打通服务群众“最后的500米”，进一步畅通联系群众渠道，实现“零距离”服务群众。同时，C区进一步优化了自治机制，通过在邻里成立“邻里和谐促进会”，实现邻里自我管理和服务。组织架构图如下(图1.1)。

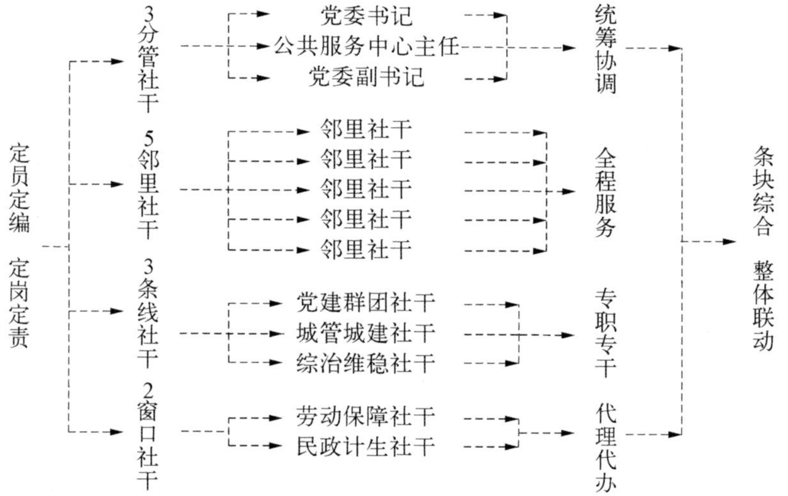

图1.1 社区邻里“3532”架构

2. 党政引领多方参与

在“邻里自理”居民自治工作中，C区党政引导先行，探索社会参与，引领各方力量共同参与邻里建设和基层服务。按照“一邻里一社工”的标准，全区1 400余名社区干部和城管协管员作为邻里基本服务力量，卫生、安全、规划等条线全部安排人员下沉至邻里，加强邻里的专业工作力量。此外，C区组织动员全区的所有公职人员到各自居住地邻里组织报到，认领服务岗位，充分发挥机关干部专长、部门等优势，主动协调解决邻里难题。通过把机关和基层工作力量充实到邻里，把组织平台搭建到邻里，把基础保障落实到邻里，C 区初步形成组织与群众、政府与社会共治共管的新格局。

3. 完善服务载体内容

通过共享服务信息、开展志愿服务，C 区把单向的行政管理转化为居民群众自觉的社会行为。邻里主要履行服务、信息、自治三项基本职能，服务工作主要包括代理服务和志愿服务，主要提供就业社保等社会事务、生活服务代理，重点开展环保、睦邻、敬老、爱幼、创文等志愿服务；信息工作主要包括日常居民基本信息、动态信息和邻里公共突发信息的采集、处理和反馈；自治工作主要通过召开邻里评议会、邻里议事会、居民代表大会来推选邻里和谐促进会理事，制定邻里公约，决策邻里大事，评议多方工作。

（二）“邻里自理”的创新成效

1. 社区居民邻里关系融洽

在邻里组织建设中，C 区通过动员小区居民参加邻里活动，小区居民相互交流的次数变多了，久而久之熟悉并成为朋友。同时，居民选举产生的邻里理事长、理事、楼道长成立一个区域一个楼幢的中心，有了这些小组织，居民有了参与邻里事务的载体，在参与过程中相互交流并增进理解，融洽了邻里气氛，逐渐形成互帮互助、互敬互爱、团结友善的新型邻里关系。

2. 邻里组织建设得以推广

C 区 107 个社区，已建立 901 个邻里组织，通过居民推选，产生了 874 名邻里理事长、6 162 名邻里理事、1.6 万名楼道长。按照把党支部建到邻里的理念，推选出 680 名邻里党支部书记、1 600 户党员中心户。全区近 4 000 名公职人员到居住地邻里报到，认领岗位，服务邻里解决难题。同时，C 区在邻里开展“百千万志愿服务”活动，近 500 家社团、20 000 名志愿者直接服务邻里，成为邻里建设的中坚力量。依托这些邻里自治骨干队伍，C 区邻里组织不断向自我管理、自我服务的目标迈进。

3. 配套设施建设逐渐完善

在邻里建设过程中，C 区政府的人力、财力、物力不断地投向民生、下沉到基层，硬件设施得到了不断改善。2011 年以来，C 区政府财政已累计投入近 10 亿元，升级改造社区公共服务平台，规划新建 5 000 m^2 以上新一代社区邻里服务中心 5 个。此外，C 区政府还投入 1.3 亿元构建“三位一体”人防技防物防相结合的防控体系，建成以居民数据信息为基础、邻里为终端、移动互联为手段的社区邻里综合信息平台，为邻里工作开展提供了有效的载体。同时，C 区在邻里工作力量上不断充实，以丰厚的待遇面向社会公开招聘了一大批管理能力强、综合素质高的年轻人加入邻里服务，下派机关干部到社区、邻里挂职锻炼，同时组织文化水平相对低的社区工作人员进行定期的培训学习，使得社区、邻里新老工作人员的素质和综合能力得到不断的提高。

（三）“邻里自理”实践的矛盾境遇

1. 居民自主管理意愿不强

实践中，大多数居民对公共事务兴趣不浓，更多的只是独立的市民成员；随着民主观念的不断深入，公民意识、维权意识不断增强，但大多是自主性参与；居民对基层组织的依附性参与较弱，更多的是通过一个独立的个体去解决问题。经过深入的调查、走访后发现，邻里活动的开展、自治组织的运行，大多是在街道以及社区的宣传、动员下开展，居民自发性组织或参与的很少，居民对自治这一事务表现出不关心、不参与的态度，对自我管理没有概念，自主意识薄弱。在对 C 区 13 个邻里进行走访，抽样调查了 85 名社区居民后，我们发现仅有 8%的居民对“邻里自理”这一模式非常关心，21.2%的居民比较关心，70.6%的居民则表现出不关心。在是否有向“邻里提出合理化建议”的调查中，只有 3.5%的人经常提，5.9%的人有时提，89.4%的居民则没提过。由此可见，邻里这一新型自治组织对居民的影响还不够，居民自主实现自我管理的意愿还很弱，“邻里自理”倡导群众有序参与基层自治的初衷并未实现。

2. 邻里自理功能的缺失

自治组织运行的动力源于需求方对自治组织提供资源和机会方面的需要，就目前而言，邻里缺乏居民代表性和居民自治与维权的内在诉求，其服务内容虽然涉及自治事项，但主要承担的还是街道、社区的一部分行政性事务，如党建、城管、综治、劳动、民政等方面。“邻里”事实上成为一个“微型街道”“小型社区”。邻里自治更多的是完成政府难管或不想花费更多精力去管的“包袱”，真正事关居民利益的管理却不在自治的范围。没有了“需求—满足”这一内在动力，必然会导致“邻里自理”这一模式得不到居民的认可，更无法实现自理的功能。

3. 自治依赖程度较高

理论上，基层自治组织应该具备自发性、独立性的特点，但在现实中，邻里这一自治组织的依赖性过强。按照邻里“3532”工作模式，社区邻里工作统筹协调由3名分管社干负责，分别是社区党委书记、党委副书记、公共服务中心主任。“邻里”日常性工作事实上由3名分管社干组织安排，邻里组织的大小事务、活动的开展报备首先要经过社区，由社区批准或授意。邻里组织开展哪些工作，怎样开展工作几乎都由街道、社区掌控。同时，按照“3552”模式，5名邻里社干全天沉在邻里开展服务。邻里社干由政府民政部门面向社会统一招聘，专职为“邻里”事务工作，而作为“邻里”核心的理事长、理事、楼道长等则是由一些热心人士、党员和机关干部组成。从事邻里工作没有任何劳动报酬，更多的是志愿服务，大部分是挂一个虚职。“邻里”日常工作的核心主要由政府委派的社工来完成。

二、集体不参与：“邻里自理”居民自治的实践困境

（一）流于形式的自治

1. 理论与实际的背离

事实上，“邻里自理”尚处于探索阶段，各项机制还不够健全，缺乏自治经验，大部分邻里热闹地开展了几次活动之后就偃旗息鼓了。社区居民对邻里的熟知度、认可度还不高，参与的热情也比较低，对“邻里自理”这一模式表现得很冷漠，原先选举产生的邻里理事长、理事、楼道长也没了当初的激情，慢慢地淡出邻里，有的甚至已经忘记自己在邻里还有一个身份。从访

谈的情况来看，大部分居民对邻里这一组织和自理模式还较为陌生，邻里自理是社区居民自治的创新，从构建理论基础来看，具有一定的可操作性，但在实际运行过程中，这一模式并未如施政者预期的那样，邻里组织在居民中的熟知度、认可度还有待提升。

2. 盆景而非风景

“邻里自理”这一模式能得到省级领导和中央媒体的认可，必然有值得介绍和推广的亮点。在这些亮点的背后，基层政府倾注了大量的人力、物力和财力，为树立品牌，打响知名度，从区级到街道再到社区，精心组织，精心栽培，让“邻里自理”出了一些成绩。然而，这仅仅是一个点，正如江苏省委李强书记在调研某个社区时指出的：您给我看的是一个盆景，如何让盆景变成风景，这是我们要去思考的。精品工程是当前政绩工程的缩影，这种类似互融邻里通过大力气、精心栽培后呈现的效果并不是邻里自理的全部，而仅仅是个别的珍稀“盆景”，并不具有普适性。社区居民自治要得到健康的发展，不能只是打造一个精品，要形成面上的燎原之势，否则再好的亮点也只是一个难以复制的摆件。

（二）冷漠与疏离：“邻里自理”实践中的居民参与度

1. 居民参与程度不高

对邻里这一新生事物，社会关注有了，但居民认可度还不高，居民参与的热情和动力也较为缺乏。小部分邻里由于没有居民的参与，在理事长及理事选举方面都出现了困难。通过走访调查几个邻里，笔者对居民的参与情况进行了分析。首先是居民参与意愿相对较低。居民对“邻里自理”模式更多的还是停留在“无用论”的观念，不相信通过邻里可以解决他们的利益诉求，更没有意愿参与。其次是居民参与主体相对单一。参加邻里活动的居民大多是原来参加社区活动的一些“老面孔”，从参与者的社会阶层来看，大多以经济收入低、文化程度低等弱势群体为主。最后是参与范围相对狭窄。居民参加邻里自理主要以参与简单邻里事务为主，局限于完成一些程式性的工作事项，比如，选理事长、楼道长，参与居民议事处理一些简单的邻里纠纷等，不涉及有关社区邻里公共事务的决策和与自身利益有关的事务。

2. 缺乏规范参与机制

一方面是参与渠道不畅。邻里内大量的事务由于行政的介入致使居民难以参与其中，即使参与了大多也只停留在邻里事务的实施过程，而对于决策、管理和监督这些环节则很少能够施加影响。本应作为主体的社区居民却在邻里活动中扮演着“群演”的角色。另一方面是参与机制不完善。从邻里架构来看，理事长是邻里组织的核心，然后是理事、楼道长、邻里社干。除了邻里社干由社区委派外，其余人员都是以居民自愿的形式参加，如果没有人愿意当理事长，这个邻里就没有理事长，居民参与邻里事务工作的形式更像是志愿服务。同时，邻里组织对于已经志愿参加人员的工作内容和权利保障等方面没有很好的规定，工作得不到制度化的保障，难以形成浓厚的自治参与氛围。邻里组织开展的活动又多带有政府行政色彩，属于形式主义的内容，长期游离于自治权力体系核心之外。居民日益对这种参与形式不满，但又无法也无力改变现在的局面，所以居民只能选择以沉默来表示不满，以冷漠面对动员。

3. 缺乏集体归属感

由于现代化社区城市居民生活空间的单元化、独立化和封闭化，加上目前邻里自理还未形成气候，自理功能不完善，社区开展的邻里活动并不是居民真正需要的且形式老套，只做表面文章，使邻里成员间共同社会利益需求并不能及时地获得满足。同时，长期以来深受计划体制的影响，居民自我管理意识不强，只单纯把社区、邻里当成一个歇息的地方，对门外的事务漠不关心。社区邻里没有形成成员之间的强大凝聚力，居民在社区邻里事务的参与过程中表现出极大的漠然和排斥，甚至是对自治组织的不信任。

（三）自治组织积极性式微

1. 自治组织发展贫弱

我国城市社区自治组织的发展呈现出贫弱局面，社区自治权力十分有限且没有良好的保障，组织自治性质不够彻底，缺乏权威。社区尚且如此，基于社区而延伸的邻里则更为贫弱，邻里内的诸多问题都是邻里组织依靠自身权力无法解决的。在此种情况下，对绝对弱势的居民而言，其本身就不足的权力更无法得到保障，而诸多的利益诉求也没有办法实现。邻里自治权能的不足导致组织发展的贫弱，而组织的贫弱又带来居民对组织的不认可，这又进一步阻碍了自治组织的发展，形成了恶性循环的局面。

自治组织的自治功能是通过自治权来实现的，在邻里自治组织中，邻里的自理范围狭窄，与居委会一样承担了大量的行政性任务，这类工作成了自治组织的主要“自理”事项，而真正事关居民切实利益的事项却并不在允许自治的范围内，自治组织无法通过自治行为来管理自己的所需，在自治权力方面缺乏支撑和保障，势必会造成自治能力的弱化，自治组织长期以来的弱势地位逐渐积弱难返。

2. 自治组织严重依赖政府

邻里组织在社区建设中只能起到上传下达的作用，重大事务决策权基本为零，自主权在某种程度上已经基本散失，尤其在财政建设上完全没有造血能力。财政对于任何组织来说都是最重要的基础，是运行和发展的保障。财政独立的缺乏，将直接影响居民自治的效果，制约邻里的建设和发展。目前邻里建设资金主要依靠政府投入以及社区有限的资金扶持，邻里没有发展的资金，也没有其他社会资金来源。组织建设、办公经费等几乎都严重依赖政府，是制约社区居民自治发展的重要因素。同时，邻里的社会影响力一般，组织的权威性不够，邻里的一些疑难问题难以通过自身的力量解决，很大程度上需要依靠政府的行政权力。自治组织行政化色彩日益明显。不少社区邻里仍处于政府安排什么干什么，检查什么补什么的工作状态，以致大部分的邻里干部都没认可邻里是一个居民自治组织，再加上区、街各条线对社区邻里工作的各类考核、评比，使社区邻里组织更加强烈依附于政府部门。邻里以其群众自治组织的地位为政府部门所用，以此获得了部分的资源配置，邻里自理行为本质上对政府部门存在非常严重的依赖，难以独立自主完成自理。

3. 自治组织疲于应付

在政府主导提出的邻里建设中，政府依然充当着替群众规划的角色，习惯以行政命令的方式“指导”邻里工作的开展。政府和各职能部门将社区邻里更多当成基层工作机构，把邻里比作更小的触手；为了更方便工作，将自身一些烦琐工作下移，通过街道到社区，从社区再到邻里。社区居委会和邻里组织的大部分时间忙于完成行政事务，自主为居民服务的本职工作则逐渐淡化。

三、权责不对等：“邻里自理”居民自治困境的原因分析

（一）自上而下的政治动员：“邻里自理”活动的产生机制

C 区“邻里自理”是政府在创新社会治理的大趋势中酝酿而生的，由街道、社区组织为主要力量筹建。邻里的产生、组织运作完全由政府主导，更多基于政府社会治理工作的需要，并非是居民为实现自我管理而自发组织。这种通过强势推动产生的非政府组织，在产生的机制方面忽视了居民的主体性地位，丧失了自治组织民间性、自愿性、公益性的本然属性。

（二）自治实践中的权责不对等

邻里组织的功能定位是居民自我管理，但在实际运行中，邻里更多地承接了政府甩出的包袱，真正事关自治成员自身利益的权利仍由政府控制。邻里事实上有的只是责任和义务，这种权利与责任上的不对等导致了邻里组织的弱势，严重影响了自治组织的自理能力。

1. 自治组织职责模糊不清

邻里组织建立后，成为政府行政事务另一个下移的对象，绝大部分的工作任务来自街道办和政府职能部门的委派和下达。同时，有些社区完成不了的工作也转移到邻里，入户调查、填表格、建档案等，邻里组织因而没有更多的精力完成自治性事务。由于职责模糊不清，邻里的角色不再单纯的是居民自治组织，其代表的利益和工作的出发点也不再单纯以居民利益诉求

为标准，以居民满意为目的，服务居民不再是组织的唯一目标。邻里组织在实际的工作中已经跟社区居委会一样，转变成了政府派出机构的下属组织，有了官方的身份烙印，成了具有半官半民的双重身份的组织。

2. 政府与自治组织权利互动出现偏离

现阶段C区邻里反映出来的问题就是事权划分不合理，权力与责任相分离，这些问题导致社区邻里压力巨大，工作方向背离本位。社区居委会、邻里组织都是街道办下级组织，并不是所谓的自治组织，自治组织关键的人权与财权等逐渐散失，社区以及邻里自治组织实际上成为政府的一级下属机构。

这种强势的行政权力使得政府行为脱离了原有范围，出现了越位、缺位等状况，阻碍了自治组织自治性的发展。而作为本应拥有自治权力的基层自治组织，在政府权力下放和权力归还社会的过程中，没有获得最关键的权力，依然处于弱势地位。自治组织的人事与资金受制于政府的管理，作为组织核心的两项关键权力不能得到实际上的保障，社区邻里组织的自治性必然弱化，其他自治权力也十分有限，大部分事务都需要报备到街道办和相关主管部门。自治组织的职能和权力更多体现在协调和处理一些居民的琐碎杂事上，对于组织的建设和发展并没有实际的参与权，管理权更无从谈起。

四、基于“邻里自理”模式的社区居民自治的完善对策

为了保证自治组织的权责统一，发挥好自治组织的自治特性，不断推动我国社区居民自治体系健康发展，笔者认为重点是要创新和完善社区居民自治制度，对等权利责任，激发自治热情。

（一）完善社区居民自治制度

从法律层面完善社区居民自治保障，强化制度建设，政府需要在社区建设中根据社区居民自治的实际情况，始终坚持以服务居民为主要目标，逐步健全符合当前社区现状的制度法律体系，把握社区居民自治方向，进一步提升基层民主政治建设能力和水平。

1. 加强社区自治法制建设

为了更好地解决新形势下社区居民自治出现的新问题、新情况，首先，政府要在现有社区建设和居民自治成就和经验的基础上，进一步规范《居民委员会组织法》中相关概念的界定和职能的划分。其次，政府要研究并制定社区与政府之间依法监督的制度机制。一方面，政府要加强社区组织和居民对政府处理社区公共事务的监督，确保政府及其工作人员依法行使权利和职责，推进社区民主自治工作。另一方面，政府要加大对社区居民自治的监督和指导力度，充分运用政府资源和能力优势，推进社区居民自治的法治建设，适应新形势下的新要求和挑战。

2. 鼓励社会组织发展

社区应培育能承接部分社区管理与服务职能的民间组织。随着行政职能的下放和转移，社区居委会不仅承担了企事业单位剥离出来的部分社会职能，还担负了政府的大量服务职能，这些社会职能全部由社会居委会承接，往往会占据居委会相当一部分精力。因此社区要注重将这些职能分散，通过社区民间团体和专业化服务机构，以及社区共建、社区志愿者的服务等多种形式实现。

3. 完善民主参与机制

除了发挥社区自治组织的作用，社区还要充分激发居民自主性，发挥居民能动性，吸引广大社区居民参与社区建设与基层公共事务管理，让更多的居民群众直接行使自己的民主权利。我国的社区民主可分为民主选举、民主决策、民主管理、民主监督，这四个“民主”不仅是社区民主的重要内容，也是社区居民参与社区公共事务、公益事业管理的基本形式。

（二）推进权责对等，激发自治热情

1. 重塑自治组织角色，合理界定组织职能

社区为了应对政府相关部门的任务，在长期的工作开展中已逐渐按照行政事务性工作来设置工作岗位，以致社区在组织功能模糊的基础上，从性质上开始向行政组织倾斜，偏离了实现自我管理的方向。当前，社区自治组

织必须在现实运转角色上进行重新定位，要以强化自治职能为根本，在政府的协调和保障下，真正发挥自我管理、自我教育、自我服务的自治作用。

第一步需要理顺关系。政府和社区居委会要回归《居民委员会组织法》，将社区事务真正交由社区自己管理，政府从中给予指导和帮助。同时，社区居委会要自觉接受政府及其职能部门的指导和监督，积极协助开展工作。第二步要理清权责。这主要体现在行政管理、社区服务和民主监督三个方面，必须要对权利与职责进行明确的界定，分清政府行政和社区自治的职责。

2. 重申自治组织权责

社区应重申自治组织权责，保障自治功能实现。一个组织是否在履行自治，主要看这个组织内的居民在关系到自身利益的公共事务中，是否拥有自主和自决的权力。从我国政府目前的管理体制来看，政府在基层社会的治理中的确存在着“管得太多”的现象，使得政府乏力，基层没有活力。

首先是政府下放权力。在当前社会治理形势下，政府培育社区和社区自治组织共同参与社会治理，更需要将自己的权力下放一部分给社区，使社区在本区域范围成为治理主体。其次是政府让渡权力。政府可以通过转变职能，将事关社区管理和服务的部分职能让渡出来，交由社区居民自治组织进行管理。最后是单独财政权利。社区必须建立单独的财政支出体系，政府在这方面应大力鼓励扶持，同时创造条件增加对社区资金的投入，如指导社区建立单独财政体系，配备专门的财务人员，规范资金使用，定期向社区居民公布财务支配情况，接受社区居民的监督。一是从制度建设着手，成立社区建设专项经费。二是从权责利出发，落实“费随事转”，即事权要与财权统一。三是从拓展资金渠道着力，兴办公益基金会。

3. 强化自治主体监督

加强社区民主监督，首先，要健全相关的规章制度。健全完善社区居民委员会工作的规章制度体系，进一步明确工作规则、目标责任，细化管理办法、奖惩措施、财务审计等规范要求，确保各项工作在制度下依规办事。其次，要推动社区事项的公开透明，依法在一定范围内公开社区居委会的工作职责、成员分工以及办事依据、办事流程、办事标准、办事结果等，主动接受群众监督。社区还应邀请群众参与民主评议，充分调动社区议事监督委员的工作积极性，发挥其职能作用，提供场所，创造方式，推动其对社区居委会和社区干部工作进行评议和监督。

参考文献：

[1] 朱建刚. 城市街区的权力变迁：强国家和强社会模式[J]. 战略与管理，1997(4).
[2] 林尚立. 社区：中国政治建设的战略性空间[J]. 毛泽东邓小平理论研究，2002(2).
[3] 徐勇. 论城市社区建设中的社区居民自治[J]. 华中师范大学学报(人文社会科学版)，2011(3).
[4] 李建斌，李寒. 转型期我国城市社区自治的参与不足：困境与突破[J]. 江西社会科学，2005(6).
[5] 刘娴静. 城市社区治理模式的比较及中国的实践[J]. 云南行政学院学报，2004(6).
[6] 曹阳. 关于我国社区自治的思考[J]. 辽宁行政学院学报，2008(6).
[7] 钟丽，徐太军. 论社区居委会工作行政化及其调适[J]. 沧桑，2007(1).
[8] 徐耀东. 社区民主自治与基层民主建设[J]. 湖南行政学院学报，2007(1).
[9] 王琳娜. 行政化趋势下的社区居委会自治之思考[J]. 呼伦贝尔学院学报，2010(4).
[10] 龙兴海，罗湖平. 复合行政：解决“3＋5”城市群边界争议的新方法[J]. 求索，2009(10).
[11] 刘务勇，等. 我国城市社区民主建设的现状及对策思考[J]. 贵州大学学报，2011(3).
[12] 臧运吉. 构建新型城市社区治理模式的探讨[J]. 福州党校学报，2009(2).
[13] 自建. 论我国城市社区居民自治存在之问题及对策[J]. 湖南农机，2007(9).

1.3 村民自治的实践困境及其完善路径

——以 H 镇“1+1+X”村民自治模式为例①

我国基层群众性自治组织，于 20 世纪 80 年代初在农村地区率先成立，相关基层民主制度也相继成熟和完善，如建立村民自治组织、健全村级规章制度。然而基层民主在实践中却遭遇了各种困难，如村民自治中“意见分歧”难以协调、村民自治权难以界定等问题，严重阻碍了民主化进程，与基层民主制度的预期相去甚远。基于此，本研究以 H 镇“1+1+X”村民自治模式为例，介绍“1+1+X”成立的背景与相关成就，剖析权力下放过程中的诸多实践问题，分析村民自治组织与基层政府之间的关系，进而探讨我国农村民主政治发展的完善路径。

---

① 本文作者：张佳娜，华东理工大学 2016 届 MPA 硕士，导师汪华。

一、"1+1+X"模式成立的背景及其实践创新

(一) H镇民主自治模式成立的背景

H镇位于上海市T区,区域总面积41.97平方千米,耕地面积929.29平方米。H镇现有成建制行政村民委员会29个,成立党(总)支部18个,其中有21个村成立了10个联村党总支部,成建制居民委员会6个。35个村(居)民委员会常住人口132 038人,其中户籍人口55 773人,来沪人员76 864人。从20世纪20年代开始,镇域范围的基础经济发展迅速,群众对民主政治的呼吁逐步加强,该镇在政府的引导和支持下逐步探索"以制度化方式保证基层群众依法直接行使民主权利",通过开展民主选举、民主决策、民主管理和民主监督实践,实现自我管理、自我服务、自我教育、自我监督,是推动T区村民自治实践发展的领头羊和开拓者。H镇村民自治模式的形成离不开以下几个因素。

首先,是迅速发展的农村集体经济。近年来,H镇农村集体经济得到了较快发展,集体资产不断增强,尤其是在2008年以后,H镇集体经济的迅速发展为村民自治的萌芽提供了良好的契机。对镇级政府而言,拥有稳定增长的可供支配的经济资源,一方面,有利于支持村级经济发展;另一方面,对于改善本镇范围内的管理体制具有重要意义,包括提高基础建设、公共管理的能力,成为农村发展民主政治的重要物质基础。2008年以后,H镇农民可支配收入显著提升,这也从另一方面提升了村民对村庄事务(尤其是经济性事务)管理的能力。镇、村两级经济的快速稳定发展为村民自治的发展提供了肥沃的土地。在H镇,镇级投入了相当大的村民自治发展所需的经费开支,如村务公开的设施投入、村委会的选举经费、村民代表大会及村民组长的履职经费等。

其次,是日益扩大的基层民主需求。突出表现在三个方面:一是随着经济社会的日益发展,群众的民主意识、法制观念不断增强,原来那种行政的、简单的、粗放的"权威式"管理方式不能适应现实需求,群众不满意;二是随

着农村经济的不断壮大，社会管理覆盖面越来越宽，公共支出越来越大，农村许多涉及群众切身利益问题的法律法规都没有具体规定，经常是“拍脑袋”的操作方式，或仅凭个人经验或好恶办事，群众往往无法信服；三是随着社会发展以及民主政治的不断增强，群众参与村务管理的愿望越来越迫切，要求享有知情权、参与权、管理权、决策权、监督权的呼声越来越高。

（二）H镇村民自治实践创新的主要举措

1. “1＋1＋X”村民自治的基本框架

为解决经济社会发展转型期面临的一系列问题，H镇于2010年开始积极探索并建立了“1＋1＋X”村民自治模式。其中第一个“1”是指党的领导；第二个“1”指《村民自治章程》，是基础性、指导性文件，每个村都有一部自治章程；“X”（实施细则）是操作性文件，所规定的事项由村民提出、村民会议讨论决定，重点明确各项事务处理的操作方式、具体标准、奖惩处置和结果公开等环节，保持开放性。

“1＋1＋X”模式理念的初衷是村情民知、村官民选、村策民决、村事民定、村财民管、村务民督、村绩民评、村利民享，全面落实《中华人民共和国村民委员会组织法》中“民主选举、民主决策、民主管理、民主监督”的规定，不断提高村民自我管理、自我教育、自我服务的水平。从该模式的构成与形式来看，前一个“1”代表党组织的领导，后一个“1”代表各村（居）的自治章程或规范性文件，“X”代表根据各村实际制定的章程形成的若干实施细则，这些细则涉及村（居）群众利益的各个方面，由群众自主性地按照规定来履行民主权利。从该模式的内容来看，民主自治就是通过建章立制并“大化”实现村民参与决策的一种治理方法。在上海市T区，H镇的村民自治经验相对成熟。客观地说，“1＋1＋X”村民自治模式有诸多值得借鉴的地方。

2. 镇、村、户垂直联动体系

镇、村、户垂直联动体系在基层民主化的前提下实现了基层的“制度管人”“制度管事”，是积极探索和实践基层群众实现“四自”的有效形式。村民自治章程的确立和执行过程，是镇、村、户三级联合互动的过程。首先，对列入村民自治范围的事项以及列入后应当如何处理等问题，各村分层次、分类别召开党支部会议、老干部会议、企业家会议，了解村情民意，听取群众意见，由此形成《村民自治章程》及《实施细则》(《村民自治章程》和《实施细则》是不同的村根据自身实际，听取民意后形成的规范意见，仅适用于合乎法律法规前提下的村域事务)的初稿。随后把《村民自治章程》征求意见稿发放至每家每户，利用宣传栏、板报、信息公开平台广泛发动村民学习、讨论，然后召开村民代表会议收集群众意见，了解群众的想法。然后，各村相继召开村民会议和村民代表会议，党支部书记主持会议，将章程及细则逐条宣读、解释后进行表决。据统计，各村在这一过程中召开座谈会不少于20次。表决通过后，将《村民自治章程》确定并发放至村民手中。章程是根据形势或群众的需要逐步完善的，包括内容上的改变和体制上的健全两个方面。在内容上，章程根据实际需要发生增减变化，使其更切合群众的利益，如土地转租问题、退休农民待遇和农民建房审批及控制两委矛盾发生等管理难题。在此过程中，镇级政府对整个过程享有指导和控制权(见图1.2)。

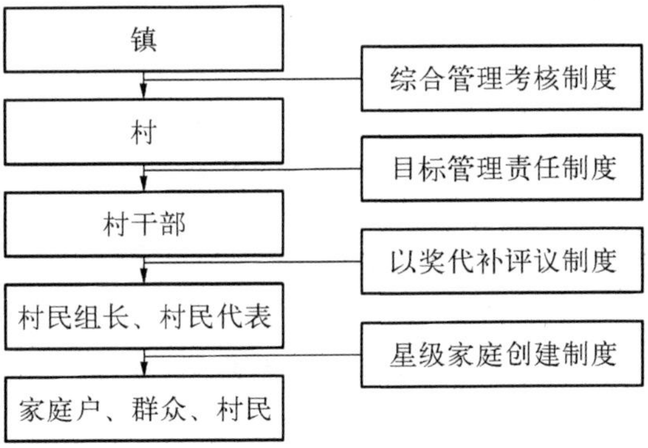

图1.2 镇、村、户垂直联动管理体系

资料来源：X镇村综合管理考核实施办法补充意见。

在实施过程中，镇"村委会"村干部、村民小组长、党员、村民代表家庭的垂直联动体系，环环相扣，明确每一层级的职责及绩效考核制度，确保自治章程的落实。综合管理考核制度是镇根据村年度各项工作执行情况进行的一项考核；目标管理责任制是村将具体工作落实到人，是分工负责制的具体体现；以奖代补是村干部对各村民代表的履职情况进行的考评，目的是为了更好地落实村民代表的工作责任；星级家庭村民能在参与星级家庭创建活动中熟知章程并自觉遵守。

3. 拓宽自治载体，提升群众满意度

从群众角度出发，实行“1＋1＋X”村民自治模式以后，村民对村庄大小事务的满意率不断提升。总体上来说，群众对自治工作比较满意，镇域范围内的多项制度得到认可。

村民自治无疑为推动新农村基层民主政治建设提供了良好的开端和宝贵的经验借鉴。然而，从H镇的调研情况来看，这一实践创新在实际运行过程中依然存在诸多管理冲突，村民自治的异化现象及权力支配与被支配问题比较严重。镇政府赋予村级自治组织自我管理权利，村委会的压力却与日俱增，放权于基层，权利建设与能力建设并不科学匹配。权力与权利的对抗冲突及政府与自治主体之间的复杂关系影响着村民管理权的实现，一些历史性的遗留问题仍然需要依靠政府去解决。笔者认为，采取实证研究路径，从现实中各主客体对象之间的关系着手分析，有助于从实质上探索村民自治发展困境的真实原因。下一节将具体展开讨论。

二、H镇村民自治制度发展过程中的实践困境

（一）“权力扩张”背景下的“自治异化”现象

1. 公共权力与自治权的张力

发展村民自治制度，首先，要明确和保障群众自治权，这也是研究村民自治的核心内容，包括群众自治权的边界范畴、运作方式及监督救济等相关方面的问题。其次，群众自治权同公共权力之间的张力即民主选举权、民主决策权、民主管理权、民主监督权等公共权力之间的紧张关系，其实质是村民自治权的边界模糊问题，也是村民自治实践发展中的阻碍。

2. 两委权力分配冲突

村党委和村委会之间的冲突有别于一般公权力和私权力的冲突，他们作为两个平等的主体，具有不同的性质。村党委是政党组织，而村委会是村民自治性组织，根据《中国共产党农村基层组织工作条例》和《村民委员会组织法》，两者在具体职权和运行机制的规定上没有比较详尽的权力边界和操作规范，因而直接导致了"两委"在某些具体问题上互相争执，很难达成一致意见。在此背景下，诸多问题掺杂的农村基层社会使得自治权难以得到保障。需要特别指出的是，村委会作为基层群众性自治组织，对村民自治的各项工作直接负责，而村党委在政治和思想上起领导作用，但不干预对所有事物享有垄断性的支配权。二者的关系将直接影响村民自治的实际走向。

（二）基层社会的分化

随着经济结构的调整以及一系列内外因素的变化，基层社会的群众主体分化日益凸显，这些现象对村民自治的成功推行提出了极具挑战性的问题。从农村政治参与主体的对象角度出发进行研究，农村社会的分化实质上有两种，一是以经济实力或身份地位为主线的纵向分化，二是以地域流向为主线的横向分化，这两类分化共同构成了农村基层的社会分化体系。

纵向分化形式上将社会群体从纵向层面进行分类，并将基层社会民主政治产生影响的种种现象作为基层社会纵向分化问题，简而言之，也就是农村社会不同的群体分类。从宏观上来看，纵向分化主要表现在两个方面，一种是阶层分化导致的利益博弈，另一种是集权纵向分权引发的政治风险。农村社会的现代化引发的纵向阶层化，也可以称为村民的非农转化过程，其实质是农民个体身份性质的不断改变。而不同阶层之间形成的利益分配的差距，导致了农村社会不同群体之间的权力博弈。当然，阶层分化是基层社会发展的必然过程，对于发展民主政治既是挑战也是一种机遇。农村社会阶层化现象的一个重要产物就是公共资源的分配不均等，这也是村庄内部社会关系不和谐的主要诱因。

横向分化是指从地域角度对基层社会进行的一种分化，具体而言，就是跨地域流动的“村民”在基层民主政治活动中的“边缘化”。在H镇，此种社会群体分化具体表现在两个方面，一是外来人口的流动问题，二是拆迁的农民流动问题，这两类人口流动引发的群体分化较为典型。“流动”的村民在基层民主政治参与中的局限性直接阻碍了村民自治的进程，基层人口管控与民主参与不可兼顾。伴随着市场经济的不断发展，劳动力市场日趋活跃，现代化人口流动日益频繁，外来人口的有序管理及合理政治参与成为H镇的新难题。在H镇，外来人口的问题引发了各方面的担忧。自20世纪90年代以来，迅速增长的基层经济引发人口大规模无序导入，直接挑战着农村有限资源的承载力。H镇村民自治实践对于外来劳动力缺乏吸纳的合理性，这一缺憾导致村民自治推进的范围十分狭隘。另外，由于集镇规划等各方面原因，政府征地导致的村民流动也为“流入地”及“流出地”的村民自治执行带来许多新变数。随着入住集镇的居民越来越多，居委会工作尚存在规范性问题。目前，H镇村级民主自治进程发展较为成熟，相比之下，居民委员会所承担的社会管理的责任越来越大，居民区群众自治显得越来越重要，而类似《村民自治章程及实施细则》这样的制度还是空白，亟须在今后的工作中予以弥补。

三、H镇村民自治实践困境缺陷的原因探析

（一）集体经济对村民自治支撑功能的式微

首先，集体经济薄弱，削弱了农民的参政意愿。无论是村委会的产生还是村民自治制度的逐步完善，维护和争取经济利益是村民政治参与的根本动力。集体经济发达的地方，村民为保证集体经济规范运作和经济利益合理分配，积极参与村民自治。集体经济实力越雄厚，村干部控制的公共资源越多，村民政治参与的积极性也就越高。其次，村民收入会直接影响农民参与自治的热情。随着近几年新形势新情况的变化，产业结构的不断调整以及落后产能的逐渐淘汰，20世纪90年代在H镇兴起的产业以及一些小规模的制造业逐渐降低产能，如电镀厂、照明厂等先后关闭。落后的产能逐渐

淡出市场经济，取而代之的是 H 镇政府大规模的减量化工作以及土地复垦，因此对村民的就业和收入也存在一定负面影响。村民民主诉求也同经济收入直接挂钩，而对村民自治活动却十分淡化。最后，弱集体经济扭曲村级自治主体价值。税费改革后，大多数没有集体经济的村庄财政状况严重恶化，村干部误工补贴和公共产品供给完全依靠乡镇政府的转移支付，造成村庄对其经济的严重依赖，影响村社区公共权力的自立能力，容易导致村民自治附属行政化倾向。而乡镇政府是国家基层行政单位，党和国家对农村各项政策输入都需要由乡镇政府完成，同时这也是其政绩考核的重要指标。因此，乡镇政府在逻辑上必然通过各种途径和方式对乡村加强控制，影响村委会的日常工作运行。

（二）村民自治意识和能力受限

制度层面的民主必须依附于群众对民主政治的统一认同和紧密情感，因此村民作为民主主体，其基本的参政能力是构建和发展村民自治制度的前提。然而，现实情况是：第一，民主意识薄弱。村民自治的有效运行取决于村民的素养，大多数基层群众习惯于依附集体，被指挥、被管理的思想根深蒂固，被动参与现象突出。村民政治参与的积极性与主观能动性不足主要源于三个衡量指标，即政治效能感、政治能力感和政治责任感。第二，对村级组织的信任感缺失。在当今农村社会，村民对于“官”的信任感存在的危机意识始终未得到消解，横亘在“官”与“民”之间的这座鸿沟导致许多村民难以接受村级组织的号召，甚至持怀疑态度。此外，经济、利益、就业各要素的多元化形成了基层社会的复杂局面，在这种情况下，村级组织的政治活动往往带动不了村民的热情。第三，受传统文化的制约。从现行实践来看，我国传统文化对村民的思想浸润十分深刻，村民自治运转的非制度性及非均衡性问题凸显。受熟人、宗族、派系而影响的村庄往往是一个传统意义上的“半熟人社会”或“熟人社会”，因此，被人情礼俗所左右的村域范围内的民主自治相对而言丧失公正和理性。村民代表往往更多地代表“熟人”或“派系”的利益，一部分游离在“熟人”“宗族”及“派系”之外的个体通常难以自由表达政治意愿，或受强势力量的干扰无法畅通发表自身对权力运行的见解。

（三）民主选举的有效性不足

首先，是多元政治主体的复杂性。在梳理村民自治发展的历程时，不可忽略的是农村社会多样性的主体，包括乡村干部、社会精英、村民代表、普通村民、流动村民、大学生村官等不同群体，这些群体在乡村政治的大舞台上分别扮演了不同的角色。

其次，是四个民主制度的部分缺失。村民自治是广大群众借以选人、议事、决策和监督的权力平台和载体，农民依靠“自我管理、自我教育、自我服务、自我监督”来实现和维护好自身的权益。当前，四个民主制度的具体实施和实际运转中存在一定程度的不平衡性和不和谐性，这些都阻碍了农村基层民主政治的进一步发展。其中包括以下方面。

（1）民主选举应有价值的缺失。从最初的设计来看，村民自治应当是“直接民主”。1998 年《村民委员会组织法》对村委会这一群众自治性组织做了明确规定：“村民会议是最高权力机关。”然而，现行村委会的运行却在一定程度上存在背离村民的现象，严重损耗了村庄内部群众的团聚力。（2）选举权利兑现的制度困境。选举权的确定是村民自治中四个“自我”实现的基础。从原则上看，拥有自治权主体的本村村民享有选举权。但是，随着时代的变迁和社会的开放，农村的户籍状况越来越复杂。选民资格的确定也面临着许多不确定的因素，村民的概念已经远远超过自然地域的概念，其背后夹杂了许多复杂社会经济条件下的身份概念，在现有制度上要明确村民的概念已有一定困难。“流动”村民（包括外来务工人员）以及其他政治主体的身份定位问题，是当下亟待厘清的问题。（3）四个民主之间的失衡关系。在村民自治发展的最初几年中，片面强调“民主选举”导致四个民主之间的发展极不和谐，主要的问题是民众对后三个民主的关注度并不高，加之“民主管理、民主决策、民主服务”在工作部署上不够规范，形成了四个民主之间不稳定发展的负面局势。（4）救济与维权的缺位。在现行的制度框架下，监督权的行使主体是村委会。由村委会召开监督机构会议对自身进行监督，这本身就违背了监督的基本原则。村民对村庄管理和决策等运作事项的监督根本没有落到实处，而仅仅停留在形式化的表面阶段。在H镇，村民对村委会决定的事务存在疑虑或不满的依然通过越级上访的方式进行，他们对于村委会的信任度普遍不高，而要维护自身权益或实现真正意义上的监督，只有通过引起上级政府的足够重视才能解决一些问题。

四、完善村民自治的主要路径

（一）建设现代农村的政治文化

为了保证村民自治工作顺利开展，第一，要培育农村干部和群众的民主意识和法制精神。第二，完善村民自治法律制度，提高农民自身素养和参政能力。尽可能地完善村民自治的法律制度，使其更具有可操作性和实践性。这不仅将增强农民参与村民自治的自信心，也有助于不断提高他们的参政能力。第三，强化培训工作，建设高素质的干部队伍。乡村干部的素质高低，将直接影响村民自治制度的正常运行，我们要让村民自治顺利发展，就必须抓好村干部队伍的指导培训工作。第四，创造富有“活力”的基层自治文化形态。

（二）理顺关系，推进村民自治良性发展

村民自治制度在具体实施中，存在着三种关系，即村民会议与村民代表会议的关系，村委会与村党总支的关系，以及乡镇党委政府与村“两委”的关系。如果对这三种关系处理不当，就会出现诸多问题，这也成为阻碍村民自治健康发展的因素之一。因此理顺这些关系，刻不容缓。

首先，应正确处理村民会议与村民代表会议的关系。根据《村民委员会组织法》的规定，村民会议是村民自治的最高权力机构和决策机构，我们熟知的村民委员会则是村民会议的执行机构，其职责是向村民会议报告相关工作。而村民代表会议既不是村民会议的常设机构也不是村民自治的监督机构，而是村民会议在特定条件下替代或补充的形式，村民会议授权村民代表会议议事并做出相关决策，村民代表会议不能与村民会议决定的事项相

悖，也不能越权做出任何决定。村民会议有权撤销与其决定相悖、越权做出或者不当的决定。村民会议应重点把加强村民代表会议建设作为村民自治的重要内容，不断加大监督和指导力度，制定相应的管理办法和工作制度。

其次，正确处理村委会与村党总支的关系。“两委”关系不顺的问题，主要表现在村委会履行职责难上。因此，村民自治应明确党总支和村委会的职权划分，既要做到在党总支的领导下充分发挥村委会的作用，又要不断强化党总支对村委工作的指导和监督。在这里我们应该要明确，党总支的领导主要是政治领导，村委会应维护好党总支的领导核心地位，自觉服从党总支的领导，在此前提下依法开展村民自治的各项活动，履行好《村民委员会组织法》赋予的职责。此外，在推进村民自治的过程中，还应对村党总支权力的生成机制进行改革，实施公推直选，即在党总支换届选举时，由全体村民采取无记名投票的方式，在全村的党员中选出党总支的候选人，得票数当场公布，以此确定人选，再交由村党员大会进行直接选举和差额选举。这种做法借鉴了村委会选举的方式，能更好地把村党总支选举、建设和村民自治有机地结合起来。

最后，正确处理乡镇党委政府与村“两委”的关系。要正确处理好两者的关系，就必须加强乡镇党委政府对村党总支的领导，不断提高村党总支在新常态下解决问题的能力。第一，作为乡镇党委政府，要把全面提升素质和领导能力作为村党总支领导班子建设的重点，选拔德才兼备以及政治素养过硬的人选担任村党总支书记。如果当时没有适合的人选，则可以从机关、企事业单位中推选人才到村任职。第二，要不断改进和强化农村党员的教育和管理，帮助他们尽快提升自身素质和党性修养。结合农村的实际情况，安排学习内容，积极开展各项教育工作。第三，要做好党员的发展工作，吸收更多优秀的农民青年加入到党的队伍中，坚持用科学理论武装他们的头脑，用正确的舆论引导他们的行为，为村党总支输送新鲜的血液，逐步改善农村党员队伍的年龄、文化层次结构，保持党员队伍的生机和活力。

综上所述，实行村民自治，发展基层民主，是宪法和法律所规定的。而乡镇党委政府的职责，就是要保证其贯彻执行。因此，两者的关系并不是领导与被领导，而是乡镇党委政府对村委会工作给予指导、支持和帮助。

（三）加强民主决策和管理，确保村民当家作主

在村民自治的“四个民主”中，民主决策和民主管理制度是确保村民自治权落实的关键。本研究认为，要确保村民能够当家做主，落实好民主决策和民主管理制度必须做到以下三个方面。

1. 强化村民自治章程和村规民约的作用

村民自治要以村民自治章程和村规民约作为主要依据，它们的制定、修订和实施是村级民主决策和民主管理的主要内容。村民自治还要严格程序、发扬民主、从实际出发，充分运用自治章程和村规民约，发挥其自我教育、自我管理和自我服务的作用。

2. 完善村级民主决策程序

当前全面推进村民自治工作的当务之急，就是要进一步规范村级重大事务的决策和管理，不断完善村级民主决策的程序。第一，要坚持党的领导。村党总支要发挥其领导核心作用，深入贯彻党的各项方针政策，及时召开村党总支和村委会联席会，共同商讨本村的重大事项，在形成相关意见后，提交到村民大会或村民代表会议进行讨论决定。事后，村党总支还应组织党员群众监督村民会议或村民代表会议决定的实施情况。第二，要保障村民的知情权、决策权、管理权和监督权。村级重大事项要尽快告知村民，但凡涉及村民利益的问题，必须交由村“两委”进行商讨，交由村民会议或村民代表会议表决，通过后由村委会负责落实，之后还要在村民会议或村民代表会议上进行情况通报。第三，要严格依法办事。在村民自治实施的过程中，切记要做到依法定程序办理，绝不侵害村民的各项民主权利，而且做出的任何决议都不能与党的法律法规、方针政策相悖。第四，要坚持民主决策。村里各项待讨论事项，都要听取与会人员的意见，在此基础上，大家进行集体研究决定，按照少数服从多数的原则进行最终的决策，绝对不能少数人说了算。

3. 建立切实有效的干群考核奖惩机制

对于村民群众，考核可以从道德模范的评选、优秀志愿者的推荐以及文明家庭的评选等活动入手，对在这些评选活动中取得优异成绩的村民给予精神和物质上的奖励，当然以精神奖励为主。对于村干部，应建立民主评议制度，在每年村干部工作述职的基础上，组织部分村民或村民代表对其德、能、勤、绩、廉等方面开展评议，之后将对成绩平庸者按照程序，依法进行罢免撤换。

（四）强化监督制约机制，保证村民自治的时效性

监督机制的制定，是确保村民自治有序运行的有力保障。没有监督，容易滋生腐败，造成权力的滥用，到头来损害的还是广大村民的权益；没有制约，村民自治就会变味，在各种利害冲突中走形变样，不再代表的是村民的利益。如何健全并强化村民自治的监督制约机制，本研究认为可以从以下两点着手：第一，深化村务公开，确保民主监督落到实处。规范村务公开的程序，保证村务公开的真实性。第二，建立相关的制约机制，确保村民自治顺利运行。其中包括，做好村委会换届选举工作的查验；做好对村级民主制度是否健全以及实际运行状况的监督检查；对乡镇党委政府有关工作的监督检查。

（五）完善法律法规，为村民自治提供强有力的制度保障

首先，明确村级党组织在村民自治制度实行中的法律定位。通过实践，我们发现法律规定村党总支对村民自治的不干涉内容存在一定的模糊性和弹性，这使得村党总支在村民自治过程中所扮演的角色不明确，与法律所要求的严谨性和明确性相悖。村级党组织的主要精力，应放在对村发展方向的把控上，对村级各类组织的指导及关系协调和党组织的自身建设上。其次，增加对违纪违法的刚性规定。这里的违纪违法主要是指违反《村民委员会组织法》，不过它有个严重的缺陷，就是缺乏对村民自治实施过程中干预和破坏进行处理的刚性规定。村组织法中的用语充斥着诸如“应该”“应当”等称之为纪律性软约束词语，没有威慑力，一旦违反这些规定，也没有相应

的法律对其进行惩处。为此,《村民委员会组织法》必须增加对于干预、破坏村民自治等违反规定行为的处罚内容,使其有法可依,更好地保障村民的合法权益,减少村民依靠上访等途径来宣泄心中的不平。同时,村组织法不仅要规定乡镇政府不得干预村民自治,还应规定乡镇党委不得干预村民自治。最后,调整权力机制,实行管理权和监督权的分离。必须严格实行村务管理权和监督权的分离,就是让村委享有村务管理权,而让村党总支享有召集村民会议、村民代表会议和村务公开的权力,明确监督权归村党总支所有,这样就能从根本上避免村民会议和村民代表会议召开以及村务公开的随意性,从而更好地体现党领导的本质意义,确保村党总支自身在调整权力运行机制的时候,能够充分发挥其领导的核心作用。

参考文献:

[1] 毛丹.一个村落共同体的变迁:关于尖山下村的单位化的观察与阐释[M].上海:学林出版社,2000.

[2] 刘友田.村民自治——中国基层民主建设的实践与探索[M].北京:人民出版社,2010.

[3] 唐鸣.草根民主的法律规制——村民自治面临的新问题及法律制度建设[M].北京:中国社会科学出版社,2013.

[4] 梁莹.基层政治信任与社区自治组织的成长[M].北京:中国社会科学出版社,2010.

[5] 陈忠禹.村民自治权保障论[M].北京:知识产权出版社,2012.

[6] 刘友田.村民自治——中国基层民主建设的实践和探索,[M].北京:人民出版社,2010.

[7] 卢福营,应小丽.村民自治发展中的地方创新——基于浙江经验的分析[M].北京:人民出版社,2012.

[8] 徐勇.中国农村村民自治[M].武汉:华中师范大学出版社,1997.

[9] 薛毅.乡土中国与文化研究[M].上海:上海书店出版社,2008.

[10] 李凡.中国基层民主发展报告[M].北京:知识产权出版社,2008.

[11] 戴玉琴.村民自治的政治文化基础:苏北农村个案分析[M].北京:社会科学文献出版社,2007.

[12] 于语和.村民自治法律制度研究[M].天津:天津社会科学院出版社,2006.

第 2 编

市场监管

2.1 基于大数据应用的国有商业银行监管问题研究

——以江苏省B银行为例[①]

自2010年美国总统科学技术顾问委员会提出“大数据”战略后，大数据的发展迅速拉开了帷幕，“数据即资产”日益成为新时代发展的大趋势，全球发达国家纷纷将大数据上升为国家战略。2012年3月，美国政府正式启动“大数据研究和发展”计划，将大数据发展战略从商业行为提升到国家意志的层面。我国政府于2015年9月5日颁布了《促进大数据发展行动纲要》，提出了未来5—10年我国大数据发展和应用的目标，正式将大数据提升为国家级战略。而金融业作为数据密集型行业，正越来越成为数据化改造和重塑的重点。大数据时代，银行业作为金融业的主要组成部分，必然成为数据化重塑的先锋领域，从战略层面积极应对大数据时代的挑战，深化大数据应用布局，建立并深化数据驱动式发展模式和价值创造

① 本文作者：程顾春，华东理工大学2017届MPA硕士，导师吴强玲。

模式，对商业银行培养信息核心竞争力、深层次推进战略转型意义重大。

国有商业银行是银行业的主体，其发展的稳定状况对国家经济发展的速度和程度有至关重要的影响。随着改革开放的深入，为促进经济的发展，政府对国有商业银行业的政策逐渐宽松，以致商业银行经营中出现一味追求快速发展而忽略经营风险的现象。当前，我国经济体制改革进入深水区，国有商业银行内部监管环节仍比较薄弱，导致国有商业银行体系内积弊甚多，风险增大，对国有商业银行的监管形成了挑战。

本研究基于大数据应用，运用文献分析法、价值功能分析法、历史分析方法，遵循了发现问题—分析问题—解决问题的模式，首先梳理了国有商业银行分业监管的发展历程、监管现状，其次分析了大数据监管的必要性、新要求，再次列举了国有商业银行大数据联动监管的应用现状，综合运用公共管理学、金融学、经济学、法学等多个学科的知识和方法，从多个角度研究我国商业银行监管中存在的问题并提出改进对策。

一、从分业到联动：基于大数据应用的国有商业银行监管模式转变

自我国商业银行体系于 1984 年形成以来，银行业监管实践已经历了 34 年的时间，拥有人民银行、银监会、证监会、保监会四个监管机构，初步形成了“三驾马车一根缰绳”的架构。而银行业的监管主要仍是由人民银行和银监会负责。监管内容主要为银行的设立批准、反洗钱工作、资本充足率、不良贷款拨备覆盖率等法律法规中强制要求的标准，监管主体有限，属于分业监管模式。而近几年来，科技的发展、大数据的应用给国有商业银行带来了新的发展机遇，提出了新的要求。商业银行在分业监管的基础上，增加了大量的政府职能部门共同参与监管，从多方面收集、整理数据，并进行分析、预测，从源头上控制风险的发生，维护社会的稳定（见表 2.1）。

表 2.1 分业监管主体与联动监管主体对比

分业监管主体	联动监管主体
中国人民银行 中国银行业监督管理委员会	中国人民银行 中国银行业监督管理委员会 中国证券监督管理委员会 中国保险监督管理委员会 国家发展和改革委员会 中华人民共和国审计署 中华人民共和国监察部 中华人民共和国公安部 中共中央宣传部 工商行政管理局 中国银行业协会 ……

（一）大数据应用使国有商业银行联动监管成为必要

银行是经营和监管风险的专业机构，其地位在如今的大数据时代依然不可动摇。随着工业与信息化的深度融合，以及电子银行等银行业的信息化逐渐趋于成熟，银行已经具备准公共物品的一般属性，其不仅与社会大众的生活息息相关，而且会影响整个经济体系的安全运营，可谓牵一发而动全身。

大数据应用为银行风险监管提供了全新的方法，大数据平台可帮助银行建立更准确的风险监管决策模型，加强国有商业银行对风险程度进行量化的能力，进而做出更有利于客户的方案。针对国有商业银行客户自身状态的变换，以及变换的规律，据此建立相应的方案进行风险监管，依据各个层次的风险量化计算结果对客户价值进行评估，进而对其信用风险进行预测。这一动态量化还能够核算风险生成过程，体系模型的建立大大提高了商业银行对风险程度进行量化分析的能力。商业银行在用大数据的理念和思维来构建以客户为中心的内部风险监管体系，建立健全安全管理制度和数据信息应用授权的基础上，完善按机构、部门分级分类授权，共享数据信息的运行机制。

（二）大数据应用给国有商业银行联动监管带来机遇

1. 推进精细化管理转型

在传统管理方式中，银行管理人员和专家更多依靠经验、逻辑判断进行业务决策，对数据分析、深入的数据对比和数据模型决策应用较为缺乏。而大数据时代使以数据分析为基础的精细化管理具备条件，量化分析的结果更为客观和易于理解，在通过大数据应用深入了解和把握银行自身及市场状况的基础上，商业银行能够更加科学地评估业务风险、评价经营业绩、配置全行资源，引导银行业务科学健康发展。大数据促进商业银行经营管理由经验管理转向以数据分析为基础的精细化管理，使银行决策从“经验依赖”向“数据依据”转型。

2. 拓宽业务发展空间

社交媒体的兴起为商业银行创造了更多的客户开发渠道，来自银行网点、电脑、手机等结构化及非结构化的巨型数据量，蕴含着巨大的商业价值。但现阶段，商业银行“数据金矿”的价值还远远没有被发掘，深化数据价值的挖掘可为商业银行在深化客户营销、加快产品创新等方面提供广阔的发展空间和强劲的驱动力。

3. 推进经营管理能力整体化提升

资产、负债、客户、交易对手及业务处理过程中产生的各种数据，经过深入分析和应用，能够推进商业银行在风险控制、资本管理、绩效考核等方面管理水平的提升。“数据—信息—商业价值”将逐步成为商业银行精细化、定量化管理的发展路线，大数据也将成为现代商业银行整体化提升经营管理能力的“终极推进器”和商业银行在未来竞争中制胜的关键。

（三）大数据应用背景下国有商业银行联动监管面临的挑战

第一，大数据应用追求对事件及要素的相关性判断。由注重因果关系推理到注重相关关系判断，大数定理思维、总体思维、容差思维等都与传统的商业银行思维大相径庭，对商业银行管理及经营决策提出了全新的挑战。第二，大数据的深入应用，进一步推进数据化、网络化、虚拟化在商业银行的全面发展。业务处理中的各种单据、凭证等也都以数字文件的形式出现，金融服务虚拟化逐渐成为大势所趋，要求商业银行由实体化运营向虚拟化运营转变。第三，商业银行的各类数据长期以来普遍存在条块分割、标准不一、架构复杂、数据重复或短缺、运行成本高和维护不佳等问题，由于缺乏良好的管理机制与系统保障，大部分数据基本上是“沉睡数据”。而大数据金融需要构建完整的客户信息视图、业务要素、市场要素视图为经营管理和决策服务，对商业银行的信息处理模式提出了新的挑战。最后，由于商业银行自身收集的信息有一定的局限性，必须加大对外采购信息的力度。而随着数据商业价值的日益提升，政府部门、商业巨头、信息公司大多拥“数”自重，纷纷加速对数据的“囤积”和“垄断”，以争取更大的商业利益。大数据的发展将使商业银行的信息采集成本大幅提升，对外部数据的依赖性也将大大提高。

因此，银行应用大数据进行分析的能力，需从组织、技术和人力三个方面做出要求，以此划分为五个能力档次，如表 2.2 所示。

表 2.2　大数据分析能力要求

档次	组织		人力			技术
	数据分析的目标	数据分析业务流程	技能	倡导和支持	企业文化	
1	对客户、市场及竞争对手的了解有限	不存在	没有	没有	知识过敏性——以直觉式决策为傲	缺乏数据或者数据质量很差，多重定义；未加整合的系统
2	自动化的活动积累了使用数据分析法的经验和信心；开创了以数据分析为基础的新思路	关注点不连贯、范围非常小	有一些技能的分析人员（可能分散在财务、供应链管理或营销及客户关系管理部门）	职能性的和策略性的	希望获得更加客观的数据，从有限利用数据分析法中取得成功，开始得到关注	无法整合最近的交易数据，缺少重要的信息。商业智能或数据分析方法的努力是孤立的

续 表

档次	组织		人力			技术
	数据分析的目标	数据分析业务流程	技能	倡导和支持	企业文化	
3	协调的；建立了企业业绩评价标准，增强以数据分析为基础的思路	大多是不相连的数据分析流程；制订了企业层面的规划	企业的多个领域有分析人员，但是他们互相影响很少	有企业高管人员的支持——企业处于了解竞争可能性的早期阶段	高管支持注重实施的企业文化——可能遇到相当多的抵制	商业智能工具增多；建立或扩展了数据集市、数据库
4	改变计划开发整合的数据分析流程、应用方案，增强数据分析能力	融入了一些数据分析流程	技能是有的，但是经常不能落实到恰当的范围内或岗位中	拥有企业最高管理团队的支持	改变管理方法，营造注重实施的企业文化	高质量的数据，拥有覆盖整个企业层面的商业智能规划或战略，而且落实了监督原则
5	深入的、战略性的思路，持续更新和改进	全面融合，整合程度更高	非常熟练、均衡、灵活、集中，将枯燥的繁重工作外包	首席执行官充满热情：得到管理层广泛的倡导	广泛地支持注重事实的企业文化，另外还推行测试加学习的企业文化	大量地实施整个企业层面的商业智能、商业管理分析工作

二、突破与掣肘：基于大数据应用的国有商业银行联动监管实证分析

（一）基于大数据应用的国有商业银行联动监管实践

1. 银监会积极提升监管水平与效率

基于大数据应用的监管手段——现场检查系统（EAST 系统）是银监会自 2008 年起推出的。其颠覆了过去用抽查代替普查，用点上的问题推测面上的问题的监管模式，具有大规模、细颗粒、标准化、自动化等特点，易于进行海量数据的筛选、关联、比对等操作，构造了先进的现场检查系统平台和灵活的系统架构，实现了对银行业金融机构海量数据的有效挖掘和深度分

析，不仅大大提高了现场检查效率，而且为“精确打击”提供了技术上的支持，是我国银行业监管技术的重要突破。

在对江苏省 B 银行信用卡业务的现场检查中，该银监局以风险管理、收费管理、质量管理等常见违规问题为切入点，利用 EAST 系统分析功能建立了一系列模型，提取了不少违规疑点信息。信用卡疑似套现的行为在交易数据上常有一些异常表现，如每笔交易金额较大，先还后借且交易间隔时间短，为得到最长免息期交易一般发生在还款日附近等。根据这些疑点信息，该银监局建立了相关模型，筛选出近千笔存在套现倾向的交易，督促该银行做好风险排查和防范工作。通过 EAST 系统建立模型还筛选出恶意透支的可疑名单，下一步将通过现场检查核实催收情况做出综合判断。信用卡业务作为 EAST 系统运用的“标靶”，为下一步这一系统延伸到对银行信贷业务、表外业务及外部风险的现场检查打下了扎实基础。通过 EAST 系统的数据直接对接，银行业能有效克服以往银行机构手工数据录入的选择性规避和操作失误，确保了数据的真实性和一致性，也提升了对风险的识别、预判、预警能力，从而提高银行业整体风险防控水平。

2. 发改委、审计署联动监管发现 B 银行违规问题

国有商业银行收费名目繁多，以往常常出现“捆绑收费”“只收费不服务”等情况，2012 年 1 月至 2013 年 9 月，江苏省 B 银行向包括 C 企业在内的 6 家贷款企业收取了 18 笔账户资金托管费，除了履行自身职责外没有其他实质性服务，违规收费金额达 660 万元。

此外，在财务收支方面，从 2012—2014 年，B 银行总行及江苏等 6 家分行在工资总额外通过“职工福利费”“劳动保护费”等科目列支伙食补贴、制装费等 5.55 亿元，其中 2014 年 2 亿元；B 银行总行还超过财政部规定标准，为职工多缴存住房公积金 1.58 亿元，其中 2014 年 6 043.47 万元。在业务经营方面，2012—2014 年，B 银行涉农贷款增速放缓，3 年平均增幅 12.43%，低于同业平均增幅 4.92 个百分点；未严格执行涉农贷款统计制度，将 367.14 亿元非涉农贷款按涉农贷款进行统计。为规避信贷规模管理，总

行和部分分行通过购买境外子公司农银国际控股有限公司信托计划收益权等多种方式，向境内企业融资 1 420.3 亿元。在风险管理和内部控制方面，从 2011—2014 年，四川分行等 6 家分支机构未严格执行贷前审核，致使部分企业以虚假财务报表、购销合同等手段从 B 银行取得贷款；广东分行等 7 家分支机构贷后检查制度执行不严，导致部分贷款企业不按规定使用贷款资金。上述问题涉及贷款金额 187.38 亿元，其中 2014 年 61.48 亿元。

3. B 银行太仓分行不断提升内部监管水平

在总行计划财务部的悉心指导下，太仓分行数据仓库系统经过了三个月的试运行，于 2016 年正式上线。其以会计科目余额表为统计基础，与科目有关的所有业务指标均可展示，还可随时调整报表展示格式，数据类型从时点扩展到日均、从单币种扩展到多币种，实现自动运行。此外，其首次实现分行及各网点历史数据时间序列的即时出数，与系统对中国人民银行公布共享数据的自动取数，改变了原来统计报表主要依靠总行管理信息平台报表手工编制、出数慢且容易出错的情况，统计工作电子化水平大幅提高，手工报表差错率大大降低。

太仓分行数据仓库系统在报表的自动编制功能之外，还导入了各机构 2008 年以来每月经 FTP 后利息收支、总行记账利息和非利息净收入、第三方存管利息收入、资产减值准备、条线经济资本成本等损益指标数据，更实现了办公网、业务网的双网访问，使数据查阅方便快捷。

三、基于大数据应用的国有商业银行监管问题

（一）国有商业银行监管问题

1. 监管体制不健全

监管体制不健全主要体现为：不同区域，监管能力差距大；监管体系多样性不足；风险监管流程还未统一；监管体系考核没有差异化；组织体制不够专业。其中，监管体系多样性不足的问题尤为凸显。国有商业银行着力设计适合各分行的标准化、系列化监管策略，特别是在针对产业集群、专业

市场、“1+N”合作的多样化监管方面，还没形成有效的、因地制宜的监管策略。内部监管需要的不仅是监管技术，更需要适合不同区域、不同行业的，有针对性的监管策略，而目前主要着重于经济发达地区、坏账风险高发地区的监管，较大程度上忽略了中间层的监管。因此，国有商业银行需要在内部组织架构和管理上进行相应的调整，有必要分离出专门的团队负责监管策略的制定。

2. 监管体系不成熟

1998 年以来，我国大力着手商业银行风险监管，防范和化解了部分金融风险，但是监管当局采用的是压力式监管，要求商业银行每年不良资产压缩 2～3 个百分点，并作为考核商业银行经营的重要指标，但实际效果并不理想。商业银行为了完成指标，大量发放贷款，以增量稀释不良贷款率；靠贷款的借新还旧或还旧借新完成压降计划，推迟不良贷款的发生；以高估的资产抵贷，低价处置快速变现，急功近利、快速核销，因而出现巨额损失。

由于历史上的乱拆借、乱投资、乱办公司、乱担保、账外经营、案件垫款、费用挂账、待清理自办信托信用社金融服务部损失等因素，非信贷不良资产、损失挂账和表外科目即将转为相当大的损失数额。此类花样层出不穷、涉及金额巨大的商业银行风险往往导致政府监管工作的顾此失彼，难以实现全方位的监管。

3. 监管人员知识储备不够、专业素质不高

我国多数监管从业人员缺乏对金融风险敏锐的洞察力与前瞻性分析，使得他们在监管过程中只做表面工作，成为简单的例行检查。这对监管人员自身与金融机构，都是不负责任的行为。

对一个合格的银行监管人员来说，除了要具备金融领域相关专业的知识外，还应该对政治、经济、文化等领域有所涉猎，只有这样才能应对世事变迁的金融世界。此外，我国银行监管人员除了自身知识层次不够之外，自身素质还有待提高，加上在监管制度上无人监管工作人员存在的缺陷，造成一

些素质不高的银行监管人员为了谋求私利而与被监管银行间形成不正当利益关系，很明显这对监管银行风险、维护金融安全十分不利。

（二）国有商业银行监管问题原因分析

1. 监管工作面临巨大压力

当前国内外经济、金融形势，外部监管和内部经营战略转型都出现了不少新情况、新矛盾、新挑战，因此国有商业银行内部监管工作任务艰巨、责任重大。

首先，是日益严格的监管形势。在内部监管方面，随着《企业内部控制基本规范》及其相关指引的出台，监管部门对上市公司内控管理的要求越来越高，与此同时，监管部门对国有商业银行审计工作的要求也越来越具体。尤其是在案件风险防控方面，银监会要求进一步发挥银行内部审计部门的重要作用。在整治不规范经营方面，银监会三令五申，提出了八大整治重点以及“七不准”的禁止性规定，发改委还牵头启动了对国有商业银行收费问题的专项检查，要求内部监管部门在银行规范经营中把好重要关口。

其次，是国内商业银行业转型带来的竞争压力。银行面临的外部环境、约束条件、客户需求今非昔比，特别是利率市场化和金融脱媒给银行业带来的经营环境的巨大变化。在当前存贷款业务拓展艰难、银行经营形势严峻的情况下，国有商业银行内部监管工作无疑面临诸多新课题、新挑战，既要为防范风险与加强内控贡献力量，同时也要为创新拓展业务腾挪空间。

2. 外部环境制约国有商业银行监管

商业银行能否得到有效监管，银行业能否稳健运行，除了与监管机构和监管手段有关以外，外部环境如宏观经济、公共金融基础设施、社会监督等也是重要的影响因素。

（1）国内外经济形势复杂。当今世界经济复苏进程艰难曲折，全球银行体系的风险也在不断增加。美国《外国账户税务合规法案》及实施细则草案的出台，对我国国有商业银行的客户接纳政策、业务流程与系统带来前所未有的挑战。而我国依然处于经济体制转型期，商业银行的良好发展能促进宏观经济更好地运行，反之宏观经济的运行好坏也直接影响商业银行的发展。经济转型期的社会经济活动更加复杂，宏观调控持续进行，财政金融领域风险增加，政府融资平台隐忧犹存，房地产市场持续低迷，中小企业经营困难加剧，对商业银行的监管提出了更高的要求。

(2) 金融法制体系不完善。我国的金融法律数量与其可操作性都还有很大的提高空间，对于商业银行监管主体的行为指引不够具体，缺少对监管主体的规范。金融法律制度的建设滞后于经济的发展，法律出台和修改需要的时间长，经济发展的速度却远超法律更新的速度，导致现行的法律无法满足现代银行监管的需要。此外，我国在支付监管制度上的建设较为落后，对国际上发展较快的制度吸收引进不够，使支付和资金流动的风险性大大增加，清算的效率大大降低。

(3) 社会监管力量单薄。我国商业银行监管的社会资源有限，社会的审计力量并没有被利用。目前，我国还没有既具有一般审计目的，又兼具风险监管的外部审计，而是由国家审计署和银监会分别承担这两种职能。实践证明这种监管模式的效率较低，而且对于审计数据的真实性和准确性难以衡量。

3. 国有商业银行内部监管体系存在风险

目前国有商业银行的内部监管防御体系基本上也是以经营层次，按一线会计主管监督、业务主管部门按期自律监管、内控监察部门再监督、内部审计对董事会直接报告的顺序进行。这种自上而下、逐级监督的链条式监管体系在风险的事前、事中制止，事后防患中，具有识别风险及时客观，控制风险全面的优势，但同时也存在防御风险能力弱且分散的不足。

(1) 一道防线的风险识别不足。一方面，直接参与柜面业务管理的一线主管担负着事前、事中的风险监控，既参与业务经营又从事监督，既是生产者又是监管者。相同的利益使自我约束难以实现，更甚者利用这种特殊身份，从事违规违法活动，大大降低了控制风险的有效性和严肃性。另一方面，一线主管履行监管职责不到位。在监管工作和业务经营工作中，受利益和组织关系的影响，往往把更多的精力投入关系其经济利益的业务经营中去，而在对业务中的事前、事中风险识别和防范上明显不足，形成一种“吃谁的饭，跟谁转”的依附和偏向。

（2）业务自律监管和内控事后监管质量不高。受监管方法和手段的影响，业务监管和再监督部门主要是事后监督。他们不直接参与某个业务生产环节，对生产经营过程和业务操作流程不熟悉，很难及时发现和掌握风险，加之监管人员均是兼职，一般监管检查都停留在账平款对、凭证要素等浅层次的表象上，事后监管的滞后性与抽查的随机性，使监管流于形式，大大降低了抵御和控制风险的能力。

（3）监管防御体系不连贯，信息沟通和共享不足。监管部门之间没有形成一个有机的整体，而且没有建立一个有效的风险信息共享和沟通渠道，不能有效地发挥“层层监督，全面防御风险”的作用，在业务经营风险因素不断复杂、变化快速的情况下，表现出其潜在的滞后、分散等不足和漏洞。

四、体系创新：完善国有商业银行联动监管的有效路径

（一）健全国有商业银行监管机构之间的沟通与协调机制

1. 建立基于大数据应用的国有商业银行监管联动制度

目前，金融业发展的趋势越来越明显，银监会在对国有商业银行进行监管时，不可避免地涉及证券、保险等其他金融行业。为达到更好的监管效果，银监会要在不同的金融监管职能部门之间建立联动制度，提高银行监管的灵活性和默契程度，避免出现监管“真空”。通过应用大数据，银监会对银行市场准入和退出的联动审核，强化监管主体各职能部门的监管责任；对新业务联动审批，规范业务流程、明确监管重点；对存在问题联合纠偏，使各监管机构协作共赢，相互扶持。

2. 加强国有商业银行监管的国际合作

明确的国界限制注定不符合商业银行监管的发展趋势，银监会要主动与国际社会进行合作，以方便对跨国业务的监管。银监会要多参与相关的

国际组织和国际活动，积极开展双边合作，学习国外先进的监管理念和技术，建立广泛的国际银行监管信息网络，遵循资本协议的原则，防止子母行风险之间的转移，定期与相关国家交换商业银行监管信息，便于双方对商业银行子母行经营管理状况和资金动向的把握，及时发现潜在风险，提高抵御风险的能力。

（二）健全基于大数据应用的国有商业银行监管者的监督体系

加强和改善我国政府对商业银行的监管工作，不仅需要改造我国现行商业银行监管制度本身，而且需要构建对监管者的监督机制，以保障监管制度的完善性。在我国目前尚无法在银行监管领域引入竞争机制的前提下，构建我国对商业银行监管工作从业人员的监督体系主要就是构建商业银行及其同业公会监管者的监督机制。

1. 提升商业银行监管的透明度

商业银行监管的透明度原则是银行监管机关进行法律监督、行政监督以及社会舆论监督的基础。作为世贸组织成员国，中国在银行监管活动中也应遵守。在我国目前的银行监管体系建立中缺乏透明度原则的开放监控意识和开放式金融监管机构，同时，银行监管机关也缺乏依据透明度原则进行监管的经验，宏观金融监管的基础设施不健全也限制了透明度原则的适用。针对银行监管的现状和透明度原则实施的条件，努力建立和完善透明度原则的有关内容，是银行同业协会等银行自律组织和商业银行对银行监管机关监督的前提。

2. 加强市场竞争机制

当前，商业银行监管者的监督工作更多依靠“粗暴简单低效”的行政手段，而未将市场竞争机制引入商业银行监管者监督体系中。对此，政府一是需要通过不断强化市场机能，取消和减少一些不必要的行政审批程序和制度，优化行政审批制度；二是要继续不折不扣地执行监督信息对外公开制度，满足外界对于商业银行经营运行状况的知情权，充分调动广大人民群众参与商业银行监管及对监管者的监督工作中的热情和积极性；三是加大对商业银行监管工作从业人员相关违法违规行为的查处力度和奖惩力度，达到商业银行监管工作从业人员不敢违法违规的威慑成效。

（三）强化基于大数据应用的国有商业银行联动监管理念

大数据时代，国有商业银行需要进一步强化“大数据”战略，在传统银行的基础上深入推进“数字化”战略转型，迅速适应大数据时代新的竞争环境和竞争方式。

首先，国有商业银行需树立“数据文化”的监管理念。在业务处理和内部监管各环节全面推进过程监管及数量化管控，并基于数据分析进行决策。此外，国有商业银行需要强化对数据管控能力的提升，把数据治理、数据资源整合与管控、数据经营提升到经营管理的重要层面。

其次，国有商业银行的数据信息分析工作应从支持层面提升到驱动层面。数据信息分析部门应突破现有管理模式，实现优秀的数据，业务分析师的集中化、条线化管理。国有商业银行应直接为经营管理提供信息增值功能，直接提供数据产品或直接为业务及监管人员提供咨询服务。在此基础上，国有商业银行可考虑使“大数据分析中心”成为一个集数据管理、信息管理、分析模型和技术应用为一体的独立机构及业务条线。通过收集银行内外部相关数据信息并进行深度挖掘，为业务经营和风险监管提供准确、及时、全面的商业智能支持。

（四）加强与大数据机构的联动监管合作

利用大数据分析发现市场新需求，及时改造传统产品及开发更有竞争力的新产品是商业银行保持创新活力及实现可持续发展的重要保证。国有商业银行可研究建立新市场发掘模型，通过大数据挖掘分析及时发现市场新需求和新动向，进而发现新兴市场，及时对新市场的带头企业进行论证，主动扶持其发展，率先抢占优质客户资源，以其为核心拓展其上下游客户，扩大市场份额。商业银行与其他金融机构以合作共赢代替单一竞争也成为大数据时代的必然选择。在强化自身数据建设的基础上，国有商业银行需要积极加强与政府监管部门、行业协会等机构的合作，使其成为信息补充的主要来源。在深化业务发展的同时，国有商业银行也可以进一步发展“大数据银行”，提供大数据存储、加工、分析、检索、中介等服务，利用大数据提供信息服务而获取收益，把数据资产转化为收入源泉。

（五）提升内部监管中大数据应用的能力

为加强后续发展，国有商业银行需要在重点领域加强对数据分析模型的构建，从根本上提高风险管理、成本绩效管理、资产负债管理和客户关系管理的水平，逐步构建体系化数据应用优势。

国有商业银行需要进一步提升大数据模型的客户评级应用，从国际国内政治经济形势、营销对象所处行业、自身财务状况、产供销情况、信誉状况、资金运转情况、股东及高管情况、上下游客户情况、客户产品所处生命周期、同业竞争、市场对客户产品的反馈情况等各个方面对客户进行全面深入的了解和分析，对客户进行综合评价，建立打分模型。在此基础上，国有商业银行可根据客户的得分情况有针对性地提出营销策略及建议，并根据客户评价反馈实现模型的自优化。

而在全流程风险监管中，国有商业银行要重点强化业务经营风险、操作风险等的监管。在资金运行方面，国有商业银行要加强事中监督和风险预警，及时发现潜在风险，通过实时数据分析客户的资金运动趋势，开展风险预警分析。在操作风险方面，国有商业银行要强化对全行所有业务数据的跟踪分析，构建全行业重要岗位风险数据模型。通过行内信息与行外信息及互联网信息的多项组合，国有商业银行要对重要岗位人员的异常情况进行分析和预警，从而达到风险防范的效果。

参考文献：

［1］ 陈建华. 金融监管有效性研究[M]. 北京：中国金融出版社，2002.
［2］ 焦瑾璞. 银行业国际竞争力研究[M]. 北京：中国时代经济出版社，2002.
［3］ 维克托・迈尔-舍恩伯格. 大数据时代[M]. 杭州：浙江人民出版社，2013.
［4］ Numitor G. Basel Committee on Banking Supervision: The Basel Committee on Banking Supervision[M]. Cambridge University Press, 2011: 335 - 347.

[5] 张强，佘桂荣. 银行监管的市场约束理论进展[J]. 金融研究，2006(10)：98—105.
[6] 李树清. 论我国商业银行监管[J]. 法制与社会，2009(23)：146—147.
[7] 王兆星. 国际银行监管改革对我国银行业的影响[J]. 国际金融研究，2010(3)：4—10.
[8] 张晓利. 浅谈商业银行内部监管中的风险点及防范对策[J]. 时代金融，2014(14)：147—148.
[9] 黄纪宪. 大数据时代工商银行经营发展战略研究[J]. 金融纵横，2014(3)：4—12.
[10] 王达. 宏观审慎监管的大数据方法：背景、原理及美国的实践[J]. 国际金融研究，2015(9)：55—65.
[11] 魏崴. 基于大数据的银行业监管国际经验比较及借鉴[J]. 金融纵横，2016(4)：84—89.
[12] 黄卫华，宾建成. 加强商业银行内部监管推动我国银行业发展[J]. 理论探讨，2003(6)：58—60.
[13] 申孟宜，谷彬. 论大数据时代的政府监管[J]. 中国市场，2014(36)：32—40.
[14] 宾建成，魏星. 我国国有商业银行内部监管问题探析[J]. 现代管理科学，2003(11)：38—40.
[15] Thakor A V. Game Theory in Finance[J]. Financial Management，1991，20(1).
[16] Singh D. Enforcement Decisions in Banking Regulation and Supervision[J]. Journal of International Banking Regulations，2003，4(4).
[17] Mitchener K J. Bank Supervision，Regulation，and Instability during the Great Depression[J]. Journal of Economic History，2005，65(1).
[18] Jiménez G，Lopez J A，Saurina J. How does Competition Affect Bank risk-taking[J]. Journal of Financial Stability，2013，9(2).

2.2 县域产品质量政府监管问题与对策研究

——以浙江省C县为例[①]

一、引言

产品质量关系到人民群众的切身利益，关系到企业的生存和发展，关系到区域的竞争力、区域形象以及政府的公信力。近年来一系列食品安全问题，以及部分产品质量问题频发。而县域作为捍卫人民群众切身利益的重要阵地，既处于贯彻落实产品质量监管决策部署的第一线，又是产品生产环节和流通环节把关的最前沿，加强对县域产品质量监管显得尤为重要。

产品质量监管则是指用产品生产内部管理机制与外部管理控制机制共同监督产品相关环节，控制其生产质量和正常实现功能的情况。这一管控工作是由与质量相关的政府部门根据法律规章进行规范，实施对企业强制

① 本文作者：龚淑蓉，华东理工大学2017届MPA硕士，导师王芳。

性行政监管；运用检验和抽查手段进行事前把关，保障产品质量；采取行政执法手段实现对产品质量水平的实时监督和质量控制，对不符合制度文件规定的产品进行处理，避免其对市场和使用者造成不良影响。通过政府宏观管理的方式，降低产品的生产者和经营者追求利润方面的能力和意愿的差异导致的产品质量问题，从而保证生产群体和消费群体的正当权利，实现对市场的有效监管。

全国各地正在启动行政管理体制改革，浙江省1个设区市和26个县（市、区）的质监部门与工商、药监合并组建市场监管局。首先，C县也通过三定方案，对原工商、质监和食药监进行三局合并，成立C县市场监督管理局。其次，C县县域经济发展具有创新特质，作为人口大县，C县人民具有较强的创新意识，许多改革创新位居全国首位。在“大部制”改革背景下探讨县域产品质量政府监管显得尤为必要。

目前，学术界在理论上系统地研究县域产品质量政府监管问题的研究和论文较少，现有的文献视角多数集中在对国家宏观层面上的产品质量监管问题的探讨。而本研究通过文献研究法、个案研究法，运用政府规制理论、公共治理理论和信息不对称等管理学理论，将研究范围缩小到以县级为单位，研究主体限定为政府，研究对象为产品质量监管问题，以C县为例，研究该地区产品质量监管情况，以点带面，挖掘县域产品质量政府监管存在的普遍性问题，究其原因并提出对策，用以指导地方政府做好本地产品质量监管工作，进而提高县域产品质量监管水平。

二、C县产品质量政府监管主要方式及其效果

（一）C县产品质量政府监管的主要方式

目前，县级政府的产品质量安全监管的主要方式有：依据标准、生产许可、质量认证、检验制度、监督检查和处罚管理。C县根据《中华人民共和国产品质量法》和《中华人民共和国标准化法》的相关规定对产品质量进行监督，有权采取措施对不符合强制性标准要求的产品进行查处；将生产

许可作为事先控制的手段，只有符合规定条件的企业（个体）才能予以许可生产；利用第三方权威机构的质量认证结果对产品进行监管，批量处理三无产品；参考产品质量检验机构的定性定量检测并通过随机抽查、定期检查、统一检查几种方式进行监督检查，从而规范企业质量行为、整顿市场经济秩序。此外，C县通过对生产或经销假冒伪劣产品的单位或个人，依法处以罚款、没收其违法所得或查获的假冒伪劣产品，对触犯刑律的，依法追究刑事责任等处罚管理手段，也起到维护社会主义市场经济秩序和保护消费者合法权益的作用。

（二）C县产品质量政府监管的运行情况

2015年，C县市场监督管理局共完成各级监督对580家企业的1 053批次产品的抽查，其中国家、省、市、县各级监督抽查791批次，重点产品风险监测262批次，总体合格率为93.2%，主要涉及轻工、机械、化工、建材、电子、食品相关产品等六大行业32类产品。

通过采取年度审查、监督抽查、定期检查和专项整治等措施，C县稳步推进产品质量监管工作；认真落实获证企业年度审查制度，完成年审企业140家；加大产品监督抽查力度，完成各级监督对580家企业的1 053批次产品的抽查。C县还制定下发《关于下达2015年度食品相关产品生产许可证企业定期监督检查计划的通知》，严格执行《温州市食品相关产品生产企业日常检查指导书》《温州市工业产品生产许可证获证企业监督检查表》，对获证企业实施年度全覆盖检查，并按“定区域、定人员、定责任”的要求，将检查任务具体落实到各站所、各责任人。此外，C县还组织开展了“打假保农资”“纤检保健康”“1—5号蓝剑执法”“质检利剑”“火炼行动”等系列执法行动，督促企业提升产品质量监管水平。

质监部门在2009—2015年期间对C县产品质量监督抽查结果显示，C县产品质量状况整体较好，从历年批次合格率来看，总体趋势稳定，但2015年的省级抽查由于小型断路器合格率仅为33.3%，拉低了整体数值（见图2.1）。

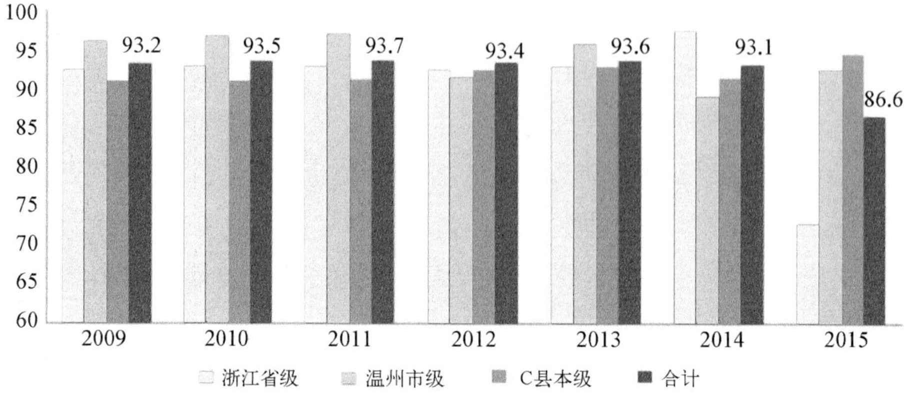

图 2.1　历年各级批次合格率

从历年质量指数来看，C 县总体保持高位运行，历年的各级抽查结果起伏程度也不尽一致，见图 2.2。

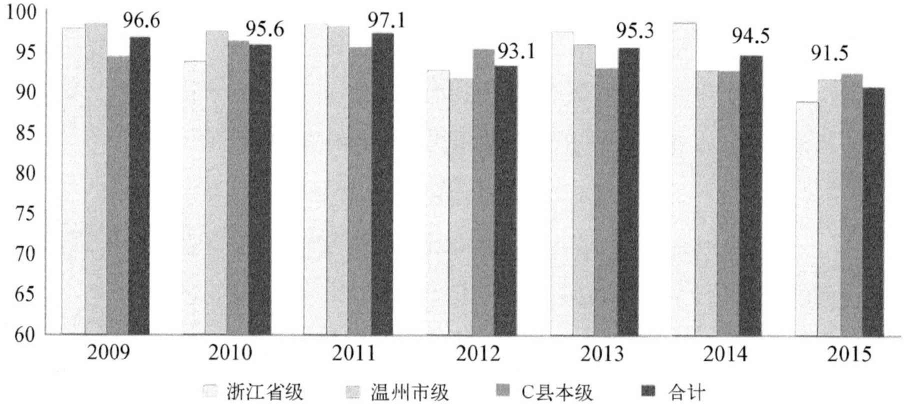

图 2.2　历年各级抽查质量指数

尽管近年来 C 县产品质量监管工作取得了一定成绩，但依然存在不少问题，产品质量存在波动。每年的省、市、县三级质量监督抽查均能发现一定数量的不合格产品，尤其是一些与人民群众身体健康密切相关的产品，如食品相关产品、再加工纤维制品、床上用品等重点产品。因此，地方政府亟须完善产品质量安全监管职能，构建良好的产品质量监管体系。

三、县域产品质量政府监管存在的问题及原因分析

（一）C县产品质量政府监管存在的问题

根据当前C县产品质量政府监管的实际情况，本研究主要研究县域产品政府监管具体执行和操作层面上的问题，对法律法规和标准层面的缺陷暂不进行分析。

1. 监管工作效能欠佳

2015年C县推行基层版“大部制”改革，根据三定方案，组建C县市场监督管理局，挂C县工商行政管理局、C县食品药品监督管理局、C县质量技术监督局、C县食品安全委员会办公室牌子。但三局合并后仍存在监管部门职能整合不到位、基层监管各有偏重、监管工作效能欠佳等问题。从基层反馈的情况来看，现有的人员素质与业务要求不匹配、业务不熟悉、职权不明确、工作方式路径依赖、工作机制不完善等问题还比较突出，基层监管部门直接面对市场主体，条线业务多、人员年龄结构老化，以及以工商为主，少量增加质监、食药监系统干部的人员编配格局的现状，很难适应市场监管的实际需求。

2. 监管方式相对滞后

面对新情况和新形势，C县市场监督管理局的传统监管方式过于滞后，存在许多不足之处。具体表现为：第一，以产品为主攻方向和监管重点，以监督抽查合格率来衡量全县产品质量的整体状况，以合格率的高低衡量产品质量监管成效，易在社会上形成“合格率等同产品整体质量状况”的偏见；第二，侧重于“等距离”监管，对所有企业实施一视同仁的无差别化管理，易造成监管力量、资源的平摊和分散；第三，以行政监管为主的市场监管模式，侧重统管细查、一包到底，严重扭曲了作为市场主体的企业供应方和消费者需求方的权责关系，使企业的主体责任处于被动、从属的地位；第四，以事前监管为主的方式，侧重采用行政许可、质量认证等传统监管手段，导致政府干预过多、行政审批过于复杂，严重影响了市场经济体制的运行效率。

3. 监督抽查流于形式

第一，产品抽样程序流于形式，抽检过程中有的抽样人员默认由企业带其去样品区或指定货品抽样，不能完全遵循“在企业成品仓库内的待销产品中随机抽取”的规定，其检验结果也就不完全具有客观性、真实性，甚至含有虚假情况；第二，预处理时间不够、试样制备与数据处理存在误差，导致样品处理与检验过程出现偏差；第三，上级部门往往将“监督抽查合格率数值”与基层的工作业绩相联系，将它作为检验基层工作成绩的重要依据，提出一些不切实际的合格率目标，扭曲了监督抽查工作的真正目的，容易造成产品抽查数据失实，不能及时发现质量安全隐患。

4. 监管信息利用不足

目前，C县产品质量信息系统的建设无法满足需求，监管信息资源利用不足。首先，在“互联网＋”时代，C县产品质量监管尚未形成一个包括企业信息、产品信息的比较系统全面的数据库和质量信用查询系统，导致部分企业还处于脱管状态。其次，政府监管部门在信息资源的整合利用上存在滞后，下级行政部门之间的信息沟通真实性差，同级部门之间信息传递的随意性比较大。各类信息主要在系统内部流转，容易形成信息孤岛，人为割裂与其他部门、消费者、新闻媒体等社会力量的关联，无法通过信息交互营造全社会共同参与质量工作的氛围。

（二）C县产品质量政府监管问题的原因分析

1. 监管模式层级改革进度不一致

在产品质量监管领域，政府需要运用规制来解决质量的市场失灵，然而本应通过政府规制来调节的领域却未能及时跟进，政府功能定位不当，机构设置不尽合理，导致监管工作效能不佳。

由于此次机构改革只涉及县(区)级，省、市、县三级未同步进行，温州城区采取“二合一”模式，县(市)区推行“三合一”模式，各地进展不平衡。县级市场监管局成立后，取消工商、质监省级垂直管理，改为属地管理，在行政问责的风险压力下，地级市监管部门倾向于将监管许可、监督检查等事权下放给县一级，但监督执法和技术支撑资源并未随之下沉，机构改革陷入“监管职责往下压，监管资源被截流”的困境。上下部门改革不一致的模式影响工作的执行力，与对口主管部门难以形成上下联动的工作机制，容易导致工作衔接不足、职能整合不到位等问题。

2. 监管主体认识不到位

首先，政府监管部门定位不清。政府作为产品质量的监督主体，对自己定位不清，忽略市场经济“守夜人”的身份，易出现一揽到底、职能泛化的现象，对产品质量监管承担了“无限”的责任。目前，各级质监部门一味强调通过质量提升服务、宏观质量管理、构建大质量机制、弘扬先进质量文化等手段融入地方经济发展中心工作，成立或加入了各种名目繁多的领导小组，长年累月地开展“质量服务进万企”、城市质量精神征集宣传推广等专题活动，忙于应付上级部门各项考核检查，承揽多项与产品质量监管并无关联的工作职能，取得的效果却无法得到市场、企业及公众的认可。

其次，作为市场经济主体的企业只能被动接受国家一系列的质量监察制度，责任意识不强。国务院办公厅印发《贯彻实施质量发展纲要2015年行动计划》(以下简称《行动计划》)，明确规定加强质量的主体是企业而不是政府。然而，作为产品质量责任主体的企业，有的只注重眼前利益，诚信意识淡薄，习惯依赖政府保姆式监管模式，片面认为企业只管产品生产，产品质量监管问题则是政府的事情。一旦被发现产品质量问题，追责的力度并不大，我国《产品质量法》规定，对生产不合格产品的处罚标准为：没收违法生产的产品，并处以产品货值金额一至三倍的罚款。这些数额不高的经济性处罚并没有打到企业的痛处，不能很好地发挥法律的威慑作用。

最后，社会监督主体缺位。公共治理理论指出，监管除了政府还要引入第三方组织，社会才能实现有效监管。作为被监管对象的企业，数量巨大、问题隐蔽性强，而政府部门现有的监管力量无法与之相匹配，不能及时发现产品质量问题。而现实情况是社会监督主体力量存在严重缺位，行业协会往往依附于政府部门，独立性不强、权威性不够，不能充分发挥自身的咨询、沟通、监督、协调、自律等作用。

3. 监督抽查流程设置不科学

C县的产品监督抽查流于形式，具体表现为：第一，监督抽查频次不合理。从监督抽查计划层次来看，其包括省级监督抽查、市级监督抽查、县级监督抽查三个层面。根据《产品质量监督抽查管理办法》的规定："凡经上级部门监督抽查产品质量合格的，自抽样之日起6个月内，下级部门对该企业的该种产品不得重复进行监督抽查。"相较于企业产品生产批次产量，1年2次的产品质量监督抽查显然无法有效反映产品的质量状况，及时发现产品存在的质量安全隐患。第二，抽查产品类别、检验指标设置不科学。各级质监部门在实施产品质量监督抽查过程中，仍然过多考虑经济利益的创收，有时会根据各部门下属检验机构的检测能力来设定抽样产品和检测指标，背离了通过监督抽查发现产品质量问题的初衷，从而无法发挥监督抽查的预警作用，留存大量监管死角，无法有效消除产品质量安全隐患。第三，样品抽查检验程序不规范。在实际执行中，各级质监部门在组织实施产品监督抽查时通常会把抽样工作直接委托给检测机构来完成。为获取更多的检测任务，在抽样时往往注重数量而忽视抽样程序，有失监督抽查的公正性。第四，检验时产品质量监管权责不对等。质监部门在发现问题后，缺乏及时有效的强制性整治措施，从抽样到检验、责令整改、复查、执法查处，整个处理过程耗时长、取证难，并且所查处的只是与检验不合格样品属同一批次的产品。这造成了质监部门普遍处于"有限职能、无限责任"的境地，严重影响监管人员的工作积极性。

4. 信息不对称产生的博弈行为

信息不对称理论认为，在市场经济活动中，各类人员各自掌握的信息是有差异的，而有效监管信息沟通模式的缺乏，使产品质量的检验和检查信息无法相互有效传达，导致无法形成监管合力。同一系统的上下级行政单位之间，监管信息档案也很难实现共享。再者，信息是一种能给部门带来效用且需要支付成本的物品。电子政务中信息互联共享并不存在市场交易机制，一个部门向其他部门开放数据，不能收回开放信息过程浪费的行政成本。因此，基层很难建立产品质量监管信息共享机制。

四、完善县域产品质量政府监管的对策思考

（一）整合制度体系，健全联动机制

鉴于当前机构改革过程中出现的职能整合不到位、工作衔接不顺畅等效能问题，政府应加快体制改革，健全政府质量工作机制，构建“小机关、大监管、重基层”的工作格局，加快“废、改、立”的进度，整合出一套完善、统一、管用的制度体系。政府应做好事权划分，抽调专人梳理原工商、食药、质监部门的各项机制，明确局机关内设股室与乡镇市场监管所的职责和职权关系，避免监管职能交叉，实现各股室及其监管业务的有效衔接和良性互动。政府还应真正做到用机制规范执法、规范程序、规范行政许可行为，全面提高行政执法水平和工作效能；加快整合行政执法稽查队伍，统一负责各类市场专项整治和案件查处工作，实现执法一体化。

此外，省市级监管部门自身要统筹协调，避免重复指挥。通过联席会议、联合发文等形式整合上级部门工作职能，防止出现多个上级监管部门同时下达多个任务目标，给基层监管部门带来巨大压力的情形；剔除不适应市场经济发展的部门规章制度，指导规范上下级部门之间的工作衔接，提高基层监管部门整体运转的自主性和稳定性；随着监管权限的下放，上级监管部门也应注重提供技术资源的支持，通过健全层级联动工作机制，加强业务培训和指导工作，从而提升基层监管部门的监管效能。

（二）明确监管主体，创新监管方式

针对传统产品质量监管模式带来的弊病，政府应明确监管主体意义，创新政府质量监管方式，正确引导企业落实主体责任，积极发挥社会第三方组织的监督力量作用，构建“政府监管、市场调节、企业主体、行业自律、社会参与”五位一体的大质量监管体系。

1. 理清工作思路

第一，明确监管目的，保障产品质量安全。通过实施质量监管，政府要促进企业练好内功、提升能力，进而提高产品质量水平，为社会和民众提供合格、优质的产品。第二，明确监管的主体。政府是质量监管主体，企业是质量监管的责任主体，还要注重发挥社会监督力量作用。第三，监管方法应从以往的“等距离”向“分距离”转变。通过科学建立企业质量信用评价体系，政府要规范企业信用等级评定，合理运用评价结果，将以往对所有企业实施一视同仁的无差别监管，转变为区分等级的差别化监管，以提高行政监管效能。第四，监管的方式应从以行政监管为主，向服务型执法监管转变。政府要积极引导企业发挥责任主体作用，通过宏观调控，实现监管力量的有效传递，提升监管的科学性。

2. 推动企业落实质量主体责任

政府监管部门需要加强企业责任主体意识，提升企业责任能力，发挥企业自主管理作用。积极营造“政府重视质量、企业追求质量、社会崇尚质量、人人关心质量”的良好氛围。政府应以企业为重点，深入开展“质量月”“质量周”“质量宣传进厂区”等活动，加大对企业员工质量知识的普及和质量素养的培育力度，提升企业全员责任意识。同时，发挥行政和技术资源优势，创新质量发展的激励帮扶机制，加大对质量管理先进、成绩显著的企业的表彰奖励力度，以提升素质、可靠性、质量满意度等为抓手，帮助和推动企业扩大质量人才队伍，提高产品出厂检验能力和关键点质量管控水平，促进企业履责能力的提升。还需推动企业建立全环节的产品质量责任追究机制和岗位考核制度，聘用专业质量管理人员提升企业质量管理水平，落实质量安全责任，引导企业主动承诺质量责任，建立产品质量召回制度。

3. 发挥社会监督力量

首先，除政府监管与行业自律有机结合之外，还需发挥社会第三方监督力量的作用。通过建立引导合作机制，发挥行业自律监督作用。政府应鼓励行业协会制定科学先进的产品技术标准，对于生产伪劣产品而造成行业损失的失信企业，行业协会应利用行业的力量对其加以惩罚性限制，剔除其分享行业共同利益的权利。其次，政府应鼓励社会公众主动参与质量监督。通过提供畅通、便捷、迅速响应的联系渠道，鼓励社会热心人士积极参与扮演好信息员、宣传员、监督员的三重角色，及时、准确、客观、公正地向政府职能部门反映当地质量领域存在的问题，提出改进意见和建议。此外，政府可借助新闻媒体的力量，充分发挥舆论监督的作用，发现和曝光制假售假行为，向广大群众介绍识别假冒伪劣产品的常识，引导消费者维护自身合法权益，督促政府监管部门切实履行职责，更好地维护区域产品质量安全和人民群众切身利益。

4. 实施差别化监管方法

政府监管部门应改变以往对所有企业实施一视同仁的无差别的“等距离”监管，通过科学建立企业质量信用评价体系，规范企业信用等级评定，合理运用评价结果，对企业实施等级差别化的“分距离”监管方法。

基于行政监管信息和企业自身管理信息建立评价指标体系，政府设定质量信用意愿、质量提供能力和质量保障能力为一级指标，再分别下设法定资质、守法行为和社会责任；完善质量管理和质量体系建设及运行情况，标准化管理和企业标准体系建立及运行情况，计量管理和计量检测体系建设及运行情况；对技术、管理、人员、设备和环境的三类二级指标进行衡量。

此外，政府监管部门需依据企业的质量信用情况，对企业进行分级管理。将质量诚信与企业注册登记、融资信贷等工作紧密结合，对不同信用等级的企业采取差异化监管措施。按照鼓励诚信、扶优限劣的原则，对守信企业、基本守信企业以激励与帮扶为主，对失信企业、严重失信企业建立惩戒与淘汰机制。合理运用评价结果，统筹协调监管资源，科学实施差别化监管，由此减轻行政监管压力，降低监管成本，提高工作效率。

5. 创新执法监管方式

政府监管部门可探索“双随机”监管方式，进一步规范执法人员信息库，将执法人员登记信息中的“所在区域”进行筛选，从而随机产生满足多层次范围的监管执法人员，再根据执法人员业务专业区分 AB 角，既满足履职到位，又能实现专业执法，最后通过完善留痕及可追溯机制，确保责任到人、任务到岗。从而打破传统监管模式下，执法检查人员的监管领域、监管对象相对固定的格局，有效杜绝权力寻租、任意执法、监管不严等问题。

其次，政府监管部门对产品质量监管应简化事前审批、加强事中事后监管，形成抓"两头带中间"的监管工作模式。精简服务办事渠道，加快整合涉及原工商、食药、质监的行政审批事项，将原工商、质监、食药监局的 12315、12365、12331 三部投诉举报电话统一整合为 12315，统一受理消费者的咨询、投诉和举报。同时，政府应加强许可产品和强制认证产品的监管，通过产品质量监督抽查，查处违法行为，刺激企业加强生产过程的管理，通过发挥认证机构和行业协会等中介组织技术的指导作用，帮助企业提高管理水平。

最后，政府监管部门可运用大数据，实现智慧监管。通过机构检测数据、企业质量管理信息、政府部门抽检信息、消费者体验、产业技术信息等信息数据的有效整合，提升日常监管、行政执法、质量溯源等职能，拓展风险分析、应急预警和绩效评价功能，依托技术支撑，创设"实时监测、智能预警"的智慧监管云平台，从而有效破解监管力量薄弱、监管盲区、监管断档留白的难题。

（三）加强产品质量监督抽查规范化建设

1. 制订准确的抽查方案

监管部门制订的抽查方案必须符合监管的要求与科学的规范，不能随便确定，也不能简单地采用产品标准规定的方案，更不能根据监管部门的偏好进行，这种要求与规范是检测手段、质量分析、抽查控制理论、数理统计、概率论等技术与方法的综合反映。制订监督抽查方案的人员必须认真学习监督抽查理论，弄清监督抽查的内在规律，科学地制订监督抽查方案，使每次监督抽查都能发挥最大的效果。

2. 深化抽检分离制度

抽检不分离的老做法在第三方监督的缺少下，容易因经济利益等原因造成抽样的不公正性。对此，政府监管部门应设立专业业务部负责委托送检等委托任务，实现抽样、委托、检验业务的三方分离。专职抽样、检验人员主要考核对监督抽查任务的完成率、及时率、差错率等，业务人员主要考核业务成量、客户服务工作等业务指标，确保在检验过程中，检验人员不知样品的来源，抽样人员不知由谁检验，避免被抽检企业通过各种渠道寻找关系而产生不公正现象，形成闭环式管理，从而保证抽样和检验工作的"公平、公正"。

3. 增强抽查后处理能力

对抽查中发现质量指数及批次合格率降低至一定范围的，监管部门可建立质量预警措施，组织开展分析研究及专项整治。及时下发产品质量监督抽查责令整改通知书并责令企业及时整改、定期上报，复查合格后进行登记、处结、汇总、建档、上报等流程作业，严格录入有关不合格企业及产品的详细信息，按一企一档的要求建立质量不合格企业档案。质检机构应定期对各县级局承担处理的工作情况进行督查，要求各局将整个监督过程和结果公布给社会，让社会共同对其进行监督。

（四）加快产品质量监管信息化工程建设

构建以信息归集共享为基础、以信息公示为手段、以信用监管为核心的新型监管机制，是市场监管的治本之策。

首先，需推行信息公开化制度，实现质量监管信息的共享共用。将产品质量监督抽查信息通过网络传输到数据中心，第一时间将生产领域和流通领域发现的产品质量安全隐患相互通报，建立跨地域跨领域的质量安全监管协作机制，提高产品质量监管行政效能。

其次，建立产品质量信用网站，开辟消费者信息专栏，构建"部门协同、社会参与"的质量工作共管格局。在企业生产许可、质量认证、质量相关奖励等工作中，明确将质量信用情况作为考核条件，鼓励和支持重质量、讲诚信的企业，形成质量信用的奖励机制。将质量信用差的企业，列入"黑名单"，向社会曝光其违法违规行为，不仅可以弥补产品质量信息不对称的缺陷，还可利用市场机制和法律手段惩处质量失信行为，强化信用约束作用，使得失信企业“一次失信、处处受限”。

五、结语

在“大部制”改革背景下，各地纷纷结合本地实际进行机构改革，探索更好的质量监管模式，以更加有效地提升监管水平，从而更好地保障产品质量安全。机构改革后，浙江质量监管模式呈现基层统一、上下分立的“倒金字塔形”结构，在县（市、区）整合工商行政管理局、质量技术监督局、食品药品监督管理局的职能和机构，组建市场监督管理局。但在改革阶段，根据基层反馈情况，这一模式目前存在上下级关系未理顺，机构职能整合不到位等问题。因此，本研究选取C县产品质量政府监管行为作为研究样本，实证研究C县产品质量监管情况，从宏观和微观角度寻找县域产品质量政府监管存在的问题，运用政府规制、信息不对称等理论分析问题产生的原因，从健全政府工作联动机制，创新政府质量监管方式，加强产品质量监督抽查规范化建设和加快产品质量监管信息化工程建设四个方面提出对县域产品政府质量监管的对策和思考。

参考文献：

[1] 约翰·肯尼斯·加尔布雷斯. 经济学与公共目标[M]. 于海生，译. 北京：北京华夏出版社，2010.

[2] W. 基普·维斯库斯，小约瑟夫·E. 哈林顿，约翰·M. 弗农. 反垄断与管制经济学[M]. 陈甬军，覃福晓，译. 北京：中国人民大学出版社，2010.

[3] 约瑟夫·E. 斯蒂格利茨. 公共部门经济学[M]. 郭庆旺，译. 北京：中国人民大学出社，2005.

[4] 乔治·J. 施蒂格勒. 产业组织和政府管制[M]. 潘振民，译. 上海：上海三联书店，上海人民出版社，1996.

[5] Meier K J. Regulation：Politics Bureaucracy and Ecomomics，New York：St. Martins Press，1985.

[6] 李小洪，刘文正，周连东. 理清主体责任实施有效监管——浅析产品质量的责任主体及行政监管[J]. 中国质量技术监督，2013(10)：53—55.

[7] 雨善. 企业应发挥质量监管责任主体作用[J]. 中国质量万里行，2015(9)：68.

[8] 陈超. 用“有效治理”理念改进产品质量安全政府监管[J]. 科技创新导报，2014

(32)：179—180.
[9] 程虹，李清泉.我国区域总体质量指数模型体系与测评研究[J].管理世界，2009(1)：2—9.
[10] 范亚娜.强化监管与服务全面促进区域产品质量提升[J].质量与标准化，2015(3)：44—46.
[11] 王涛，马小平.质量技监部门与企业在产品质量监管中的博弈分析[J].中国质量技术监督，2007(10)：38.
[12] 王艳红.发达国家质量监管体系及对我国的启示[J].行政与法，2012(3)：122—125.
[13] 王杰艳.新形势下县级质检工作发展的几点建议与思考[J].科技致富向导，2013(35)：187.
[14] 杨觅玫，洪生伟.变迁中的我国产品质量监督管理——制度与模式的考察[J].标准科学，2010(1)：40—46.
[16] 张文学.政府监管在质量体系中的核心作用[J].质量探索，2011(5)：1—2.
[17] 何云福.大数据视野中的产品质量监管[J].上海质量，2016(1).
[18] 陆方洁.提升产品质量监管有效性研究[D].上海：上海交通大学，2013.
[19] 王瑞斌.中国产品质量安全监管体系的困境与出路[D].上海：复旦大学，2010.

2.3 我国流通环节食品安全监管体系研究

——以江苏省 A 市为例[①]

一、研究背景

食品安全与人民的身体健康和生命安全息息相关，是人类最基本的需求，21 世纪以来，越来越为各国政府和公众所重视，也已经成为世界面临和亟待解决的共同问题。目前中国的食品安全问题频发，从引起高度关注的"三聚氰胺"奶粉，到为大众所熟知的"地沟油"，再到最近发生的"上海福喜"等事件，均给公众带来了极大的恐慌和不安。虽然中国已经建立了从农产品种植（养殖）、生产加工、流通直至消费的全过程监督和管理体系，但在实际运行中仍存在诸多问题，相关的法律法规、政策和措施还不够，并且随着社会的进步和科技的发展，固有的监管体系已经越来越跟不上时代，最终使得监管成效有限。

---

① 本文作者：卢峰，华东理工大学 2015 届 MPA 硕士，导师罗建平。

20世纪90年代以来，国内外在食品安全领域的研究热点已经从宏观管理体系转向微观企业的行为，而微观的企业行为体现了从输入到输出的循环流程机制。输入是微观企业个体的食品安全行为，输出的就是食品安全的成果，从输入到输出所要经过的体系，就是食品安全监管体系。该监管体系包括食品安全监管政策的制定和实施，对食品安全有着至关重要的影响。良好的食品安全监管对食品行业的健康发展，维护社会公共秩序具有重要的现实意义。

在以往的研究中，研究人员偏重从政策等较大视角切入，或偏重对从生产到消费全过程的所有环节进行整体的研究，而对基层监管部门的实践工作研究较少，对具体针对流通环节监管的研究也有所不足，加上当前正处于食品安全监管机构改革的重要阶段，以往的研究主体主要是改革前的食品安全监管体系，未能与时俱进。本研究结合法学、公共管理学、政治学、哲学、生物科学等文理工学科，对食品安全监管体系中的法律法规及监管部门的具体行为进行研究，力争为政府在食品安全问题上的有效管理做出积极有益的理论探讨。用理论指导实践，用实践来完善理论。本研究拟针对流通环节食品安全监管的特点，结合J省A市流通环节食品安全监管中存在的问题和现阶段改革中遇到的问题，分析当前我国流通环节食品安全监管体系存在的问题，试图提出完善我国流通环节食品安全监管体系的建议。

二、我国流通环节食品安全监管体系现状与问题

（一）我国流通环节食品安全监管部门的发展和变化

在很长一段时间，我国食品安全监管模式存在着责任不清、体制不顺、协调困难等方面的问题。2013年3月10日，第十二届全国人民代表大会第一次会议批准通过了《国务院机构改革和职能转变方案》（以下简称《方案》）。该《方案》对各部门的食品安全监管职能进行了重大整合，构建了国家食品药品监督管理总局、农业部及卫生和计划生育委员会、“三位一体”的食品安全监督管理新架构。到目前，多数省市的县级机构改革采取工商局、

质监局、食药监局等部门的“三局合一”模式，组建“市场监督管理局”作为县级政府的工作部门。大部制改革方案对我国食品安全监管体系进行了重大调整，为完善食品安全监管开启了新的路径。《食品安全法》《流通环节食品安全监督管理办法》《产品质量法》《国务院关于加强食品等产品安全监督管理的特别规定》《消费者权益保护法》《商标法》等法律法规也从不同角度，规定了工商局应当承担的、流通环节的食品安全监管职能。

首先，大部制改革改变了我国食品安全监管的多部门架构，将原先分散于多个部门涉及食品监管的职能进行了整合，将多部门的食品监管职能及其编制和相关的检测机构划转到食药监管部门，减少监管职能交叉以完善食品安全监管运行机制。其次，重构后的食品安全监管主要职能被压缩到三大部门：食药总局集合了改革前食药监、工商和质监局的食品监管及食品检测的职能；农业部门在保有农产品质量安全监管职能的基础上，承接原商务部负责的生猪定点屠宰监督管理工作；卫计委负责制定食品安全风险评估和食品安全标准。通过“化繁为简”的方式来解决长期以来食品安全监管中“相互推诿职责，无法追究责任”的乱象，完备了行政问责制度。

（二）我国流通环节食品安全监管体系存在的问题

1. 流通环节食品安全监管法律法规仍需完善

食品安全保障制度还存在一些空白，食品安全监管各项应该成体系，如食品安全风险评估制度、食品安全预警制度、食品安全危机处理制度、食品安全事故处理制度等重要内容却尚未纳入法律的调整范围。在法律法规方面还存在着一些盲区，现阶段仍没有针对批发市场、农贸市场等专业性市场的法规，场外交易的流动摊点的食品安全检测也仍处于真空状态。

此外，大部制改革后，虽然职能转变的食品安全监管部门已获得了整合批准，但有关其职责的法律条文却没有及时跟上，极不利于食品安全监管工作的开展。如《食品安全法》第四条第二款明确规定：“国务院卫生行政部门承担食品安全综合协调职责，负责食品安全风险评估、食品安全标准制定、食品安全信息公布、食品检验机构的资质认定条件和检验规范的制定，组织查处食品安全重大事故。"而大部制改革后，在国家食药总局加挂"食品安全委员会办公室"的牌子，这就使得上述法律条文如同一纸空文，或让食品安全委员会办公室的法律地位处于不明状态。

改革后的执法队伍成员分别来自原先执法习惯各不相同的几个部门，原先的执法自成体系，执法所依据的法律法规不尽相同，简单整合后，短期内执法体系还做不到统一完整，行政处罚、行政许可等工作流程都可能存在差异。工商局执法人员实施行政处罚时，程序所依据的是《工商行政管理机关行政处罚程序规定》(中华人民共和国国家工商行政管理总局令第28号)，而质监局执法人员实施行政处罚程序时所依据的是《质量技术监督行政处罚程序规定》(国家质量监督检验检疫总局令第137号)，因此，相关法律法规仍需不断与时俱进、细化优化。

2. 地方改革困境

长时间以来，公众、研究人员甚至政府监管部门的执法人员都把食品安全事故频发归因于分段的监管体系，希望有一个充分、全面、统一的监管体系。但从2003年至今，数次有关食品安全监管的机构改革的结果可以说不尽如人意。

首先，基层监管机构应参照国家监管机构设置，基层食药监局单列的人不在少数，但将工商局、质监局与食品监管相关的职能、编制和人员都整合到食药监局的具体操作存在着诸多实际困难。食品安全监管只是工商局和质监局职能的一部分，工商局和质监局并不存在足够数量的专职从事食品安全监管的编制和人员，制定具体划转人员的标准也有很大难度。尤其是在工商局和质监局管理体制未曾调整的地方，工商局和质监局实行省以下垂直管理，县级的工商局和质监局隶属于上级工商局和质监局，而食药监局是地方政府的工作部门，三者的编制管理体系并不统一，这种从垂直管理的编制划转到地方政府管理更为艰难。

在队伍整合之外，有效食品安全监管的资源保障同样困难。有计划地监督抽检所需要的车辆、设备设施与监管人员的经费支持巨大且不断递增，而目前政府的财政情况普遍捉襟见肘。即使将机构建起来了，想要在短期内保障该监管机构正常工作的开展，保障配足设备设施等，对于基层政府都是不小的考验。

其次，改革后部门间、部门内与上下级部门间依然存在监管间隙，难以实现上下联动。大部制改革后的食药总局、农业部和卫计委三大部门是否能真正解决好食品安全监管中“职能交叉、多头管理”的老问题尚存疑惑。如在超市售卖的鲜猪肉处在商品流通环节，当属食药部门监管；但当食药部门发现问题猪肉的产生根源可能在养殖环节时，便会产生如何移交案件至农业部门的问题；如果鲜猪肉既存在商品流通环节中因仓储保鲜等方面而导致的问题，又存在生产环节中的饲料问题，那么究竟该由谁来负主要监管职责便可能牵扯不清，甚至可能出现两大部门相互扯皮推诿的情况。

不仅如此，在重新整合的大部门中，内部处室之间的职能分工也可能会产生缝隙。各省级食药部门在承接新职能后，还是根据“生产、流通、餐饮消费”三个环节设置内部处室。如只是将原工商局和质监局的职能简单整合至食药监局，或者是三部门简单合并，那么也就只是将原部门之间的职能交叉变成了监管部门内部各处室的职能交叉。此外，在省市一级，多部门将食品安全监管职能整合到食药监局，这样，负责食品安全监管的部门主要就是食药监局，而同时省市一级的工商局、质监局依然保留。而在县区，县（区）工商局和质监局却合并到了市场监管局，这样就出现了一个县级市场监管局却有三个上级部门的情况，就不可避免地产生上下联动不畅，基层疲于应付等状况。

三、实证分析——以江苏省 A 市流通环节食品安全监管体系为例

（一）江苏省 A 市流通环节食品经营现状

江苏省 A 市流通环节的食品经营户数量庞大，食品经营者专业素养低，而其食品安全监管改革目前仍然实行分环节监管：蔬菜水产品等农产品的监管属于农业部门，食品生产加工厂的食品生产环节监管属于质监局，商场

超市的食品流通环节监管属于工商局，宾馆饭店的餐饮服务环节监管属于食药监局，除此之外涉及食品安全监管职能的相关部门还有城管局等，尚未完全到位的改革机制更易导致流通环节违法行为的发生。

仅2013年一年，流通环节被工商局查处的食品安全案件多达200起。由于经营者违法成本过低，法律意识淡薄，加上自身素质不高，缺乏最基本的职业道德，在经营过程中往往只关注经济利益，很少关注食品的质量，也不会关注商标、生产日期和合格证书等，更加不会关注消费者食用不合格食品对身体造成的伤害。有的经营者甚至会篡改食品生产日期或保质期，有意销售过期、不合格和受污染或过量使用防腐剂、保鲜剂的食品。案源多来自A市每年组织的食品抽检，监管部门市场巡查人员主动检查发现的案源与消费者举报的案源较少。

（二）江苏省A市流通环节食品安全监管体系存在的问题

1. 监管部门建设有待加强

（1）执法理念落后

江苏省A市监管部门"运动式执法"的执法理念在我国十分普遍：出问题后的被动检查，发现问题后的突击检查，上级要求的"一阵风"式检查，检查过后的总结成果，以统计报表的数字论英雄。正确监管目标的扭曲，使监管部门的监管行为与业绩也扭曲化。如监管部门往往称自己共出动执法人员若干人次，取缔无照经营食品的小商店、小食杂店多少户，捣毁售假窝点多少个，查获不合格食品多少等。以惩治违法行为为主要内容的监管往往忽略了食品安全和健康这一根本目标。从现行的食品安全法律法规来看，对日常食品安全监管的要求只是体现在对各监管机构的权力甚至是对执法范围进行划分，对于怎么管、如何管却没有明确要求。运动式监管的间歇性，往往给食品安全事件的制造者以喘息与再生的时间与空间，使其屡打不绝，屡禁不止。由于缺乏重点打击和深度整治，监管往往难以取得重点突破及持久效果。

（2）监管力量薄弱

该市承担流通环节食品安全监管职能的部门是工商行政管理部门，该市工商局下有9个基层工商所，各基层工商所的辖区包含两三个镇(街道)，而各所能够安排负责开展市场巡查、市场经营主体监管工作的仅有七八人，以这样的监管力量负责一个镇近600户的经营者，监管分布在不同行政村、自然村的销售点，还要在监管时能第一时间发现问题，这使得监管职能履行到位存在困难。改革后，不管是采取“渭南模式”，各部门划转食品职能到食药监局，还是采取“深圳模式”的工商、质监、食药监、物价等三(四)部门合一，有限的基层人员都将承担更为繁重的监管任务，基层监管更加捉襟见肘。

(3) 职业素质有待提高

江苏省A市工商局的工作人员，多是通过部队转业的军转干部，以及20世纪80年代行政部门招录的工作人员，平均年龄偏高，层次不太合理。学习食品专业的专业人员仅4人，并且这4人并不都是从事食品安全监管工作的，这在客观上造成江苏省A市监管部门监管人员难以适应当前层出不穷的新技术新环境。同时，一些监管人员态度游离，在市场巡查时走马观花，只知道形式性地检查食品经营者的证照、经营资料及商品外包装上的厂名商标保质期等，不会合理运用检验检测设备，也不做实质性检测。

此外，部门对监管人员的培训活动流于形式，大多停留在对有关食品安全法律法规的培训上，对于食品安全的专业知识培训以及实践操作非常少。关注的重点在于监管人员的参与度，却忽视了培训的实质内容，培训项目单一，针对性和实用性不强，造成食品安全监管人员对于专业的食品安全知识十分欠缺。

2. 市场准入制度有待完善

江苏省A市工商局负责对流通环节的食品经营实施行政许可，颁发《食品流通许可证》，而该市的《食品流通许可证》发证率几乎达百分之百，许可部门的一线工作人员在进行现场核查时没有操作性强的标准，使得在现场核查时难以开展实质性的工作，无法起到“把关”的作用。

(1) 现场核查标准过于笼统

食品流通许可现场核查没有操作性强的详细核查标准，使现场核查无据可查，难以开展实质性的工作，最终流于形式。工商行政管理机关进行食品流通许可现场核查，主要的依据是《中华人民共和国食品安全法》第三十一条。根据目前正在使用的《食品流通许可现场核查表》，现在许可部门对申请者的现场核查主要有四项内容：人员管理、场地要求、制度建立和设施要求。其中前两项内容现场核查起来一目了然，但是作为现场核查重头戏的场地和设施要求却规定得不够明确，监管人员在实际操作中基本不能操作。例如，场地要求中第一项要求食品经营者“具有与生产经营的食品品种、数量相适应的食品原料处理和食品加工、包装、贮存等场所”，但是，对于怎么样才算是“相适应”的，对不同品种和不同数量食品的加工、包装、贮存等场所都没有具体的要求。

(2) 实质性的限制条件缺乏

申请者只需取得卫生防疫部门的《健康证明》，便可到工商局申请办理食品流通许可证，从而办理工商营业执照，进行经营。然而除了食品经营者的健康状况以外，食品经营者的文化水平也直接影响经营者的经营情况，进销货台账的登记、食品标签的识别、食品安全的基本常识都需要一定的文化水准进行支撑。而在江苏省 A 市，在从事食品经营的食品经营户中，存在着大量文化程度有限的经营者，这部分经营者有的年纪较大，接受教育较少，有的甚至连字都不会写，是半文盲或者文盲，基本没有足够的能力在经营过程中进行食品安全管理，这种情况在农村、乡镇尤为明显。

3. 食品安全检测体系有待提高

江苏省 A 市流通环节食品安全监管部门缺乏必要的食品检验检测装备和技术支持。目前的食品检测设备和条件相对落后，没有专门用于食品检测的实验室，甚至连流动检测车都不具备。首先，部门开展的日常食品快速检测涵盖的品种、项目少。受检测人员素质、检测条件等客观因素的制约，监管部门对食品的日常检测仅限于群众需求量，为日常交易量较大的蔬菜、水果、水产品等少数的食品种类，对于很多预包装食品并不能做到快速检测。其次，快速检测设备只能定性检测，不具备法律效力，不能作为处罚依据进行查处。若想取得具备法律效力的检测结果，只能依照法定程序，通过抽样送检的方式，委托有资质的检测机构进行最终的、具有法律效力的检测，但检测费用高、时间长，当执法人员获取结果，到达经营者经营场所时，经营者的不合格食品已销售一空，不知去处。此外，食品安全标准滞后混乱，有些种类食品的相关标准繁多，而有些种类食品的标准却十分匮乏或者更新不及时，也给监管部门抽检食品带来技术上的困难。

四、完善流通环节食品安全监管体系的建议

（一）完善流通环节监管的法律法规

《食品安全法》和《食品安全法实施条例》等法律法规的出台和完善，为食品安全监管提供了法律依据，而具体如何监管仍需要承担该项职能的监管部门在工作实践中进行优化。当前最为迫切的工作是基于流通环节食品安全监管的特殊性，有针对性地修订和完善专门适用于流通环节食品安全监管实践的配套规章，对现行的《食品安全法》《农产品质量安全法》《产品质量法》等与食品安全相关的法律也需及时修订。及时确认新食品安全监管部门的法律地位和法律职责，进一步明确和细化食品流通许可、食品经营者法定责任和义务、食品安全监督检查等监管制度和要求，依法全面清理现行食品安全监管规章、制度，积极配合相关部门清理、整合和完善食品安全标准，确保食品安全法律制度落实到位，切实提高食品安全监管依法行政水平。最终确保改革成果的合法性，保证新职能部门行政程序的合法、规范、统一。

（二）推进食品安全监管机构改革

机构改革前引发效率低下的一些因素并未得到完全消除，提高监管效率仍是机构改革和完善中必须面对的问题。对已采取“市场监管局”模式改革的地区，建议在市场监管局的基础上加挂“食药监局”牌子，在组织机构上保持食药监局的独立性，使其作为专业从事食品安全监管的部门。这样做一方面是效仿国际做法，保持食品药品作为一种特殊商品的监管特殊

性和专业性。另一方面也是为了结合国内实际。当前我国食药监局编制人员十分有限,在乡镇、街道一级并不存在监管机构,要想在编制人员不增加的前提下做到有效监管,借助已经发展得十分成熟的工商局基层监管部门进行食品安全的全方位监管是目前在各种条件和前提下所能采取的最恰当的做法。

另外,食品安全监管已经进入"分品种监管为主,分环节监管为辅"的新模式,需要明确职责、合理设置部门机构。食品安全监管应细化农业部门和食药监局监管(或市场监管局)两大部门的职责,明确其监管范围,以概念归纳法或列举法等形式区分农产品与食品的界限,从而避免部门之间的重复监管或监管缺位。同时,在新的食品安全分类统一标准未出台的情况下,考虑到旧有行政资源的有效利用问题,部门内部仍可暂时保留"分段监管"模式。针对部门内部因"分段监管"可能产生的监管缝隙,如中小作坊产销一条龙的食品,则应通过建立信息共享平台、内部沟通协调机制和案件移交程序加以解决。但改革需明确的是,部门内部的"分段监管"模式也只是处在试运行阶段,最终是否需要转变为"品种监管"模式,还需视运行成效而定。

(三) 加强监管部门自身建设

1. 转变食品安全执法理念,建立食品安全监管长效机制

我国目前仍处于运动式执法、选择执法、被动执法的阶段,应尽快完成向常态执法的转变。运动式执法是一种事后监管和选择性、随意性执法,违背法律公平原则,容易陷入一种"食品安全问题突发,打击违法行为,解决问题,新问题再突发,再次打击违法行为,解决问题,新问题再次突发"的恶性循环。

我国食品安全整治风暴已充分证明,运动式执法不能拯救食品安全,食品安全秩序不能靠突击式监管来维系。包括食品安全监管在内的所有行政执法都应当转变运动式执法的理念,树立常态监管、主动执法理念。食品安全监管不是也不应当是搞运动,而应当处于一年365天正常监管状态。从生产环节到消费环节,全过程完善对食品安全的监管,加强食品安全的源头治

理。比如，通过对部分食品添加剂的生产、销售、购买资格进行限制和登记备查，建立一套完善的食品添加剂上游环节溯源机制。总之，只有建立长效和常态的工作机制，才能真正拉紧食品安全网，重塑消费者信心。

2. 充实基层执法力量

执法人员作为食品安全监管的直接施行者，是保障食品安全的关键点。基层人员的安排必须获得充分保障，人员搭配合理化，在人员的安排上，既要有具备丰富经验的工作人员以保障现场的合理处置，也要有技术素养过硬的专业人员，具备处理突发事件的理论知识，且专业要相互交差，形成一个复合型文化结构的执法基层单位。更为重要的是，要严控机关人员编制，保障基层执法人员力量，切忌出现“大机关、小基层”的现象。

另外，流通环节食品安全监管队伍的素质尚需提升。监管部门应从源头抓起，招录政策向法律及食品等专业对口的优秀大学毕业生适当倾斜，也可采取聘用食品安全监管顾问的方式，适当聘用社会上行业内部的专业人士，或者采取以购买服务的方式向行业内专业人士征求意见。监管部门还需做好培训规划，使其兼顾专业性和可操作性，切忌教条化、形式化，定期组织一线执法人员学习食品监管的法律和技术知识，组织开展流通环节食品安全监管实战比赛工作，提高执法人员业务素质和执法工作水准。

（四）完善食品经营者的市场准入制度

1. 细化量化核查标准

监管部门需结合当地实际以及现场一线监管人员的经验和意见，出台适合现场一线监管人员实施现场核查的实施细则与经营者从业前的培训要求，对法律法规中的核查标准进行明确，实施细则应当便于操作，符合实际，使核查时有据可依，不再流于形式，从根本上起到市场准入的“把关”，变“宽进严管”为“严进严管”。在对《食品流通许可证》进行许可发放的时候，培训合格的相关证书也应成为必须提交的材料之一。使食品经营者了解法律法规及食品经营管理中应当具备的管理知识，帮助其提高素质，合法经营。

监管部门还需强化食品安全信用记录的作用，在发放《食品流通许可证》时，可以利用食品安全信用档案对食品经营者，甚至是从业人员进行审核，对于过往有不良记录的，不予发放，做到一票否决。可参照《机动车驾驶证》的管理，对食品经营者管理实施扣分制度，累计达到指定分数时，许可机关可吊销其《食品流通许可证》。或与国家工商总局的“全国企业信用信息公示系统”整合，将食品经营管理人员、监管部门查处情况、是否存在违法行为等对社会予以公示。

此外，不同的食品经营者所应当具备的软硬件条件和经营者素质等均不尽相同，不可统一划分标准。监管部门要结合当前的实际情况，对不同经营形式与不同区域的经营者做不同要求。

2. 建立食品安全保证金制度

当前的食品经营者以个体工商户为主，从事食品经营的门槛较低，经营者流动性较大，经营者经常为了逃避行政处罚采用“游击战”的形式与执法人员周旋。更常见的是食品经营户拒不履行缴纳罚款义务，使得监管部门的执法成本大大增加，并且很难对其实施有力打击。因此在经营者进入市场之前，可以根据食品经营户的类型、规模等设定一定限额的保证金，提高经营者的违法成本，也便于执法人员对违法行为的查处。食品安全保证金实行专户专管，计算利息。如果在经营期间经营者合法经营没有发生食品安全违法行为，则经营期限结束后，本息一起退回。如果发生食品安全违法行为，确属经营主体的责任，则从保证金中扣除相关的罚金和赔偿。

（五）提高食品安全检测水平

根据法律的规定，监管部门应当有计划地组织食品抽样检验，因此有必要加强基层监管部门食品检测的力量，建立必要的检测机构。不同级别的检测机构要承担不同的责任：国家级食品安全检验机构要建设达到国际的先进水平，具有较强的科研开发和检验能力；省级、地市级与县级的食品安全检测机构能力可逐级稍有放宽。其中，对县级监管机构需进行重点建设和发展，实现人员和设备的优化配置，统一计划安排检验任务，统一规划管理检验经费，共享检验信息。结合当地的实际情况，按照填平补齐和适用适宜的原则，配备现场快速检测设备、现场执法与调查取证设备、通信设备等，逐渐满足各级食品安全监管部门依法履行监管职责的需要。

同时，监管部门需要积极推进食品安全新标准的制定工作，统一食品安全标准的相关法律法规，设置专业部门负责食品安全新标准的收录、整理、修订及制定工作；通过项目招标、科研开发等方式鼓励有研究能力的机构、团体参与食品生产、销售和消费等环节的食品安全标准化制定工作。此外，我国可以在对发达国家的标准体系了解的基础上，充分考虑我国的基本国情，结合我国现在食品领域面临的范围广、生产企业多而分散、食品流通广等特点与发达国家的成功经验来完善食品安全标准体系。在有了技术性突破时，还应及时制定新标准，供食品生产者、食品安全监管部门参照。

参考文献：

[1] 陈广胜. 走向善治[M]. 杭州：浙江大学出版社，2007.

[2] 曹全喜. 均衡论[M]. 北京：华龄出版社，2007.

[3] 刘亚平. 走向监管国家——以食品安全为例[M]. 北京：中央编译出版社，2011.

[4] 曲振涛，杨恺钧. 规制经济学[M]. 上海：复旦大学出版社，2006.

[5] 谢地. 政府规制经济学[M]. 北京：高等教育出版社，2003.

[6] 拉塞尔·M. 林登. 无缝隙政府——公共部门再造指南[M]. 汪大海，吴群芳，译. 北京：中国人民大学出版社，2002.

[7] 唐国标，汪海涛. 强化流通领域食品安全监管能力建设[J]. 江南论坛，2013(3)：42—43.

[8] 高杰华，平励智. 抓好流通环节食品安全监管的几点思考[J]. 中国工商管理研究，2009(12)：54—55.

[9] 龚央维. 对当前流通环节食品安全监管长效机制建设的若干思考[J]. 工商行政管理，2011(17)：63—65.

[10] 海燕. 食品安全事件屡发"马后炮"式执法监管作用几何[J]. 中国商报，2011(4).

[11] 黄昌金. 实施食品流通许可面临的新问题与基层工商机制创新——从基层工商的视角研究食品流通许可[J]. 中国工商管理研究，2009(10)：35—37.

[12] 廖卫东，何笑. 我国食品公共安全规制体系的政策取向[J]. 中国行政管理，2011(10)：20—24.

[13] 刘鉴. 浅析流通环节食品安全监管风险防范[J]. 中国工商管理研究，2011(4)：55—57.

[14] 鲁捷. 关于完善我国食品安全监管机制的思考[J]. 中国农村卫生事业管理，2011

(3)：307—309.
[15] 欧元军.食品检验行为的法律属性探究[J].西南交通大学学报：社会科学版,2012(13)：136—141.
[16] 杨嵘均.论中国食品安全问题的根源及其治理体系的再构建[J].政治学研究，2012(5)：44—57.

2.4 大部制改革背景下上海市场监管模式优化研究

——以 M 区为例[①]

一、研究背景

随着我国社会主义市场经济的蓬勃发展，大部制改革成为学术界和实务界的热点话题。面对政府职能转变和机构改革的实践要求，十八届三中全会提出要从多方面发展大部制改革，着力处理好“政府职能转变”和“简政放权”这两个核心问题。推进市场监管改革，发挥市场在资源配置中的决定性作用的主要方法就是实行统一的市场监管体制，整合执法主体，相对集中执法权，推进综合执法，着力解决权责交叉、多头执法的问题，建立权责统一、权威高效的行政执法体制。

上海作为改革的“排头兵”，在深化市场监管体制改革、转变监管方式方面始终走在全国前列。2013 年 9 月，P 区率先在上海试点市场监管体制改

① 本文作者：张瀚驰，华东理工大学 2018 届 MPA 硕士，导师陈丰。

革，2015 年 5 月，试点成功的市场监督管理体系在上海各区推广。2015 年 6 月 M 区市场监督管理局（简称市场监管）成立，其整合了原来的 M 区工商行政管理局、M 区质量技术监督局、M 区食品药品监督管理局及 M 区发展和改革委员会（区发改委）下属的价格监督检查（简称物价）部门，同时，撤销区工商、区质监、区食药监三个部门。区市场监督管理局上级行政管理部门为 M 区人民政府，业务指导部门则为上海市工商行政管理局、上海市质量技术监督管理局及上海市食品药品监督管理局。

而在全国范围内，大部制改革背景下市场监督体制改革的模式还没有统一，有些省市是二局（工商局、质监局）合一，食药监局单列；而有些省市则是多部门合一（工商局、质监局、食药监局、卫监局、安监局、城管部门）。上海推进的"四合一"市场监管模式是根据上海自身实际开创的先河，这一改革方式需要充分探讨。鉴于此，本研究扎根上海实际，通过无缝隙政府理论、整体性治理理论等政府理论，采用文献研究法、实证调查研究法等方法，探讨上海市 M 区市场监管体制改革后的政府监管模式存在的问题，试图以无缝隙政府理论和整体性治理理论来分析这些问题产生的原因，同时参照国内外先进经验及做法，进而提出相应的解决方法，有利于落实政府职能转变，提高政府监管的效率与公平。

二、大部制改革后 M 区市场监管机构概况

（一）M 区市场监管机构职能设置

大部制改革后，M 区人民政府积极响应国家政策，简政放权，消除监管缝隙，给市场监管注入了新活力。2015 年，M 区人民政府成立 M 区市场监督管理局，其职能覆盖原区工商局、原区质监局、原区食药监局以及物价监管的主要职责，M 区市场监督管理局主要工作范围是贯彻执行国家和上海市有关工商行政管理、质量技术监管、食品药品监督管理、价格监督检查的法律、法规、规章和方针、政策、规划，结合本区实际组织实施。

根据 M 区人民政府的"三定方案"，区市场监督管理局内设 20 个科室。

局内设各科室主要负责政策的上传下达、政策解读及法律宣传等行政管理方面的工作，执法大队主要负责区内大案要案、紧急案件以及节假日突发状况的处理，各基层监管所负责具体行政执法工作，全面统筹管理各自辖区内的市场监管工作（见表 2.1）。

表 2.1　M 区市场监督管理局职能分布

种类	类　别	数量	名　　称
内设科室	综合科室	3	办公室、财务科、党群科
	原工商科室	3	商广科、市场主体监管科、市场规范监管科
	原食药监科室	5	食品安全协调科、食品生产监管科、食品经营监管科、药品化妆品监管科、医疗器械科
	原质监科室	5	质量管理科、特种设备监管科、认证和监管科、标准化科、计量监管科
	原物价科室	0	N/A
	整合及新设科室	4	注册许可科、政策法规科、公平交易科、网络监管科（新设）
外设机构	综合执法机构	1	综合执法大队
	基层执法机构	14	（华漕镇、虹桥镇、新虹街道、七宝镇、古美路街道、梅陇镇、莘庄镇、工业区、颛桥镇、马桥镇、吴泾镇、江川路街道、浦江镇、浦锦街道）市场监督管理所

（二）M 区市场监管模式的主要特征

我国市场监管体系在大部制机构合并后，采用的是中央垂直管理模式、市级层面强调条块结合，既要保证政策的上传下达，又要能兼顾地方的统筹工作，因此是垂直加属地管理，区级层面则是属地化管理。这种方式既保证了政策的制定、传达、执行和反馈，又节约了行政资源，提高了行政效率，同时还统筹兼顾地方与中央的关系，保障了市场监管的良好运行和秩序。

而大部制改革后的 M 区市场监管部门，首先，实现了“从源头到终端”的食品领域全过程监管，充分利用人员红利，发挥资源整合优势，使以前散落在多部门之间的职能交叉问题得到解决，从而大大节约社会公众的时间成本，实现了监管体系的整体性与综合性。其次，面对产品质量低劣和消费维权问题，统一整合原工商、质监、食药监、物价的举报投诉热线，通过执法取缔、劝导搬离、规范办照等措施整治了重点区域的无照经营，急民众之所急，想民众之所想，权为民所谋，将民生诉求、矛盾隐患解决在基层，化解在前端，很好地填补了职责真空地带。同时，职能整合"做加法"和机关瘦身"做减法"同步开展，解决监管不公平的问题，完成区级人民政府布置的无证无照整体经营。最后，面对高风险领域的监管，执法资源向基层有所倾斜，以"一个街镇，一个监管所"的模式基本全覆盖整个 M 区内所有监管目标。

三、M 区市场监管模式存在的问题及其原因分析

（一）M 区市场监管模式存在的问题

市场监管改革是大部制机构改革的先行探索，它从广度和深度上解决了政府对于市场的过度干预，减少了政府行政资源的投入，提升了政府监管的效果，弥补了垂直管理期间的监管缝隙，强化了政府公共服务的特点。但是，市场监管改革时间较短，又无相关改革经验借鉴，在实际运用中，以无缝隙监管理论及整体性治理理论来分析，上海市 M 区现行的市场监管改革还存在一些问题，主要集中在监管主体、监管体制、改革执行等方面。

1. 监管主体方面

本次大部制市场监管改革是在"放、管、服"的背景下实施的，初衷是为解决政府碎片化管理及多头管理的实际问题。这次改革虽然取得了突出成绩，但也存在一些问题和薄弱环节。首先，M 区市场监督管理局除对办公室、人事、监察、法制等综合科室进行整合外，工商、质监、食药的原业务科室仍然从事原本任务，各监管人员监管方式仍停留在原监管理念上，未体现出机构内部的融合与改革扁平化管理的初衷。改革前食品安全"九龙治水"的分段监管模式与改革后"一龙治水"的大部制模式，从本质上讲具有结构相似性，只不过将部门间推诿扯皮变成部门内的协调，改革还停留在物理条块的分割阶段，并未深入到以监管内容进行分工的化学融合。

其次，M区区级部门成功改革，但上海市工商局、市质监局、市食药监等部门依旧站在本部门的立场上指导工作、维持原监管方式。为了防止自身职能被弱化，有关部门会以自身利益为出发点下达政策文件，区一级的有关市场监督管理部门则从原来只有一个上级变成了同时面对四个上级部门，工作重复性大，加重了区级市场监管部门的业务量。例如，市级每个职能部门要求区级市场监管部门每月报送月报，但每个部门的报送方式、报表格式均不统一，势必会使区级部门出现信息重复录入、交叉报送、一事多报等情况，占据大量行政资源。

最后，区市场监管局成立后，原质监与物价职能被弱化。机构合并后的M区市场监管局实行两级执法体系，局内设职能部门负责行政管理，14个基层所和执法大队负责行政监督和执法。而在属地化管理的要求下，原垂直管理模式被取消，取而代之的是业务指导关系。为保证科室的话语权，质监科室将大量监管职责下放给市场监管所，但熟悉相关条线的人员却仍被保留在职能科室，陷入"监管职责往下压，监管资源被截流"的困境。

2. 监管体制方面

首先，本轮大部制机构改革是一次创新性的自下而上的改革，国家层面只出台了相关政策要求，而无统一的改革监管模式供借鉴，各地方政府根据自己的地方经济发展实际情况而采用不同的改革方式，有些是工商和质监合并，另有一些则是工商、质监、食药监合并，各地市场监管部门的名称也不尽相同，不仅易使人混淆，也难以体现正规性。

其次，《工商行政管理机关行政处罚程序规定》(国家工商总局)、《质量技术监督行政处罚程序规定》(质监总局)、《食品药品行政处罚程序规定》(食药监总局)，分别对工商、质监、食药监部门办理行政处罚案件做出了程序性规定。M区市场督管理局将与该局执法职能相关的规范性文件进行了整理，最后整理出法律汇编4本，约4 000页，涉及500多部法律法规，不仅数量庞大，更易出现规章间的冲突问题。例如，在核审案件方面，工商案件核审由工商机关的法制机构负责实施；质监则由各级质监部门设立的行政处罚案件审理委员会进行案件集体审理制度；食药监要求由 3 名以上有关人员进行合议。没有统一的标准造成相同类型案件因采用不同部门的规章，易使案件当事人产生不公平感与不信任感。

3. 改革执行方面

（1）专业性不足，工作动力不强

改革后，监管职能按照属地化管理的要求被下沉到各基层所，对于一些专业要求较高的监管领域（特种设备、食品药品等），因基层所执法人员专业性不够，存在监管漏洞。一方面，基层所人员存在“在编不在岗”的情况，由于局业务科室人手不足，基层所内部被借调走相当部分有监管经验的人员。另一方面，部分执法人员年龄较大，基层所的工作又普遍较忙，导致执法人员对于新监管领域知识存在一定的学习困难。

在精简政府机构后，各岗位职数比改革前大幅度压缩，M 区市场监督管理局处级领导职数从原先的 15 位减少到 9 位，这样势必会导致在之后的很长一段时间内，局领导班子的工作重点是将原有干部消化，而新干部的晋升空间将被严重压缩，影响工作的积极性。此外，为配合大部制改革而实行的公务员分类执法改革，将执法类公务员单独列出“论资排辈”现象突出，工作能力强但年纪较轻的优秀青年干部难以享受执法性公务员改革带来的好处。

（2）人员理念不统一，处罚金额差距大

市场监管局四个组成部门的人员执法理念存在根本性区别，工商部门的成立，目的是规范农贸市场，主要监管对象是市场行为，每年有较重的处罚金额考核指标，故案件处罚时倾向于处罚上限；质监部门从计量监管做起，后来发展到产品质量以及标准化建设，关注的是产品的内在质量与标准，主要靠法定检验机构的报告来判定商品的质量是否达到要求，执法时关注的是符合性的检查。因没有处罚金额的要求，处罚时偏向于下限处罚；食品药品监管注重清洁无菌的环境以及卫生情况是否达标，有一定的处罚金额要求，但相对工商部门来说较低，故处罚时偏向于中低水平。物价监管主要讲究的是证据的收集，没有处罚金额的限制，故基本不进行案件处罚。执法风格的差异经常会带来行政执法和行政处罚的标准不同，面对相同的案件，不同出身的人对于案件的处罚金额定量有很大的差别。虽然机构改革后的区市场监管局公平交易科，在对各基层所执法中能碰到的疑难案件，都出具了业务指导书，但指导书只是定性案件是否构成违法事实，具体的处罚金额却仍由当事执法人员确定。因此，同一类型的案件在不同理念的执法人员手中往往会有较大处罚金额差距，从而造成不公现象频频发生。

（二）M区市场监管模式存在问题的原因分析

无缝隙监管理论与整体性政府理论都认为政府需要不断进行改革，消除监管缝隙。弥补监管空白，从而真正做到市场秩序的“守夜人”。

1. 市场监管职能划分问题

本次市场监管领域改革缺乏具体顶层设计，由于其并未涉及国家层面与省市级层面，故在国家层面并没有相关的指导意见及商定方案。从全国范围来看，对于涉及被合并的职能部门，一是没有上级文件的指导，二是各主要领导不愿意接受合并，因为一旦合并就意味着降低了其行政权力，故整个合并往往是到改革的最后期间才匆忙进行，虽然最终完成了合并、精简了机构，但本质上没有整体规划，也就造成了合并后的职能部门只限于物理整合而没有达到化学融合的效果。

2. 政府间缺乏有效衔接

我国政府组织现行的管理方式主要采用的是由马克斯·韦伯提出的科层制的管理方式，即每个人都有明确的权力等级，行政命令由上至下层层分派。这就造成上下两级互不了解，下级政府的汇报往往避重就轻，选择性汇报对自己工作有利的东西，造成“信息不对称”；上级政府政策制定时闭门造车，直接导致职能设置的不合理，不能有效对行政资源进行合理分配，监管中依旧存在监管缝隙。

M区的大部制改革暂时只停留在横向部门的合并，而未能顾及纵向上下级的对接。但区级政府根据地方特点，在设置特别部门时，其无上下层级的对应，同其他部门的协调合作也存在问题。最终结果是所有其他部门无法处理的事情全部交由此类型部门处理，形成越来越多新设置的部门，从而又再次踏入“碎片化”的桎梏，在管理形成“上面千条线，下面一根针”的不良局面。

3. 责任属地化的执法风险

一是履职界定不明确。上海 P 区的市场监管机构合并已有 5 年，M 区市场监管机构合并也有 2 年的时间，但基层执法人员依然无法很好胜任食品安全方面和特种设备安全方面的监管，其深层次原因是基层工作者不愿去从事这两个行业的监管，因这两个行业是群死群伤和事故易发的行业，易被行政追责。而法律上对于履职范围的不明确造成了基层所人员不愿去从事专业性较强的行业监管，也就直接造成了执法队伍的专业性无法提高。

二是职能定位未转变。市场监管机构合并后，上级政府部门在信息化平台上仍采用不同的标准和方法，从本质上说是仍未将服务公众的思想放在首位。大部制改革从本质上来说就是转变政府职能，保姆型政府是计划经济时我国政府的主要存在方式，政府承揽一切公共管理事务，对一切经济事务均进行干涉，无论市场是否能够进行自我调节。但在市场监管体制改革后，政府的定位转变为为市场进行服务，在市场失灵时，政府应及时进行参与调节，维持市场经济活动有序开展，而市场自主调节是资源配置的决定性作用。因此，政府应积极转变思想，建立单一的信息化平台，减少基层部门负担，进一步激发市场活力，推动市场经济的蓬勃发展。

三是监管时效性和信息准确性有待加强。首先，市场监管的主体是政府部门，而客体是市场和市场每个组成部分，市场的现实情况是瞬息万变的，当市场情况发生重大变化时，就需要监管主体随之及时转变监管方法，更新原有监管方法或转变监管思路，从而更好地适应市场的变化。但目前政府仍未及时掌握变化的信息，对市场条件的变化情况敏感性差。政策的时滞性使大部制改革后的市场监管在改革执行方面屡屡碰到困难。其次，政府是否对市场成功监管，建立的政策是否具有合理性，主要是依靠信息的完备性和准确性来确定的，但下级选择性的汇报内容造成了信息的不完整，甚至信息的失真，影响了政府政策的准确性。

4. 激励机制不成熟

目前市场监管领域人员的激励机制，依旧照搬合并前的激励机制，未能因地制宜。在具体评价时，现行激励机制的不成熟主要体现在考评实施环节、管理环节和结果反馈应用环节。在考评实施环节，首先，考评工作一年只进行一次，时间间隔过长，市场监管中的很多工作都有一定的阶段性，很多年初完成的工作成绩到年末考评时早已不适用考核，造成最后具体评价时获得的考评成绩与自身实际不符合。其次，考评员组成单一，现行的考核体系中只有上级领导的评价，缺少公众以及纪检部门的评价，不能从多维度展示工作人员的能力水平。在考评管理环节，考评员主观因素占很大比例，工作人员往往会把与领导的感情培养优于工作的完成度，长此以往，会降低政府的公信力，出现“塔西佗陷阱”。在结果反馈方面，激励机制结果反馈的目的是促进参评人员的工作积极性，认识到自己工作的不足，从而主动改正，从整体上提升绩效考核的作用。但因现阶段我国公务员实行的是委任制，造成了公务员只有上没有下，只有进没有退。当考核结果反馈给个人时，公职人员没有动力去进行改正，反馈也就失去了原本的意义。

四、M区市场监管模式的优化路径

（一）加快顶层设计，引入第三方评估

按照整体性治理理论，大部制改革的目的是通过合并职能相近的部门，消除政府服务中的缝隙，但区级层面的合并只是将部门间的缝隙变成了科室间的缝隙，并没有真正实现无缝隙监管。因此，加快顶层设计刻不容缓，需将区级层面机构合并经验复制推广到市级层面的合并中，考虑协调各职能部门的理念、利益和文化，消除碎片化的管理，形成1＋1＞2的效果。也可根据各省市自身的实际情况，成立市场监管委员会，消除职能交叉和监管漏洞，提高行政效率、降低行政成本。

此外，对于改革的评估工作，应引入第三方评估。根据帕金森定律，行政机构会不断地膨胀，最终造成机构臃肿、职能交叉、效率低下的困境。独立的第三方评估相比较于政府内部评估更能提供丰富真实、原汁原味的第一手情况，它能把评估指标放在一个公正平等、科学合理的尺度上，不受人为因素的干扰，弥补了传统政府自我评估的缺陷。因此，上海地区的第三方评估应由政府部门、利益相关群体、高校专家学者、人大政协成员、公共媒体和群众代表等组成，在评估的过程中，若有重要的利益相关者出现，也应纳入第三方评估组成人员中来，多方共同参与从而达到客观公正的评估。

（二）加强部门间协作，实现无缝监管

目前，在市场监管局职能中，特种设备的监管职能和安全生产监管局对企业安全的监管职能有所重复。上海 M 区市场监管局的职能定位主要是对行业行为的监管，着重解决市场秩序不规范、规则不统一、竞争不充分而产生的种种弊端，例如利用不正当手段谋取经济利益等。而特种设备的安全监管更倾向于安全生产监管而非对市场行为的监管。因此，按照整体性治理理论，特种设备的监管应从市场监管的职能中分离出来，纳入安全生产的管理，解决两部门权责交叉带来的弊端。

同时，对于食品安全方面的监管，除市场监督管理局外，还有一部分的监管职能由农委负责，包括肥料、农药、水产品、饲料等。在生产、储存、运输、流通四个环节进行监管之外，加强对食品源头的监管，在农产品种植过程中所使用的肥料对于食品本身也会造成影响。就目前食品管理模式来说，在流通领域抽检不合格，结果必定是对经销商和生产商进行查处，罪魁祸首种植户却无人问津。因此，对于食品监管来说，只有将农产品监管职能并入市场监管职能范围内，才能形成食品无缝隙监管体系，从而使食品质量安全可控。

因此，为实现一站式的服务理念，M 区市场监管模式应将特种设备监管职能划分给安监局，同时合并农产品监管职能至市场监管局，从而实现无缝隙监管。

（三）调整基层监管所职能，实现社会共治

当前，整个M区市场监管局的职能分工是局机关科室承担业务指导及文件上传下达的职能，而基层监管所承担辖区内所有的监管任务，但其日常监管已占据大量的行政执法力量，致其没有多余的精力去对专业性较强的领域（食品、特种设备、药品等）进行监管。

对此，区市场监管局应适当从职能科室调动科室人员到基层工作，加强基层执法力量，还可使局机关专业科室与基层所分工合作。将辖区内风险性高的企业归到科室管理，其余归基层所管理，既能防止监管中重大风险的产生，又能减轻基层监管所的工作压力，降低监管风险。

此外，普及社会共治能缓解基层执法人员不足的困境，是市场监管的趋势。政府的作用是协调利益，保障经济发展并协调好民生问题，相对于社会共治来说，政府负责的是事中事后的管理，而社会共治则是事前管理。其优势在于更快发挥监督的作用，更早发现问题，在问题恶化前使其得到解决。目前，M区市场监管领域的社会共治还停留在发动群众广泛参与的阶段，并没有达到政府主导，多元参与、合作共治的程度。政府对社会广泛参与的引导不够。因此，当前M区需要考虑的是如何将社会共治这种力量纳入市场监管领域，从而缓解基层执法力量薄弱的问题。

（四）推进市人大颁布法规，解决冲突问题

在目前国家层面暂时无法统一法律法规的情况下，市人大应根据上海地区的经济发展水平，编撰操作手册，规范执法人员的裁量基准，对涉及同一个问题的所有法律进行汇总，对具体法条提炼、合并，使区市场监管部门的法律冲突大幅度减少。

市人大应整合多部门法律法规创建信息平台并向社会公示，便于社会查询了解所关注法律的基本信息。其有助于从根本上破除市场监督管理的信息不对称，对打击遏制市场违法违规行为、防止权力寻租腐败有一举多得的好处。同时，需要进一步扩大市场监管相关法律法规采集的广度和深度，将分散在多部门的部门规章及地方性法规进一步整合，在不违反国家法律法规、商业秘密和公民个人隐私的前提下，推动各类法律法规查询的综合性平台建设。

（五）完善激励机制，规范履职边界

市场监管改革后基层工作量大、面积广，基层工作辛苦但相应的收入却没有跟上工作量的变化，监管风险依旧存在。长此以往，基层工作人员工作积极性必然受到打击。因此，在激励机制方面应引入竞争机制，同时规范监管履职范围，让一线监管人员能安定工作。

首先，完善激励机制。大部制改革后的市场监管机构应引入公务员有上有下、有进有出的竞争机制。同时，培养提拔一部分工作热情、学习能力强的年轻储备干部，提升其工作积极性。在日常工作中，领导干部应给年轻干部评优提干的机会，领导的例行会议，如果不涉及秘密与机密，可以让后备干部同时参加，让年轻同志去从事基层执法的工作。

其次，规范履职范围。机构改革后的市场监管部门人员不愿从事风险性高的行业监管，主要原因是法律中对于何种情况算履职到位没有明确规定。因此，区市场监管局要规范履职范围，明确履职到位的具体情况，打开监管人员不愿从事相关行业监管的心结。

五、小结

本次大部制市场监管改革是在“放、管、服”的背景下实施的，初衷是为解决政府碎片化管理及多头管理的实际问题。为实现统一的市场监管模式，各地政府依据中央政府精神，以基层地方政府为起点，从下至上进行机构合并改革。具体做法是依靠队伍人员体系庞大的工商部门、拥有一流检验检测技术的质量技术监管部门及具备食品药品监管专业能力的食药监队伍，再加上物价监管职能，基本覆盖镇、街道等基层一线监管需求，达到市场在资源分配中起决定性作用的目标。

上海市 M 区的市场监管模式在改革后虽得到极大的改进，但由于缺乏具体的顶层设计、各级政府衔接不到位及履职责任不明确等深层原因，其监管仍存在极大不足。在监管主体方面存在改革未融合、多个上级部门及质监物价职能被弱化的问题；监管体制方面存在机构名称复杂、法律冲突、食品及特种业务未完全合并的问题；在改革执行方面存在基层专业性不足、信息化建设落后、人员理念不统一及工作缺乏动力的问题。对此，监管部门应通过加快顶层设计，引入第三方评估；合并监管职能，实现无缝隙监管；调整部门职能，实现社会共治；出台法规，解决冲突以及完善激励机制，规范履职范围等多个路径以优化政府监管模式。

参考文献：

[1] 曹红钢. 政府行为目标与体制转型[M]. 北京：社会科学文献出版社，2007.

[2] 吴弘，胡伟. 市场监管法论：市场监管法的基础理论与基本制度[M]. 北京：北京大学出版社，2007.

[3] 戈登·塔洛克. 公共选择[M]. 北京：商务印书馆，2015.

[4] 拉塞尔·M. 林登. 无缝隙政府：公共部门再造指南[M]. 汪大海，等译. 北京：中国人民大学出版社，2002.

[5] F. 史普博·丹尼尔. 管制与市场[M]. 上海：上海三联书店，1999.

[6] 亚当·斯密. 国富论[M]. 郭大力，王业南，译. 南京：译林出版社，2011.

[7] 安东尼·奥斯格骆. 规制法律形式与经济学理论[M]. 梅英，译. 北京：中国人民出版社，2008.

[8] 陈亚平，胡克培. 中外市场秩序及监管状况初析[J]. 中国市场监管研究，1999(7) 15—18.

[9] 刘奕诗. 基层综合执法改革探索艰苦卓绝[J]. 工商行政管理，2017(6)：11.

[10] 盛学军. 政府监管权的法律定位[J]. 社会科学研究，2006(1)：100—107.

[11] 王林昌，林峥. 关于市场监督管理体制的建构[J]. 武汉大学学报，2000(5)：679—684.

[12] 张茅. 扎实推进工商登记改革着力激发市场主体活力[J]. 中国市场，2013(43)：3—6.

[13] 来丽锋. 我国市场监管领域大部制改革设计研究[J]. 理论观察，2014(2)：33—34.

[14] 沈荣华. 国外大部制梳理与借鉴[J]. 中国行政管理，2012(8)：88—92.

[15] 刘素英. 关于政府管制理论和实践的新思考[J]. 理论与现代化，2010(4)：71—77.

[16] 钱冰，刘熙瑞. 构建以政府为核心多元主体共同参与的市场监管网络[J]. 中国行政管理，2007(8)：48—51.

[17] 席涛. 谁来监管美国的市场经济——美国的市场化管制及对中国管制改革的启迪[J]：国际经济评论，2005(1)：10—15.

[18] 刘春生.大市场监管体制改革后的政府监管模式及其优化研究[D].武汉：华中师范大学,2016.
[19] J-J Laffont, J Tirole. The Dynamics of Incentive Contracts, Econometric[J]. 1988, 56(5).
[20] Loeb, M and W A Magat. A Decentralized Method for Utility Regulation[J]. Journal of Law and Economics, 1979,22(10).
[21] Yang, Kaifeng and Kassekert, Anthony. Linking Management Reform with Employee Job Satisfaction Evidence from Federal Agencies[J]. Journal of Public Administration Research and Theory, 2010.

第 3 编

公共服务

3.1 微政务与网络时代的公共服务创新研究

——以江苏省N市Z镇为例[①]

一、研究背景

在互联网时代，公众对公共服务的需求日益提高，各国对创新公共服务模式也高度关注。微政务作为政府了解民意、汇集民智的重要平台和网络时代公共服务的新形式，在开启政府政务的公开透明化与变革政府管理模式及服务方式层面发挥了重要作用。新媒体在社会转型关键时期以即时性、互动性、开放性等特征成为社会治理和公共服务的载体，微政务恰是在此背景下应运而生的，并成为现代网络信息技术与建设服务型政府和创新型政府的有效结合。微政务借助其先天性优势、"蝴蝶效应"和"长尾效应"形成独特的作用机理，有效增强了政府与公众的沟通，真正实现了公共服务的均等化及包容性，对创新社会管理与提高公共服务效能意义重大。

---

① 本文作者：侯甦舒，华东理工大学2018届MPA硕士，导师赵方杜。

2009年，我国首次出现政务微博，随着微政务的发展，基层政府部门在上级政府的号召下纷纷开通政务微博。Z镇在2015年和2016年分别开通了政务微博和政务微信，并成功认证运营。镇宣传办公室是微政务工作的责任部门，负责组织协调和指导推进当地微政务工作，整合镇、村各方面的力量和资源，加强与新闻媒体和新闻网站等的沟通协调。Z镇微政务的开通运营极大程度地提高了行政效率和服务效能，改善了政府宏观调控能力，提高了政府透明度，增强了公众的参与度。

然而，由于缺乏规范的制度保障，目前新媒体的应用多处于半自发和自发状态，仍存在定位不准确、操作困难等诸多现实性难题。鉴于此，本研究以Z镇微政务发展状况为分析样本，对其发展模式与效果、存在的问题与不足、发展的制约因素等进行详尽分析；采用文献研究法和个案研究法，引用新公共服务理论和服务型政府理论，从明确服务定位、转变服务理念、创新服务模式、优化管理机制和完善监督评价机制等方面提出具有针对性的完善路径，为网络时代公共服务的创新和发展提供了极其重要的理论价值。

二、微政务的发展模式与效果

（一）微政务的产生及其发展过程

政务微博和微信被称为政务“双微”，是我国政府推行“互联网＋政务服务”的重要形式。我国政务微博最早出现在2009年下半年的湖南桃源县，官方微博“桃源网”成为最早开通的政务微博。2011年两会的召开，使微博真正引起了全国的关注，其中“网络问政”作为政府性的工作报告第一次被写进两会。2013年10月15日，国务院办公厅在《关于进一步加强政府信息公开回应社会关切提升政府公信力的意见》中指明：政府部门开通的政务微博、微信应当加强审核登记，制定完善的管理办法，对信息发布程序及公众提问处理答复程序进行规范，以确保政务微博及微信的安全性及可靠性。截至2017年6月，经新浪平台认证的政务微博已达171 411个，与2016年年底相比总数增加了6 889个，其中政务机构的微博为132 012个，新增

6 914 个,公务人员微博 39 399 个。总体上看,我国政务微博在注册量、发布量、评论转发比、原创微博量上都有了明显的提升。由此可见,公众对于政务微博的关注度日益提升,我国政务微博影响力日益壮大。

在上级政府的号召下,基层政府纷纷开通政务微博和政务微信。Z 镇在 2015 年 9 月 6 日正式入驻新浪微博——“科技正余”。其微博认证是江苏省 N 市 Z 镇人民政府官方微博,2015 年 9 月 9 日发布的第一条微博开启了政务微博的运用,该微博以公众为出发点,信息发布多采用图片、文字、视频等相结合的方式。Z 镇在 2016 年 9 月 15 日正式启用政务微信公众号——“中国正余”。公众号主页分为三个部分:朝花夕拾、微服务、微互动。其中朝花夕拾板块用来查询每月信息;微服务以方便公众查询相关热点事项;微互动用来推广信息和招商引资。

(二)微政务的运行模式

1. 运行机构

近年来,微政务平台发展迅猛,开通政务微博、政务微信的各级政府部门大多安排专业人士进行日常的更新和维护。Z 镇因基层工作任务繁重且人员匮乏,便由基层政府部门承担微政务运营的工作。Z 镇的政务微博和政务微信公众号由宣传部门管理,各个部门将信息上报至宣传部,最后由宣传部筛选出市级本单位的各类政务信息或宣传咨询予以发布。镇宣传办公室是微政务工作的责任部门,具体负责组织协调和指导推进本地微政务等工作,并承担着整合各项资源来加强与新闻媒体、新闻网站沟通协调的任务。

2. 人才、资金投入

Z 镇微政务由单位分管领导牵头负责,选取政治素养良好的人员负责日常操作,政务微博和政务微信分别由一位政府工作人员维护,并为其配备了电脑、智能手机及数码相机等设备。据统计,2016 年 Z 镇投入 16 000 元用于购买电子设备,截至 2017 年 9 月,Z 镇共投入 22 000 元用于设备更新及运营学习,资金投入的递增趋势体现了基层政府对微政务的关注。此外,2016 年 Z 镇各有 1 名兼职工作人员,截至 2017 年 9 月各有 2 人负责日常信息编辑、排版发布及运营等工作，另有2名专业人员各负责微博和微信的维护。虽然Z镇基层政府的资金与人力有限，但仍尽力将人力物力配备到位。

3. 运行机制

Z镇微政务运营机制是“各部门收集信息—宣传部门汇总—领导审阅—微政务工作小组编辑发布”。该运营机制符合信息发布的主要流程，各个关节衔接恰当且受领导高度重视。Z镇分管领导总负责微政务，并安排各个部门、村（居）及时收集信息，在确保微博和微信内容真实权威的前提下，努力提高信息发布的时效性，提高政务微博和政务微信的建设水平。但在工作繁忙时，信息发布会稍有滞后。

（三）微政务的效果

自改革开放以来，我国政府和社会的关系发生了重大变化。政府治理模式从“大政府、小社会”逐渐转变为“小政府、大社会”。社会化程度的不断提高要求公共服务的供给需要由政府垄断转变为政府主导、社会组织及私人部门共同参与的发展模式。网络化时代，微政务不仅改变了政府的政治文化与政治体制，也有效推动了政府结构和职能的转变。以Z镇为例，微政务的出现极大程度地提高了政府的行政效率，提升了政府的服务职能，改善了政府的宏观调控能力与公开透明度，增强了公众参与度。

1. 提升政府服务职能

政府部门的高效运转是社会经济快速发展的基础，微政务加强了政府信息的置换功能，政府部门利用新技术手段实现信息化管理。微博和微信的利用使收集信息、处理信息、传递信息和沟通信息变得更加快捷和经济，政府的行政办事效率将大幅度提升。此外，信息在组织内部共享，以上传下达为主要工作的中间管理部门可以大大精简，进一步简化了行政程序。据资料中国互联网络信息中心（CNNIC）发布的第四十次《中国互联网络发展状况统计报告》显示，截至2017年6月，中国网民规模达7.51亿，占全球网民总数的五分之一。在互联网高速发展的今天，公众对政府执行能力的需求不断提升，公众关注的热点也不断发展变化，贴近公众生活的信息更容易引起公众的讨论。Z镇政府在微博、微信开启的微政务这一网络问政新途径，方便了政府及公众信息的沟通和交流，提升了政府的形象，最终实现了Z镇政府向服务型政府的转变。

2. 改善政府宏观调控能力

政府工作的网络化，可以及时并全面地收集和处理国内的经济信息，为当今的宏观调控提供了决策依据及调控的手段。政府通过微博向工商业界公布政府的产业政策及规划，公布市场的实时行情，引导管辖范围内相关产业的调整及发展。Z镇自开通政务微博与政务微信后，公共话语权得到加强，Z镇政府通过微政务平台快速、准确、及时、快捷地收集并传输各类信息资源，为镇政府及时掌握整个社会经济发展状况提供了坚实的信息保障。政府通过政务微博和微信问计于民、问需于民、问政于民，确切地了解民情民生，才能真正从公众的根本利益出发，执政为民。Z镇政府相关部门利用微平台的收集及各类信息的汇总，主动参与公众的对话，征求公众意见、汇聚民意，通过系统性评估及分析，为Z镇科学决策及宏观性调控提供了坚实的依据。

3. 提高政府工作透明度

近年来，各级党政机关不断加强反腐倡廉建设，积极推进政府职能的转变，促进社会管理体制的创新，实现政府管理及政府服务的有机结合。政务公开作为促进廉政文化建设的重要举措，各级政府部门依据国家相关部门出台的文件精神，不断加强政务公开工作。Z镇政府为确保公众对政务信息知情权的认知，开通了政务微博和政务微信，Z镇政府部门在网络上公开各项工作及活动，包括政府项目建设、招商引资状况、村镇风貌宣传、文化传承、交通事故等，利用迅速、便捷的微政务平台，让公众了解政府的组织机构、具体职能、办事流程及政策性法规，加强了依法行政。Z镇政府通过微政务与公众展开信息交流，积极听取公众的建议和意见，与公众进行交流，主动接受公众的监督，提高了政府工作的透明度，积极推动了廉洁政府的建设。这种零距离、全透明的沟通交流方式，使得政府机关部门转变了执政方式，增强了服务意识，改革了服务模式，越发重视公众的需求，进而能够更好地为公众服务。

4. 增强公众参与度

在互联网时代，政务微博所构成的虚拟网络社区是一个新的公共领域，具有开放性、平等性及多样性等特点，因此公众在网络时代中也充当着信息发布员及传播者的角色。Z镇政府政务微博、微信的使用为创新政府社会公共服务及社会管理提供了新的平台，政府与公众可在平台中对诸多社会热点进行沟通互动。公众通过政务微博向政府反映问题并提出看法与诉求，政府在收集到信息后及时为民排忧解难。Z镇政府负责人表示，Z镇将继续运用网络新兴媒体，架起和公众沟通的桥梁，这既是对网络社会的规划及管理的加强，也是通过网络体察民情、集纳民智、倾听民声、发挥民智的重要手段。

三、微政务存在的问题与不足

微政务是进入21世纪出现的网络问政的新产物，微博、微信作为一种生产力带动了各级政府问政体制的形成。微政务在发挥其畅达性、现场性、高效性及亲和性等优点的同时，仍然存在诸多问题，在一定程度上制约了我国网络民主政治的发展。本研究以Z镇微政务为例，通过调查“科技正余”微博和“中国正余”微信公众号，阐述微政务在管理机制、运营能力、监督机制等方面的问题。

（一）缺乏有效的管理机制

随着微政务的迅速发展，地方政府机构积极开通政务微博和政务微信，忙于信息发布或与公众进行互动交流。Z镇政府虽顺应了政府微政务的发展要求，但仅仅是照抄照搬当今微政务的形式，并没有结合自身状况进行内部运营管理。

1. 政府部门对微政务重视程度不足

据了解，Z镇微政务日常维护运营由部门内部道德品质好，微博、微信操作比较熟练的工作人员兼职完成。安排工作人员兼职工作表现出了Z镇对微政务的重视程度不高。在“科技正余”政务微博的200多条已发微博中，有三分之一的微博来自转发，一半以上的微博来自宣传Z镇各行业业绩。在“中国正余”微信公众号上，多是一些表彰大会、动员大会及各类正面积极的政府活动。从内容上看，随意性比较大，没有将微政务真正的作用发挥出来，也没有起到让公众监督政府政务的作用。

2. 专业人员配备不足，缺乏技术培训

Z镇政府同其他基层政府类似，将政务微博、微信的日常运营安排给本部门工作人员兼职代理，这就暴露了其运用时存在的问题。政务微博和政务微信讲究时效性，信息收集、选取、编辑和提炼需要大量的时间，并且在信息发布后收集民意、总结意见和给出解决方案，每一个步骤都是一个复杂的工程，显然仅仅依靠部门员工的兼职是很难解决的。首先，部门工作人员的专业性不足，虽然他们掌握了部门信息，但是对信息的编辑，文字、视频及图像的处理并不熟练，因此会导致信息新闻的发布索然无味，让公众失去兴趣。其次，公众看微博和微信比较随机，致使兼职人员不仅要忙于日常工作任务，更要兼顾微博和微信的运营，最后导致两方面的工作都难以完成。

（二）微政务运行能力不足，缺乏互动且传播信息不及时

1. 信息发布不及时，更新缓慢

截至2017年9月18日，“科技正余”微博最新更博时间是2017年8月18日，时隔一月未更博。截至2017年9月18日，“中国正余”微信公众号最新发文时间是2017年9月12日，时隔一星期未更新。且9月12日“中国正余”微信公众号更新文章8篇，9月4日更新8篇，据相关数据显示，每日更新超过3篇就会让人厌倦，因此Z镇微信公众号的更新稍显滞后。总体而言，Z镇微政务更新速度缓慢、发布信息不及时、发布时间不准确，未能形成完整的更新时间和更新制度。

2. 信息单向发布，缺乏互动交流

21世纪是一个资源共享的社会，信息资源的庞大及分散，导致人们很难

单一地获取全面的信息，这就要求整合资源信息打破信息孤岛。Z镇政府虽意识到了信息整合及虚拟性共享的重要性，但Z镇仍旧缺乏信息资源共享及沟通互动的机制。本研究通过对Z镇政务微博和政务微信进行统计发现，当前Z镇政务微博和政务微信主要以单向信息发布为主，转发量、阅读量及评价量都比较少。就发布的内容而言，主要倾向于宣传类信息，还有通知公告及政策性的解读等，对此不需要公众发声，因此将Z镇政府信息定义为单向信息的传播也不足为奇。

纵观国内各地基层微政务，着力点都以政府为主，没有真正做到与网民互动。网络时代之所以被人接受是因为其互动的优势，新媒体微博和微信的出现使得电视、广播、报纸等传统媒体集体失声，新媒体借助自己的互动优势被人喜爱。为此，微政务应当作为新媒体的产物，继续发扬互动优势，而不应以官方的姿态延续传统媒体的宣传方式。

（三）双微联动运行不足

1. 单向传播方式，削弱影响力

“双微互动”是微博和微信动态多平台的合作模式，即基于政务微博和政务微信运营主体的合作构建，包括以政府机构和公共事务管理与服务机构为主体开设的微博、微信公众账号，以及以政府官员和公共事务管理与服务机构人员名义开通的个人微博、微信。当今，Z镇微政务服务的“双微联动”模式呈现的状态是重发布、轻互动的。新媒体时代，微博、微信传播信息的高效性与传统媒体相比得到了大大的提高，政府部门在信息发布时也更侧重内容的公开；但在信息发布之后，因缺乏持续跟踪互动，导致多数政务微信微博出于传统的“自上而下”和“点对面”的单向传播方式，实际上便会削弱“双微”政府的影响力。

2. 微博、微信信息端衔接不完善

Z镇政务微博与政务微信各自为营，互不沟通，没有明确的服务功能及业务方向定位。并且，政务微信和微博由不同部门的不同工作人员负责，由于两者衔接得不好，造成信息的影响力及服务的效果没有真正体现出来，这与公众所需要的信息及服务存在不对称性，造成了公众参与及互动的积极性未被充分调动，从而降低了信息的影响力。

（四）缺乏有效的监督机制

1. 管理规定随意性大

微政务发展仍处于探索阶段，并没有制定相关的法律法规来监督和约束微政务的良性互动及运营。Z镇微政务的日常运营流程及管理规定由政府自发形成，难以起到强制约束作用。微政务的重点是政务和业务，应把与业务领域相关的工作规划及计划告知公众，且在信息内容的整理、收集、发布及评估流程中，如果做不好衔接与配合，将会引起用户诸多不满，使得微政务“虚有其表”。同时，微政务如果命名不规范、不准确，难以让公众识别真伪及功能服务的定位，将容易给微政务运营造成隐患。

2. 缺乏法律上的监督

Z镇微政务由于缺乏法律层面的监督和约束，信息难以被量化和监督。上级部门仅仅下达政务信息数量要求，并未针对微政务做出具体的监督约束要求，导致政务微博和微信约束力不足，缺乏良好的执行标准和奖惩监督机制，最终导致微政务工作流于行式，并缺乏相应的影响力。

四、微政务服务发展的制约因素

虽然“双微政务”日渐趋向成熟，但仍受其他因素制约，主要表现在：微政务缺乏特色，定位不准确；缺乏公共服务理念；双微平台差异化；缺失绩效评价体系。

（一）缺乏特色，定位不准确

1. 缺乏整体及全局上的思考

Z镇因微政务的开发建设缺乏整体和全局层面上的考虑，缺乏信息资源共享的理念，使得政务微博和微信各自为政。Z镇政府因缺乏对各职能部门的梳理，难以体现政务业务模块的集约，造成信息重复且共享困难。由于缺乏一系列的指导文件、管理规范、技术标准，各地各部门只能根据各自情况制订一些管理办法，比较杂乱，不够统一，成效不明显。

2. 微政务服务功能挖掘不到位

政务微信的服务功能没有充分挖掘，大部分微信以发布信息为主、咨询为辅，微信沟通和交流能力不足。Z镇政务微博和政务微信的转载量和评论量为零的居多，微政务效果甚微。目前，Z镇微政务主要以政府工作报告为主，这种模式难以形成政民互动交流沟通，使得政务微博和微信的优势未被充分发挥，造成公众使用的混乱及资源的浪费。

（二）缺乏公共服务的理念

1. 政府主动服务意识不足、创新观念滞后

虽然Z镇政府利用新媒体开通了政务微博和政务微信，但是缺乏完善的政府服务理念，因此微政务仅仅是被动响应政府要求，实际上缺乏主动服务意识。据了解，Z镇积极响应上级号召开办政务微博和微信，但害怕出现失控的局面，便将微博和微信作为宣传政务的手段，进而导致微政务引流不足。

2. 基层情况复杂，公共服务均等化难以实现

城乡差异造成公共服务均等化难以保障，管理困难且复杂，工作人员工作任务繁重，难以集中精力展开微政务工作。Z镇低学历者占比大，他们虽然都注册了微博和微信，但并不都清楚地了解微政务。Z镇微政务工作由政府机构委派兼职人员完成，因此信息处理不够准确、信息发布不够及时，且不懂得对系统进行维护升级，进而违背了创办微政务的初衷。

（三）缺乏绩效评价体系

1. 缺乏统一评价标准

微政务的公共服务效果如何，需要用一定的考核机制做出公正的评价，这就涉及谁来评价、怎么评价，以及如何设置奖惩机制等问题。而Z镇微政务根本没有关于微政务专门的绩效评价体系，且绝大部分的基层微政务中都不存在微政务绩效评估，各自为政，因此缺乏可行性。

2. 考核体系不完善

在当今微政务运营过程中出现的重要问题之一便是考核管理不完善。

微政务的管理者大多属于兼职，缺乏专业的团队性人才。由于基本政府部门内部没有专门的微政务运营团队，微政务的运营团队由本部门的非专业人员担任或其他部门人员兼职，这造成了分工不明确、职责不清，该做什么、不该做什么、什么时候做什么，模糊混乱。因此，工作任务不够量化，导致考核不完善，在广度及深度上管理效果不足。由此看出，Z 镇微政务缺乏统一的绩效评价体系，从而导致微政务难以发挥其存在的真正意义。

五、微政务与公共服务创新的优化路径

微政务发展至今仍处于方兴未艾、朝气蓬勃的阶段，但在管理和运营上都缺乏经验。本研究通过资料的收集和整理，基于电子政务管理方面的成效及经验，结合过去学者关于微政务的研究，通过对 Z 镇微政务存在的问题及制约因素进行分析，提出了几点优化策略，以期能提高 Z 镇政府的公共服务能力。

（一）明确定位，打造特色微政务平台

第一，注重功能定位，提高领导重视。微政务平台作为网络时代政务信息传递的主要平台，包括微博和微信，是一个有机整体。微政务因自身定位不明确、不清晰，导致发展不平衡。事实上，该问题的解决不仅需要依赖政府管理和调控，还需要微博、微信等运营商的支持。基层政府开通政务微博和政务微信平台时，需要打造具有自身特色的政务微博和政务微信。不同级别的政府所管理的对象是不同的，具体的工作任务也是不同的，为此微政务平台不应千篇一律，应当依据不同政府需求进行准确定位。

第二，微政务个性化、定制化的特色定位。相较于微博上的滚屏阅读和大众传播，政务微信在政务服务和精准传播等方面具有更广阔的应用前景，可以着重通过“为民服务”来增进百姓对政府的情感信任。此外，政府可以通过政务微信跟网友形成紧密的互动关系和反馈机制。新媒体利用本身具有的社交属性树立政府形象，提高政府办事效率，最终提高公众对政府的满意度。

（二）转变服务理念，提高服务意识和服务水平

第一，转变服务理念，提高服务意识。基层政府部门应当转变理念，坚持“以人为本，为公众服务”为宗旨的服务理念。鉴于此，政府管理者应摒弃传统的管理思维，大胆进行尝试，在新媒体思维下重视网络社群的作用和价值，使政务新媒体发挥更大的作用。

第二，提高服务水平。只有具备服务意识，才能提高服务水平。政府工作人员在提高服务意识的基础上，重点提高服务水平。首先，Z镇应积极引进优秀高校毕业生，吸纳专业化运营团队，提高微政务信息收集、筛选、整合、编辑及功能开发的能力。其次，Z镇政府还应定期组织工作人员进行培训，加深团队对微政务的理解。最后，在微政务工作中必须配备一名经验丰富的领导者，在面对突发事件时能够对问题进行妥善处理，进而避免造成严重失误。

（三）创新服务模式

在微政务下，政府需要在庞大的数据库信息中找出公众最关心的信息点，将数据信息表现相同的公众进行划分，有针对性地进行服务。另外，利用大数据政府可以获取网络数据资源，并且对其进行整合及处理，对用户服务进行追踪、分析用户的需求，主动向公众提供整合的、符合用户定制要求的服务。创新服务模式的前提是必须要了解公众的信息及大数据，基层政府部门应分析微政务等社交媒体中产生的大量公众信息，获得微政务服务对象的特征定位，进而为公众提供均等化、创新性的公共服务。

（四）优化管理机制

其一，优化微政务传播平台管理。Z镇政府可借鉴英美两国成熟经验，有关部门根据微博、微信的特点，在出台与之相关的使用原则、使用方法等方面给予具体指导。首先，政府部门要强化微政务的认证机制，不仅要出台微博、微信平台运营的规章制度，其平台本身也要有章程手册。其次，微政务应该提高安全保障体系，微博和微信平台应加强账户安全保障，做好应急预案，为政府部门配备专门的服务器，提高安全防护措施。

其二，优化政府内部管理。首先，应当组建“微政务”平台的专门运营管理团队，基层政府部门可以在新闻发言人及其团队的基础上，加大人、财、物的投入。其次，建立“微政务”平台管理员全天在线值班制度，打造“不休息”的“网上政府”。最后，加强“微政务”平台管理人员的专业化培训。各地应当借鉴先进地区的经验，定期开展政务微博微信的管理培训，通过提高文字表达和语言表达能力，增强对突发事件的处理能力，提高处理问题的效率，更好地服务于民。

（五）建立绩效评价体系及监督管理机制

首先，建立绩效评价体系。微政务之所以不受重视，很大一部分原因是缺乏绩效评价体系。政府部门应当建立激励机制，对微政务信息发布、互动交流、网友求助等相关版面进行一体化建设。同时，政府应加强与微博、微信运营商的合作，通过微博、微信的民意政绩情况、回复答疑情况和信息公开情况等内容展开定期评比，将其纳入政府机构部门的政绩考核。此外，政府应当建立公共服务绩效评估机制，确定公共服务绩效评估的目的，还需要确立公共服务绩效评估主体，通过一系列评估标准确定符合要求的人、机构或者社会组织。

其次，建立监督管理机制。微政务可持续发展的前提是建立监督管理机制，使微政务更好地发挥作用，以保证其良性发展。各级政府部门应构建适应“平台传播规律的协调保障与联动机制”，将其合法化、规范化、制度化、科学化；建立监督管理机制，对微政务的履职情况、运营安全情况等进行监督管理；完善相应的反馈机制，及时将监督情况、考核情况反馈给相关机构部门，调整和改善其功能。

参考文献：

[1] 侯锷，潘建新，寇佳婵. 微政时代——政务微博实务指南[M]. 北京：五洲传播出版社，2012.
[2] 石婧. 微政务公共服务模式研究[M]. 武汉：武汉大学出版社，2015.
[3] 郑灿儒. 微言博行——南海政务微博的实践[M]. 武汉：华中科技大学出版

社，2013.
[4] 张志安，曹艳辉. 政务微博微信实用手册[M]. 广州：广东南方日报出版社，2014.
[5] 毕永芸. 试论“互联网＋”背景下电子政务如何实现创新[J]. 电脑与电信，2016(13)：15—16.
[6] 陈树文，李佳，姜照华. 公共服务创新路径的多维分析[J]. 当代经济管理，2013(6)：35—43.
[7] 丁艺，刘彬芳，刘越男. 我国电子政务在线服务发展现状评估——基于中国338个城市的实证研究[J]. 情报杂志，2017(1)：136—141.
[8] 郭正中，董静. 电子政务与服务型政府的建设[J]. 东北大学学报，2005(4).
[9] 黄璜，黄竹修. 大数据与公共政策研究：概念、关系与视角[J]. 中国行政管理，2015(10)：25—30.
[10] 胡广伟，潘文文，顾日红. 电子政务服务、内容及其规划方法[J]. 电子政务，2010(9)：11—17.
[11] 黄玉洁. 大数据时代呼唤数据新闻[J]. 无线互联科技，2014：132—242.
[12] 王璟璇，杨道玲. 国际电子政务发展趋势及经验借鉴[J]. 电子政务，2015(4)：24—30.

3.2　老人居家医疗中的家庭责任医生签约服务研究

——以江苏省 Y 市 Z 区 H 街道为例[①]

一、研究背景

随着人口老龄化进程的不断加快，慢性病患病率持续上升，以及医院医疗费用普遍上涨，老年人就医不便、照顾不完整、医疗经济压力大等问题逐渐突显，重构基层服务体系、发展基层全科医疗显得尤为重要。在老年人居家医疗中，家庭责任医生签约服务发挥着不可替代的作用。党的十八大以来，党和国家把居家养老、家庭责任医生签约服务、基层医疗等推向了战略高度。家庭责任医生签约服务模式是指在政府主导、社区参与下，以基层卫生机构为依托，以签约式服务为形式向家庭提供可及性的、连续的、协同的基本医疗卫生服务的重要途径。而在老年人的居家医疗中，家庭责任医生签约服务模式通过与老年人签约服务，以“一对多”结对签约的形式，把社区

① 本文作者：汤晶颖，华东理工大学 2018 届 MPA 硕士，导师罗建平。

全科医生和社区老人良性连接在一起，为签约老人提供一种更为具体、个性化的健康诊疗方案，同时能让老年人足不出户就接受医疗服务，给老年人带来了高效、便捷的服务。

《江苏省2016年老年人口信息和老龄事业发展状况报告》显示，到2016年年末，江苏老年人口占户籍人口的22.1%，比全国(16.7%)高出5.4个百分点，居全国各省、区之首。其中，江苏省老龄化程度最高的市区是Y市，全市60岁以上老年人口占总人口的比例为28.35%，预计到2020年该比例将超过30%。Y市Z区位于江苏省中部，截至2016年年底，Z区60岁以上的老年人占户籍人口的23.4%，80岁以上的高龄老人占老年人口的15.12%，呈现出基数大、增长快、高龄化、空巢化及独居比例高的特点。由此可见，Z区已进入老龄化深度发展阶段，养老服务需求多样且十分迫切。因此，将Y市Z区作为访谈地点调研居家医疗中的家庭责任医生签约服务具有一定的代表性和典型性。

目前，Y市Z区等城市都在试点关于老年人居家医疗的家庭责任医生签约服务模式，通过家庭医生与老年人签约，建立了以全科医生为主体的契约式服务新格局，为老年人提供了全天候的健康管理服务。但在老年人居家医疗中实施家庭医生制服务也遇到了很多困难与瓶颈，因此我们亟须探讨应对这些困难、突破这些瓶颈的对策。所以，本研究基于社区照顾理论、社区卫生服务管理理论和家庭责任医生服务相关理论，采取文献研究法、实地研究法和案例分析法，主要研究社区家庭责任医生签约服务在老年人居家医疗中的困难及成因，探讨解决社区家庭责任医生签约服务在老年人居家医疗中问题的对策。该研究为完善我国老年人居家医疗及社区家庭责任医生签约服务提供了相应的理论支撑及政策依据，并对其他地区实施家庭责任医生签约服务模式具有重要的实践意义。

二、Y市Z区家庭责任医生建设情况

Y市Z区家庭医生签约服务的内容与方式主要依托“社区居家医疗中心(站)+”模式。“社区居家医疗中心(站)+”全覆盖是指以街道为单位、以居家医疗服务中心(站)为载体,通过居家医疗服务中心(站)的布局优化、设施完善、功能健全、规范管理和专业服务,形成居家老人“请进来”服务的直接覆盖;同时通过专业团队的领衔服务和“+市场”“+社会”“+邻里”“+志愿者”的多元社会力量的加盟参与服务,形成对居家老人“送进去”服务的补充覆盖,建立起“请进来”与“送出去”相结合的“居家医疗服务中心(站)+”基本全覆盖模式。

此外,Z 区为保证家庭责任医生签约服务质量,建立了由区级、街道、社区层面的服务考核模式。区级层面由区民政局牵头组织第三方评估机构对全区居家医疗服务进行考核评估;街道层面由街道办事处牵头协调街道相关部门和老年人协会对居家医疗服务工作进行监督管理;社区层面由社区牵头组织成立老年人和群众评议小组对居家医疗服务工作进行评议。同时 Z 区根据现行财政体制,通过建设补贴、运营补贴、助餐补贴、激励补贴等办法,加大对居家医疗的扶持力度,充分发挥财政资金的引导作用,不断激发市场活力,推动社会力量成为居家医疗服务的“主角”。

三、Z 区 H 街道概况与辖区老年人医疗需求

H 街道属于 Y 市繁华地带,常住居民 67 878 人,其中 65 岁老人 10 925 人。H 街道区域内的公立医疗机构有三个,分别是:三级甲等综合医院一个(Y 市第一人民医院),三级甲等中医院一个(Y 市中医院),二级甲等专科医院一个(Y 市口腔医院、Y 市中西医结合医院)。其中,Y 市中西医结合医院(Y 市口腔医院)于 2008 年经 Y 市卫生局批准,挂牌成为 H 街道第二社区服务中心,2016 年开始承接辖区内的家庭责任医师签约服务。H 街道下辖的 8 个社区卫生医疗保健服务发展良莠不齐,情况较为复杂,因此选择 H 街道作为调研地点具有一定的代表性。

本研究在对 Y 市 Z 区 H 街道老年人的居家医疗服务需求进行抽样调查时,主要针对以下三类人:一是为了解社区家庭责任医生服务情况,对社区家庭责任医生展开问卷调研(见文后问卷一);二是为了解家庭责任医生制建设

情况、配套设施情况，对社区工作人员展开问卷调研（见文后问卷二）；三是为了解老年人居家医疗现状、需求及对社区家庭责任医生的认知等，对社区居民（见文后问卷三）、社区老年人进行调研，考虑到老年人视力、文化程度等因素，对老年人进行访谈（见文后访谈提纲）。本次调研内容包括一般情况、医疗现状、医疗需求三个部分。共发放100份问卷，有效回收91份，问卷有效回收率为91%，此外还访谈了10位老人，深入了解了老年人居家医疗现状及需求。

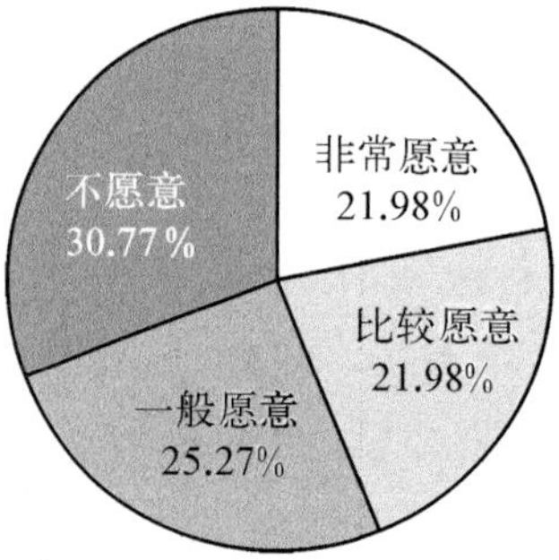

图3.1　老年人对家庭医生责任制的参与意愿

当问及是否愿意采用家庭责任医生签约服务时，有21.98%的人选择了非常愿意，见图3.1。说明调查对象对家庭责任医生签约服务的需求比较强。

当问及不愿意采用家庭责任医生签约服务的原因时，有40%的人认为社区医生服务水平不够，35%的人认为是药品种类和数量少，见图3.2。说明调查对象希望社区医生服务水平提高且药品种类充足。

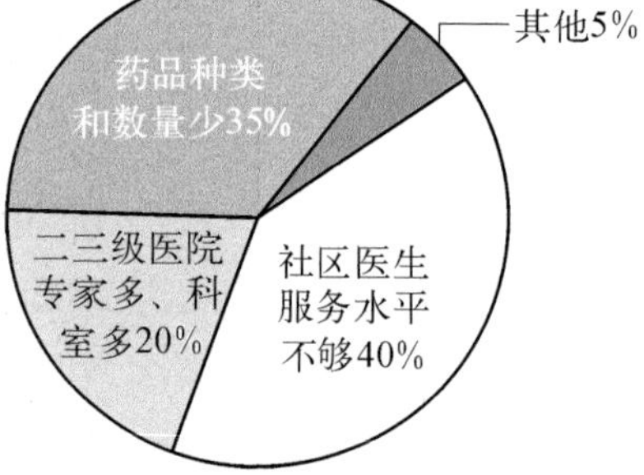

图3.2　老年人不接受家庭医生责任制的原因

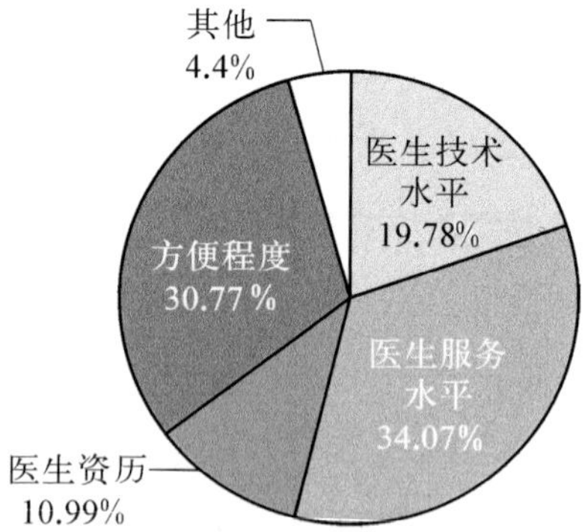

图3.3　愿意参与签约家庭责任医生服务考虑的因素

当问及调查对象如果要签约家庭责任医生服务，主要会考虑哪些因素时，医生服务水平占比34.07%，方便程度占比30.77%，见图3.3。说明调查对象更加注重医生服务水平及医疗服务方便程度。

四、H街道家庭责任医生的老年人签约服务的开展情况

H街道家庭责任医生在老年人中签约服务工作开展情况主要从家庭责任医生签约服务队伍建设、家庭责任医生签约服务模式与内容、医生与老年人服务协议签订情况、老年人居家医疗中的家庭责任医生签约服务落实情况等方面进行阐述。

（一）家庭责任医生签约服务队伍建设

H街道家庭责任医生签约服务主要以全科医生为主体，服务团队为依托，社区卫生服务中心为平台，医联体对应市直医院为支撑。团队分组开展家庭医生签约服务（服务团队配备情况见表3.1），优先为重点人群及其家庭签订服务协议并逐步覆盖全人群。除了从事医院护理工作之外，成员们还负责向居民提供医疗保健服务，及时掌握社区人群健康状况，加强慢性病管理，实施预防保健，有针对性地开展健康促进和行为干预。

表3.1　各社区家庭责任医生服务团队配备情况

社　区	常驻居民数	65周岁以上老年人口数	家庭责任医生服务团队人数	全科医生人数
濠　阳	7 356	1 737	3	2
濠　北	10 450	1 130	2	0
百　花	7 785	1 049	2	0
颐　和	9 052	1 311	2	0
起　凤	8 184	1 932	3	2
濠　城	5 286	885	3	2
濠西园	9 386	1 328	2	0
濠　东	10 179	1 553	3	2
合　计	67 678	10 925	20	8

（二）家庭责任医生签约服务模式与内容

H街道家庭责任医生签约服务模式的原则是坚持政府主导，体现了社

区卫生服务的公益性质，注重卫生服务的公平、效率与可及；服务重点对象为老年人、慢性病患者、重型精神病患者、残疾人等，逐步覆盖辖区全体居民；坚持防治结合，满足群众基本公共卫生和基本医疗卫生服务需求；坚持自愿签约原则，积极引导居民与家庭医生签订服务协议。服务主体主要有各社区卫生服务中心全科医生，并建立由全科、临床、预防、中医学等专业技术人员组成的家庭医生团队，以家庭为单位与居民签订服务协议。家庭医生团队全面掌握签约对象的健康信息，主动加强与签约家庭的沟通联系，在服务能力许可的范围内满足签约家庭的健康服务需求。签约方式是以服务区域进行合理分片，按照每个家庭医生团队签约服务 600 户家庭的标准，实行网格化管理。家庭医生向网格内家庭发放宣传册或联系卡，公布签约服务相关信息，上门或预约到门诊签订服务协议。根据健康状况评估结果，选择相应服务包，明确双方权利、义务等事项。

家庭医生签约服务内容涵盖公共卫生服务、基本医疗服务和个性化服务三个方面，包括基础服务包和个性化服务包。一是基础服务包。辖区常住一般人群均可签约基础服务包，签约后免费获得国家基本公共卫生服务项目中相关服务内容，基本医疗服务中常见病、多发病的诊断及康复指导等。二是个性化服务包。分为健康助老服务包、高血压服务包、糖尿病服务包、暖心服务包四类，老人可根据不同需求选择一种或几种服务包。其中，65 岁以上老年人可签约健康助老服务包，签约后每年可获得 4 次针对性的中医药保健指导，失能、半失能的 65 岁以上老年人或慢性病人签约后，家庭医生将每月上门一次；诊断明确的单纯性高血压患者可签约高血压服务包，签约后可免费到家庭医生处接受每月一次的随访服务；诊断明确的Ⅱ型糖尿病患者可签约糖尿病服务包，签约后可免费到家庭医生处接受每月一次的随访服务；计划生育特殊家庭可签约暖心服务包，签约后符合计划生育特别扶助政策的对象，每年可免费接受一次健康体检。

（三）医生与老年人服务协议签订情况

H街道家庭责任医生服务协议签订流程包括基层首诊、签约服务、上门服务。第一，基层首诊。签约居民到基层医疗卫生机构就诊，由家庭医生负责对其进行检查、诊断、治疗、会诊、病情告知等医疗工作，并依托基层卫生信息系统、居民电子健康档案开展相关服务，及时更新电子健康档案信息。当次就诊结束后，家庭责任医生要对签约居民进行健康教育并对其生活方式进行针对性指导，根据实际情况预约下次的复诊时间。第二，签约服务。签约居民与家庭医生预约后到基层医疗卫生机构，家庭医生根据签约服务内容，提供健康咨询、血压或血糖测量、健康体检、健康指导等个性化服务。第三，上门服务。对于行动不便的签约对象，家庭医生在符合家庭诊疗服务相关规定的基础上，在确保医疗安全的前提下，可为签约对象提供疾病诊疗、换药等上门服务。其中，上门服务流程又包括申请、评估、告知、协议四个阶段。

申请阶段，对行动不便的签约服务对象，由其本人或家属向家庭医生申请上门居家医疗服务，内容包括患者基本情况、申请上门服务项目等。评估阶段，家庭医生收到上门服务申请后，开始对患者的病情进行评估。告知阶段，家庭医生向签约对象告知与上门诊疗有关的医疗风险和收费标准。协议阶段，双方达成一致意见后，签订上门服务协议；在上门服务期间如出现动态变化，家庭医生应重新进行评估，重新签订服务协议或中止服务。截至2017年年底，本团队已与街道18.57%的居民签订服务协议，在老年人群中签约情况见表3.2。

表3.2 公共就业服务供需匹配结果

社　区	65周岁以上老年人口数	老年人签约数
濠　阳	1 737	561
濠　北	1 130	98
百　花	1 049	20

续　表

社　区	65 周岁以上老年人口数	老年人签约数
颐　和	1 311	37
起　凤	1 932	791
濠　城	885	329
濠西园	1 328	62
濠　东	1 553	450
合　计	10 925	2 348

（四）老人居家医疗中的家庭责任医生签约服务落实情况

首先，健康档案的建立与更新。居民健康档案是记录居民健康信息的重要资料，做好居民健康档案记录、录入和管理是推进基本公共卫生服务均等化的基础性工作，对基层开展各项健康管理服务具有重要意义。而老年人健康档案的建立与更新，更加有助于给老年人提供针对性服务。Z 区卫计委每个月都要给各街道通报社区卫生服务中心居民健康档案录入情况。在问卷调研的过程中，当被问及“您的家庭医生为您建立过健康档案吗?”时，有60％的调研对象认为建立过健康档案，如图 3.4。

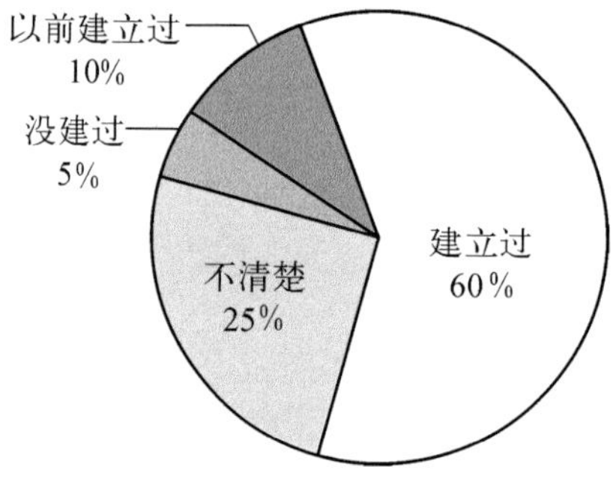

图 3.4　家庭医生健康档案建立情况

其次，健康指导的工作落实。签约居民与家庭医生预约后到基层医疗卫生机构获取医疗服务，家庭医生根据签约服务内容，提供健康咨询、血压或血糖测量、健康体检和健康指导等个性化服务。

最后，上门服务。对于上门服务，H 街道与街道卫生服务中心对接家庭医生责任制服务，为老人建立健康档案。按照规定，家庭医生平均每周都会上门给老人提供医疗服务，如测血压和血糖等，针对老年人的身体检查状况开药，及时了解老人的健康状况。在问卷调研过程中，当被问及“您对家庭医生上门服务是否满意时？”有46.15%的人选择一般满意，但8.79%的人选择不满意。可见社区家庭责任医生上门服务工作还有待改进(见图3.5)。

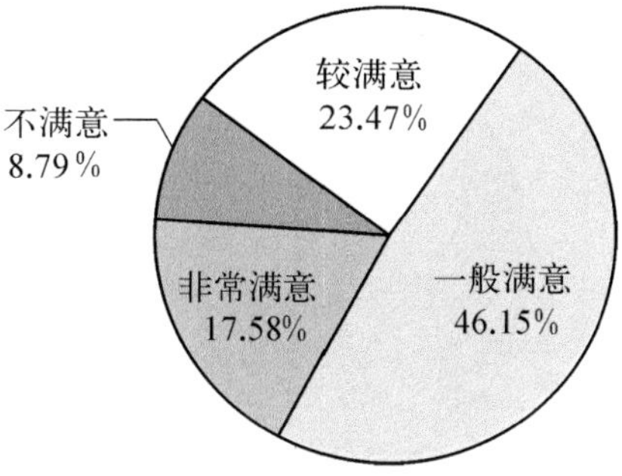

图3.5 调查对象对家庭医生上门服务满意情况调查

五、家庭责任医生签约服务在老人居家医疗中存在的问题

当前H街道在老年人居家医疗中落实家庭医生签约服务的困难诸多，主要表现为：家庭医生责任制度宣传渠道不畅、全科医生数量严重不足、家庭责任医生队伍工作积极性不高、家庭责任医生服务配套措施不全、家庭责任医生服务质量受质疑等。为深入了解H街道在老年人居家医疗中落实家庭责任医生签约服务的困难，本研究针对不同对象设计了不同调研问卷，针对家庭医生、社区工作人员、社区居民设计了三个版本的问卷。其中针对家庭医生共发放50份问卷，有效回收48份问卷；针对社区工作人员共发放90份问卷，有效回收84份问卷。

(一) 家庭医生责任制度宣传渠道不畅

家庭医生责任制度宣传渠道是老年人了解家庭医生责任制度的重要窗口。在问卷调研过程中，当问及老人及其家属是否了解家庭责任医生服务时，有49.45%的老人或其家属选择了一般了解，有19.78%的老人或其家属选择不了解，见图3.6。

同样的问题在社区工作人员当中也进行了调研，当被问及“您认为所在社区老人对家庭责任医生服务了解吗？”时，有56.04%的社区工作人员认为老人对家庭责任医生服务持一般了解的态度，有17.58%的社区工作人员认为老人对家庭责任医生服务不了解，见图3.7。

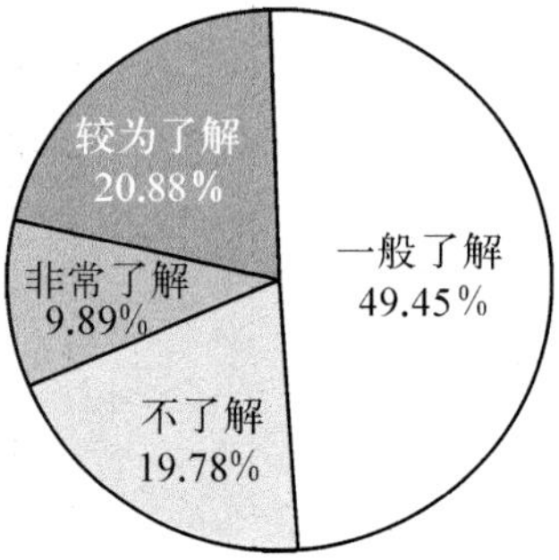

图 3.6 调查对象对家庭责任医生服务的(老年人版)了解程度

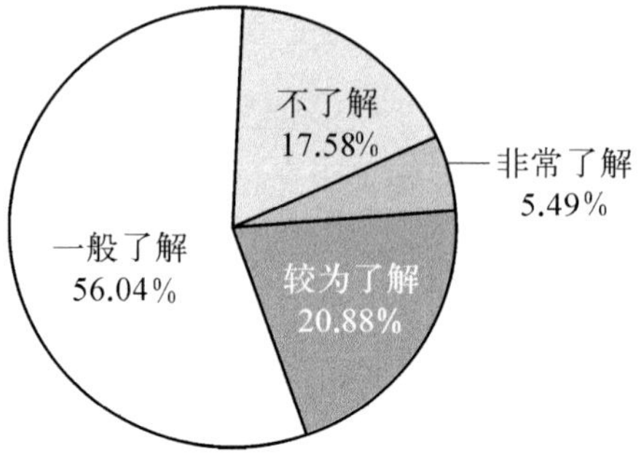

图 3.7 社区工作人员认为所在社区老人对家庭责任医生服务的了解程度

（二）全科医生数量严重不足

全科医生通常又被称为家庭医师或者家庭医生，是家庭健康管理服务的主要提供者。世界卫生组织曾指出，每 2 500 人需配备 1 名全科医生为他们提供服务，才能满足基层医疗需求。当采访调研家庭责任医生时，他们认为全科医生极度匮乏，“全科医生数量不足问题非常严重，家庭医疗服务需求越来越大，供给严重不足！”此外，家庭责任医生还指出：“现在很多社区服务中心都是 24 小时值班，本来全科医生就少，这样就更加造成了人员的紧张……”由此可以看出全科医生数量严重不足带来的后果。在采访卫生主管部门时，相关人员表示全科医生“引才难、育才难、用才难、留才难”，不少全科医生在考取中级职称后就跳槽至其他大型综合医院。就 H 街道而言，在 20 人的家庭责任医生服务队伍中，具备全科医生资质的仅有 8 人，其中 2 人为退休返聘人员，其余 6 人平均年龄近 52 周岁。全科医生的缺乏是目前推行“责任医生签约服务模式”的首要瓶颈。

（三）家庭责任医生队伍工作积极性不高

家庭责任医生服务模式转变了“坐堂门诊”的做法，目前基层卫生服务发展的方向主要是主动服务、上门服务。但居民目前尚停留在传统的就医观念上，因此在签约时展现的不理解和不信任会极大挫伤家庭责任医生的工作积极性。此外，家庭医生开展的很多服务项目并未被纳入医保范畴，甚至尚无收费标准，医生的劳务价值得不到相应体现。新一轮医改开始后，社区卫生服务中心工作人员的工资由财政统一拨付，一定程度上造成了平均主义的状况，且保障机制的不健全也无法调动家庭医生的工作积极性。

（四）家庭责任医生服务配套措施不全

其一，基层首诊、分级诊疗方面的政策引导力度小。首诊区三级医疗机构对居民来说几乎没有门槛。签约居民在本社区卫生服务中心就诊也仅享有提高3个百分点的医保报销比例的优惠，这不足以吸引社区居民优先考虑到社区卫生服务中心就诊，由此打击居民签约的积极性。其二，信息化建设不完善，转诊流程不畅。医疗卫生信息化在家庭责任医生签约服务方面的技术保证和支持力度还不够，辖区基层医疗与区内二三级医院之间信息共享机制尚未完全畅通，基本医疗信息和公共卫生信息化建设的结合尚未完全实现，信息孤岛现象依然存在。此外，全科医疗资源分配不均，政府对家庭责任医生签约服务财政支持欠缺，社区卫生服务中心的仪器设备和药品种类少，这些都是家庭责任医生配套措施不全的表现。在调研家庭医生和社区工作人员时发现，有66％的人都认为目前政府对社区家庭医生服务的配套扶持力度一般大或不大，见图3.8。说明政府对社区家庭医生服务的配套扶持力度亟待提高。

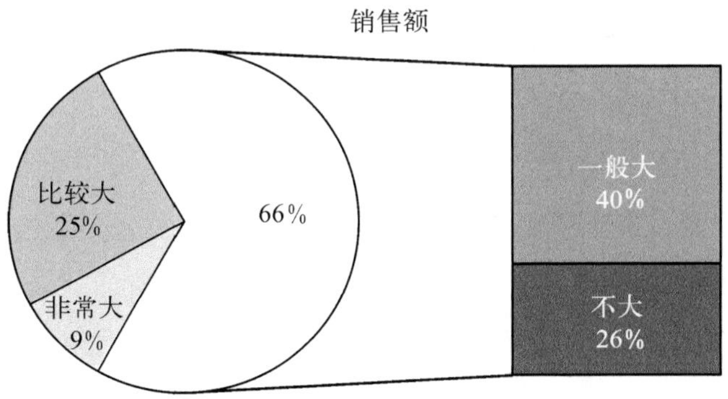

图3.8　调查对象对目前政府对社区家庭医生服务的配套扶持力度的所持态度

（五）家庭责任医生签约服务质量受质疑

现有社区责任医生主要提供临床诊疗及基本公共卫生服务，在心理服务、健康管理、营养咨询方面发展欠缺，难以企及全科医生具有“预防、保健、医疗、康复等系统的医学全科知识，为服务对象提供全面、连续、及时且个性化的医疗保健服务”的要求。医护社区卫员的业务学习、技能培训考核和医学继续教育与综合医院相比明显不足。加之，社区卫生服务中心开展的检查项目种类有限，家庭责任医生签约服务人员与居民交往不密切，缺乏互信基础，其服务水平与质量难免受质疑。

六、家庭责任医生签约服务在老人居家医疗中存在问题的成因

H街道在老年人居家医疗中落实家庭责任医生签约服务困难的原因是方方面面的，包括缺乏配套政策支持、医疗资源分配不均、基层医疗机构人员激励与考核力度不够、财政补助不足、无持续有效的医疗质量控制监管等。

（一）缺乏配套政策支持

政府虽然出台了很多措施去推动家庭医生服务的发展，但相关的配套措施不完善，家庭医生式服务实施过程中出现的问题及解决措施缺乏政策法律法规依据的支持，各项配套政策和相关工作规范的滞后性日益凸显。家庭医生相关的配套政策，诸如分级诊疗、社区首诊、双向诊治、医保支付方式、投入保障等政策均未完善，在基本药物制度、药品零差率等政策影响下，社区服务中心收入减少，而政府对社区服务中心的补偿机制仍存在不足，未能真正体现社区服务中心的公益性。

（二）全科医疗资源分配不均

当下，医学人才普遍流入三大级医疗机构，选择去基层工作的综合程度较高的全科医生较少。全科医生数量不足直接导致现有的以全科医生为主体的家庭医生服务团队的工作量超出负荷。从H街道当前的现实情况来看，2～3名医护人员服务着成千上万的社区居民，工作量巨大，他们在为患者提供医疗服务的同时，担任着居民健康、医疗卫生服务和医疗保险领域“守门人”的角色。对社区而言，目前最缺乏的不是综合医院专科意识，而是能够担负起基层医疗、预防、保健职能，能够适应县级以下医疗机构需要的

全科医生，这也是织牢基层网底的关键。

(三) 基层医疗机构人员激励与考核力度不够

全科医生作为家庭医生团队的核心，目前我国全科医生的工资待遇普遍偏低，管理者也尚未采取非物质激励手段，未意识到环境激励、培训激励、荣誉激励等对全科医生的有效激励作用。基层医疗机构人员激励管理未作为推行家庭责任医生服务核心工作得到重视。区卫计行政部门并没有设置组织人事科作为全区人力资源激励管理的部门，而是由工作内容繁杂的办公室承接部分传统的人事管理工作。此外，医务人员对绩效考评认识不明确。基层管理者对全科医生的绩效考评工作认识不全，使得绩效考评工作流于形式。另外，在日常考评中，“中庸为先”“做老好人”的想法导致考评结果体现不了医务人员的劳动强度与服务质量，且考核结果对全科医生个人及团队发展无任何影响。

(四) 财政补助不足

财政补助不足是很多地方推行家庭责任医生制度面对的重要困难之一。H街道家庭责任医生制服务财政补助出现了“上有政策、下有对策”的问题，该区在2017年从基本公卫经费里拿出120万元用于签约服务，经费紧张，财政按签约数量拨付，经费保障渠道不够全面。

(五) 无持续有效的医疗质量控制监管

家庭责任医生签约服务存在医疗质量上的监管盲区，既没有官方的或者权威的第三方质量控制组织，也没有一个涵盖了服务流程和服务效果的质量控制标准。卫生行政主管部门对社区卫生服务中心的现场检查频率较低，且存在检查面小、医疗质量管理大部分流于形式的问题。持续有效的医疗质量控制监管得不到落实，服务行为缺乏系统指导和规划，使得服务质量没有保证。

七、改善老人居家医疗中家庭责任医生签约服务的建议

社区卫生服务的运行体系是网格搭建、一体化管理、全科医师培养、医

疗质量保障的多种融合。本研究通过对H街道的实地研究，对社区老人及其家属、社区工作人员、全科医生等多个群体进行访谈，就改善老年人居家医疗中的家庭责任医生签约服务提出了建议。

（一）加强宣传和政策引导，转变传统就医观念

其一，识别居家老人医疗需求，纠正理解偏差。首先，将连续性、个性化、人格化、便捷性、可靠性作为宣传重点，引导老年人正确认识家庭责任医生制度。其次，广泛宣传家庭医生的功能定位、服务内容、服务项目、诊疗病种、医改政策等相关知识，转变“只有综合医院才能治好病”的错误思想和就医观念。最后，通过健康教育、舆论宣传等方式让居民树立预防保健的观念，引导居民逐渐转变传统就医观念和习惯，为实施家庭医生制改革营造良好环境。

其二，多渠道进行家庭责任医生签约服务宣传。一是做好媒体宣传，采取多形式、多方位、多方法的知识宣传和引导，对Z区“家庭医生制”实施情况进行真实宣传。除了调动卫生系统内医护人员自身力量外，还可借助系统化的社会力量，特别是要重视和充分利用多种“新兴”媒体的力量，如微信、微博等。而且要因地制宜开发出适合社区、适合老年人的宣传渠道。例如对老人整体文化素质较高的社区，可以采用开讲座等方式进行家庭责任医生制宣传，而对老人整体文化水平较低的社区，可采用上门宣传的方式对家庭责任医生制度进行一对一的宣传。

其三，加快医疗联合体和医疗共同体建设进程。通过分区域、分层次、分群体的方式组建多种形式的医联体，加强医联体内医疗资源共享，进一步加强药品供应保障制度。将城市大医院与所有社区卫生服务中心紧密联结，以“派驻全日制医师”“建立康复联合病房”的形式，建立健全学科建设联动、人员合理流动、双向转诊、统一诊断评价等创新机制，提升基层医疗服务水平。

其四，畅通医疗机构间的转诊流程。一是要遵循医学科学规律，明确县、乡两级医疗机构的医疗服务范围，对超出服务能力范围的疾病，及时为

签约对象提供相应转诊服务。二是要健全社区首诊、双向转诊制度。各地要按照国家和省市关于推进分级诊疗制度建设有关文件要求，由辖区内基层医疗机构与二级以上医院组成县域医疗联合体，建立起社区首诊、双向转诊的联动机制，通过优先就诊、预约医院专家、优先安排住院等政策，吸引签约居民首诊在社区，建立完善的工作机制和转诊流程，实现机构间的患者健康信息共享。

（二）整合资源，壮大家庭责任医生签约服务队伍

其一，加强全科医生培养，增加全科医生数量。将全科医学的发展情况作为医学院校和医疗机构评级的一项重要指标，继续加强“5＋3 全科医生”规范化培养力度，鼓励大医院以社区卫生服务为中心，建立全科医师培训基地，国家对开展全科医师培训的基地给予补助。其二，开展全科医学继续教育，提高医生素质。一是加强全科医生继续医学教育的学分制探索，通过多种形式强化对新知识、新方法、新技术等方面的学习。二是加强素质教育，使家庭医生在家庭医疗服务中规范职业作风，注意语言文明，关心爱护老人。其三，三级医院医护人员通过医联体下派基层。坚持因地制宜原则，同时对上级医疗机构人员下派的时间和数量等方面也要有明确的规定。其四，鼓励退休医护人员加入本社区服务队伍。一方面退休医护人员有较为扎实的医学经验；另一方面能掌握老年人需求，使老年人更愿意接纳服务。

（三）加大政府投入，建立家庭责任医生激励机制

首先，建立健全家庭责任医生服务补偿机制。可以从三个方面着手：第一，加大政府财政投入，增加基本公共卫生服务经费和对基本药物零差价销售的财政补贴，发放特殊岗位补助。第二，在职称晋升上予以倾斜，改变唯学历、唯论文、唯科研的职称晋升评定倾向，提高履行岗位职责的岗位业务能力、服务对象健康管理实效、基层服务年限等指标的评定权重。第三，在基层卫生服务人员的生活住房、社会保险、住房公积金缴纳、退休待遇和子女教育等方面进行合理的财政投入。

其次，建立健全家庭责任医生绩效考核制度。一是要认识到家庭责任

医生绩效考核制度的重要性，把绩效考核办法纳入家庭责任医生签约配套的政策体系之中。二是要明确起步阶段有效签约考核的指标，同时明确市辖区责任医生签约服务考核细则，完善责任医生有效签约服务质量考核评估表，落实引导其合理有序就医。

（四）完善家庭责任医生签约服务配套措施

其一，建立健全引导群众合理就医的政策，通过优先就诊、预约医疗专家、优先安排住院等政策，吸引居民社区首诊，建立完善的工作机制和转诊流程，从而实现信息共享。其二，调整完善医疗保险政策，增强社区卫生服务中心的吸引力。其三，完善家庭医生待遇政策，尽快出台基层医疗机构绩效工资"高出部分"的补偿机制。其四，对签约居民实行配套优惠政策，如对签约居民减免部分诊疗费用，免费体验，享受公共卫生增值服务等优惠政策，吸引群众积极参与签约。

（五）提高家庭责任医生签约质量

提高家庭责任医生签约服务质量是一个系统工程，要从服务规范、服务内容、服务方式、服务监管及区域性资源共享等方面出发。

1. 制定家庭责任医生服务规范

在家庭医生文明礼仪规范方面，要求家庭医生忠于职守、尊重患者、谨言守密。在家庭医生岗位道德规范方面，严格执行各项规章制度和诊疗常规，对签约老人合理检查、合理治疗、合理用药、合理收费。在家庭医生签约服务规范方面，严格执行《国家基本公共卫生服务规范》和各项诊疗常规、技术操作规范等。

2. 完善家庭责任医生服务内容

家庭医生服务内容不能只针对有签约条件的老人，要将服务内容倾斜到特困、空巢、离退休、失能老人等重点人群上，为这类人群提供针对性服务内容。此外，服务内容要继续延伸，包含预防服务、医疗救助服务、康复服务、保健服务和健康教育服务，逐步实现家庭责任医生对社区居民的全程、全方位的健康管理。

3. 创新家庭责任医生服务方式

家庭责任医生服务团队应当充分利用现代网络通信技术创新服务方式，社区和卫生主管部门可以开发和完善家庭责任医生签约服务平台，为签约对象和服务人员设计两种不同的手机客户端，让老年人通过家庭责任医生签约服务更切实地感受到居家医疗的温馨和便捷，同时构建起互敬互信的“医患”关系。

4. 强化居家医疗服务质量监管

建立区域性家庭责任医生签约服务医疗质量控制中心，由该医疗质量控制中心检查和指导各社区服务中心，指定切实可行的质量管理方案，落实医疗质量管理目标、计划、效果评价及奖惩措施。完善服务质量标准体系，依据规章制度重新梳理、完善职工的人员岗位职责，对医务人员进行多层面、多形式、多内容的培训，让依法执业、规章办事落在实处。

5. 区域性的医疗信息资源共享

通过大数据，建立全市家庭医生签约服务工作信息平台、居民健康档案信息平台、区域医疗卫生信息数据中心三大平台，实现家庭医生医疗服务、绩效考核、运行监管、分析评价等全程控制，实现个人基本公共卫生服务和基本医疗信息共享，切实提高家庭医生服务的效率和水平。

参考文献：

［1］ 崔树起.社区卫生服务管理[M].北京：人民卫生出版社，2006.
［2］ 龚幼龙.社会医学[M].北京：人民卫生出版社，2000.
［3］ 龚幼龙.卫生服务研究[M].上海：复旦大学出版社，2002.
［4］ 齐海梅.新发展理念与老年医疗养老服务[M].北京：国家行政学院出版社，2016.
［5］ 周博，王维，等.特色养老，世界养老项目建设解析[M].南京：江苏凤凰科学技术出版社，2016.
［6］ 陈亚平，刘原.从国内外现状看我国开展家庭医生制服务的意义[J].黑龙江科技信息，2017(6)：292.
［7］ 李军，富丽慧，王香怡，等.我国家庭医生制度发展状况及优化建议[J].药品评价，2015(22)：14—15.
［8］ 李媚珍，潘美珠，等.家庭医生服务模式下社区护士工作现状调查[J].护理学报，

2014(1)：37.
[9] 任菁菁，方才妹，王嘉，等.澳大利亚的全科医学服务体系简介及启示[J].中华全科医学杂志，2014(13)：970—973.
[10] 王敏，赵京，张向东，等.北京市西城区家庭医生式服务的实践与思考[J].中国社会医学杂志，2014(31)：328—330.
[11] 王现，李丽芳.家庭医生制度下社区门诊医保支付方式的探讨[J].中国初级卫生保健，2015(5)：22.

问卷一

社区开展家庭责任医生服务现状问卷调查表(家庭医生版)

尊敬的医生朋友：

您好！

为了了解Y市Z区家庭责任医生服务现状，我们组织了这次问卷调查。本问卷是匿名的，我们将严格保密您所提供的各种信息。请根据您的真实体验和实际情况作答，您的回答无所谓对错，请不要有任何顾虑。感谢您的合作！

填写说明：请根据要求填写，除标注题可多选外，其余均为单选，请在合适的选项下面打钩。

一、关于个人基本情况

1. 性别：A 男　B 女

2. 年龄：A 25岁以下　B 25—35岁　C 36—45岁　D 46—55岁　E 55岁以上

3. 学历：A 初中及以下　B 高中　C 大中专　D 本科　E 硕士研究生及以上

4. 职称：A 初级　B 中级　C 高级

5. 工作年限：A 5年以下　B 5—10年　C 10—15年　D 15—20年　E 20年以上

6. 请问您是否知晓家庭医生式服务制度？

A 知晓　B 不知晓

7. 您所在的社区卫生服务中心是否已开展家庭医生式服务？

A 是　B 否

8. 您是否已加入家庭医生式服务团队？

A 是(转到题9)　B 否(转到题12)

9. 请问您的签约户数大概有多少？

A 30 户以下　B 30—60 户　C 60—90 户　D 90 户以上

10. 请问您加入家庭医生式服务团队的原因有哪些：(可多选)

A 所在单位的硬性要求　B 政策的优惠待遇　C 业务的新尝试　D 无特殊原因

11. 请问您还未加入家庭医生式服务团队的主要原因是：

A 所在社区还没有开展该服务　　B 社区家庭责任医生制尚未规范

C 服务的报酬和待遇不吸引人　　D 个人原因不能参与　　E 其他

二、关于家庭责任医生服务及制度情况

1. 请问您所在的社区家庭责任医生服务内容包括哪些？(可多选)

A 个人健康评估及规划　B 建立健康档案　C 健康教育讲座　D 上门医疗服务

2. 请问您的家庭签约服务待遇情况(是 否)为基本工资＋签约户数，平均月收入(　　)元(可填大致范围)

3. 请问您所在的社区对家庭责任医生的激励有哪些？(可多选)

A 物质激励(奖金、实物等)　　B 精神激励(荣誉称号、标兵等)

C 高层次、专业化的培训　　D 职位晋升激励　　E 其他

4. 请问您对家庭责任医生的奖励制度满意吗？

A 满意　B 不满意

5. 请问您所在的社区对家庭责任医生的考核有哪些？(可多选)

A 扣绩效工资　B 取消任职资格　C 其他

6. 请问您对家庭责任医生的考核制度满意吗？

A 满意　B 不满意

三、请谈谈您在开展家庭医生服务的工作过程中所遇到的阻力和困难，包括政策制度配套、人力资源配置、居民参与积极性等方面。

1. 您所服务社区的家庭医生人员配置种类是否足够？

A 足够(转到题 3)　B 不够(转到题 2)

2. 您所服务社区的家庭医生缺少哪些类型的医护人员？

A 全科医生　B 社区护士　C 公共卫生医师　D 其他

3. 您所服务的社区还需要补充数量的人员有哪些？

A 全科医生　B 社区护士　C 公共卫生医师　D 其他

4. 您认为家庭责任医生服务费用金额是否足够？

A 足够　B 不够

5. 您认为是否需要调整服务费用分担方式？

A 需要　B 不需要

6. 您认为家庭责任医生基本药物配置种类及数量是否足够？

A 足够　B 不够

7. 您认为家庭责任医生基本设备配置种类及数量是否足够？

A 足够　B 不够

8. 您所在社区是否有双向转诊制度，即是否具有转诊对接的上级医院？

A 是　B 否

9. 您认为双向转诊落实是否存在困难？

A 是(转到题 10)　B 否(转到题 11)

10. 您认为双向转诊落实存在困难的问题在于？

A 上转到医院　B 下转回社区

11. 您认为参与家庭责任医生制服务的人员积极性如何？

A 社区医护人员(积极，一般，消极)　B 社区居民(积极，一般，消极)

四、结合您的社区医疗服务经验，请您谈谈对开展家庭医生服务的建议。

问卷二
社区开展家庭责任医生服务现状问卷调查表(社区工作人员版)

尊敬的社区工作人员：

您好！

为了了解Y市Z区家庭责任医生服务现状，我们组织了这次问卷调查。本问卷是匿名的，我们将严格保密您所提供的各种信息。请根据您的真实体验和实际情况作答，您的回答无所谓对错，请不要有任何顾虑。感谢您的合作！

填写说明：请根据要求填写，除标注题可多选外，其余均为单选，请在合适的选项下面打钩。

1. 您所在的社区是？

A 农村社区　B 城市社区

2. 您工作多少年了？

A 1年以内　B 1—2年　C 2—5年　D 5—10年　E 10年以上

3. 您所在社区家庭医生服务签约率高吗？

A 高　B 不高

4. 您所在社区是否对家庭医生签约服务进行过宣传？

A 很多次　B 一两次　C 没有

5. 您认为您所在的社区老人对家庭责任医生服务了解吗？

A 非常了解　B 较为了解　C 一般了解　D 不了解

6. 您感觉目前社区老人对社区家庭医生服务的态度是？

A 很满意　B 较满意，能支持工作　C 爱理不理，没当回事儿

D 态度冷淡，不支持工作　E 没留意，不太清楚

7. 您觉得目前政府对社区家庭医生服务的配套扶持力度大吗？

A 非常大　B 较大　C 一般大　D 不大

8. 您认为社区家庭责任医生服务中全科医疗资源分配均衡吗?

A 非常均衡 B 比较均衡 C 一般均衡 D 不均衡

9. 您认为政府对社区家庭责任服务财政支持足够吗?

A 非常足够 B 较为足够 C 足够 D 不足够

10. 您认为参与家庭责任医生制服务的人员积极性如何?

A 社区医护人员(积极,一般,消极) B 社区居民(积极,一般,消极)。

问卷三

社区开展家庭责任医生服务现状及需求问卷调查表(社区居民版)

尊敬的社区居民：

您好！

为了了解Y市Z区家庭责任医生服务现状及需求，我们组织了这次问卷调查。本问卷是匿名的，我们将严格保密您所提供的各种信息。请根据您的真实体验和实际情况作答，您的回答无所谓对错，请不要有任何顾虑。感谢您的合作！

填写说明：请根据要求填写，除标注题可多选外，其余均为单选，请在合适的选项下面打钩。

1. 性别：A 男　B 女

2. 年龄：A 35—45 岁　B 46—55 岁　C 56—65 岁　D 65 以上

3. 您或者您家里老人的居住情况是怎样的？

A 空巢单身　B 空巢夫妇　C 与子女同住单身　D 与子女同住夫妇

4. 您或者您家老人平时的生病照料情况是怎样的？

A 老人本人　B 老人配偶　C 子女或亲戚　D 保姆或养老机构　E 邻里　F 其他

5. 您是否了解家庭责任医生服务？

A 非常了解　B 较为了解　C 一般了解　D 不了解

6. 您是通过哪些途径了解到家庭医生制服务的？(可多选)

A 新闻媒体　B 网络宣传　C 宣传活动　D 宣传品　E 医务人员　F 居民区宣传栏

7. 您认为家庭责任医生服务是否适用于老年人？

A 是　B 否

8. 您认为实行老年人家庭责任医生制最大的意义在哪里？

A 看病方便,老人得益　B 就诊人数增加,社区服务中心得益

C 增加收入,家庭医生得益

9. 如果您或者您家里有老人,有家庭医生服务,您家是否愿意接受签约服务?

A 非常愿意　B 比较愿意　C 一般愿意　D 不愿意

10. 您不接受家庭责任医生签约服务的原因是?(可多选)

A 社区医生服务水平不够　B 二三级医院专家多、科室多

C 药品种类和数量少　D 其他

11. 您是否为家里老年人签约过家庭责任医生服务?

A 是(跳转题 10)　B 否(跳转题 15)

12. 您签约后,您的家庭医生是否给您做了家庭健康评估及个性化健康规划与指导?

A 已做　B 未做

13. 您的家庭医生为您建立过健康档案吗?

A 建立过　B 不清楚　C 没建过　D 以前建立过

14. 您对家庭医生上门服务是否满意?

A 非常满意　B 较满意　C 一般满意　D 不满意

15. 当您遇到社区卫生机构无法解决的问题,家庭医生是否帮助您转诊二三级医院?

A 有过　B 从未有过

16. 您是否参与过家庭责任医生服务评价考核?

A 参与过　B 没参与过

17. 如果要签约或再签约家庭责任医生服务,您主要会考虑哪些因素?(可多选)

A 医生技术水平　B 医生服务水平　C 医生资历　D 方便程度　E 其他

18. 就老年人居家医疗服务,请您谈谈家庭医生服务当前存在哪些问题。

19. 就老年人居家医疗服务,请您谈谈对开展家庭医生服务的建议。

3.3 “4045”求职者公共就业服务供需匹配研究

——以上海市K区为例[①]

一、研究背景

就业是民生之本、发展之源、稳定之基。上海市K区作为改革开放的排头兵和科学实践的先行者，城市面貌日新月异，技术、金融与现代服务业等迅猛发展。随着地区产业结构的不断优化与转型升级、创新业理念的不断深入，在当代“互联网+招聘”的网络求职模式下，大龄人员就业难问题逐渐显现。大龄人员是指法定劳动年龄段的男性45周岁至60周岁，女性40周岁至60周岁（女性管理岗位55周岁以下及超过50周岁但社会保险费未缴纳满15年延后退休的人员）的“4045”人员。在许多企业推崇年轻化、专业化团队的同时，“上有老，下有小”的“4045”人员的就业机会越来越少。公共就业服务是化解“4045”人员就业难题的重要途径之一。当前公共服务的供给

① 本文作者：应秋晨，华东理工大学2017届MPA硕士，导师罗恩立。

与“4045”人员的需求之间存在着一定程度的不匹配。如吸纳大龄就业岗位匮乏、就业年龄歧视现象长期存在等问题，在一定程度上降低了“4045”人员对政府工作的信任感与满意度，也给公共就业部门服务提出了新课题。

对公共就业部门而言，所谓“底线”就是要有效控制失业规模，维护劳动力市场的和谐稳定，对就业困难的群体提供切实有效的就业政策与服务。而面对就业困难群体“增加公共服务供给”并“实施更加积极的就业政策”就有必要对当前的公共服务供给情况以及“4045”人员的就业现状与就业需求进行了解与研究，对这种供需匹配关系进行评估，才能为今后的政策改进与实施、公共就业服务的深入与创新提供重要依据。在延迟退休趋势逐渐明朗的背景下，以当前“4045”求职者为研究对象，分析公共就业服务供给与需求间的匹配现状，能够为日后公共就业政策的调整及公共就业服务的开展创新提供充分依据。这不仅有利于“4045”人员实现就业，更有利于当前青年劳动力今后的职业生涯，形成有序和谐的劳动关系和就业环境。

考虑到上海市 K 区农村户籍人口较多，周边区域内的企业岗位资源丰富，涉及行业广泛，老式居民区与新建居民区并存，就业情况非常有代表性，本研究将选取上海市 K 区 L 街道、S 街道的户籍人员作为抽样样本，以 K 区就业促进中心职介所的“4045”求职者作为研究对象，通过问卷调查法与访谈法，对该群体的公共就业服务需求进行评估，并针对匹配不合理之处提出改进的建议。向以需求为导向的公共服务理念转变，有助于公共就业部门因地制宜地开展体制改革、结构调整、服务创新与政策优化。这种研究方法与思路能够得出更迎合市场需求、服务对象需求的公共就业服务改进建议，缓解当前公共就业服务供需不匹配的矛盾。

二、“4045”人员公共就业服务供给现状分析

（一）“4045”人员就业现状分析

1. 就业与失业总体现状分析

本研究将通过上海市劳动保障管理信息系统的招退工备案数据，对 L 街

道户籍“4045”人员的就业与失业总体现状进行分析，研究该群体的就业形势。2016 年上半年户籍人员实际办理招工备案登记 5 245 人次，男 2 889 人次，其中 45 周岁以上 608 人次，占 21.45%；女 2 536 人次，其中 40 周岁以上 623 人次，占 24.57%。“4045”人员共 1 231 人次，占招工总数的 23.47%，同期实际退工备案登记 5 505 人次，男 2 991 人次，其中 45 周岁以上 733 人次，占 24.51%；女 2 514 人次，其中 40 周岁以上 617 人次，占 24.54%。“4045”人员总数 1 350 人次，占退工总数 24.52%。本研究对 2016 年上半年 L 街道户籍“4045”人员的招退工数据分别进行了不同就业类型和不年龄段、学历之间的比较，如图 3.1 所示。

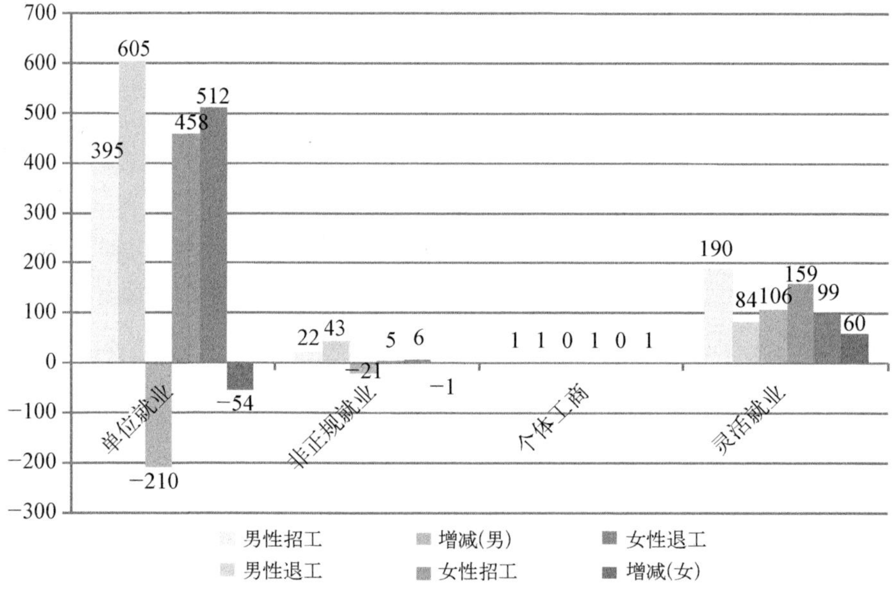

图 3.1　各就业类型招退工数据对比

数据来源：上海市劳动保障管理信息系统——劳动力资源管理

在图 3.2 中，各年龄段就业增减数是根据招工人数减去退工人数得出的。根据统计，可以发现 L 街道户籍“4045”人员就业总体现状呈现以下特点：从各就业类型来看，“4045”人员单位就业的招工人次数要明显低于退工人次数，而灵活就业的招工人次数要高于退工的人次数；从非正规就业数据来看，由于政策原因非正规就业单位批量关闭，2016 年已经基本清退了经营性的非正规组织，45 岁以上男性受非正规企业逐渐关闭的影响大于 40 岁以上的女性。从各年龄段的单位就业增减的数据来看，女性岗位大幅度减少主要出现在 50 周岁后，而男性岗位减少主要出现在 55 周岁后。

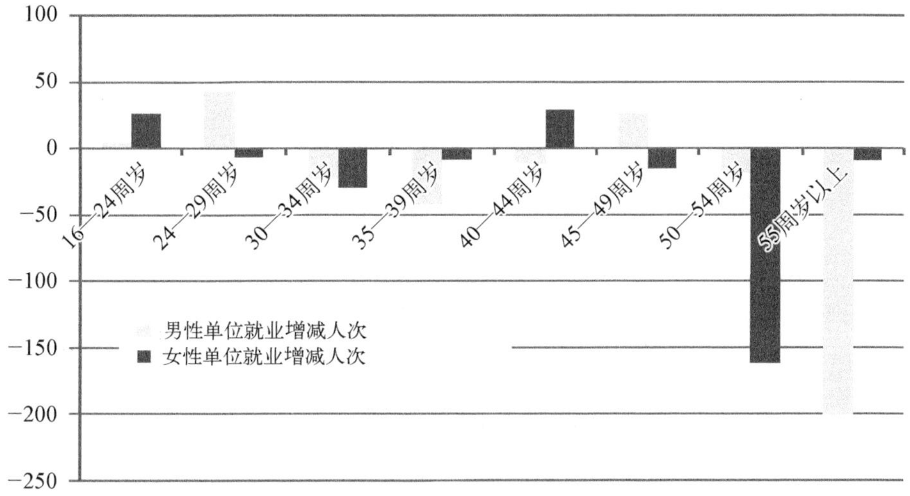

图 3.2 各年龄段单位就业人数增减情况

数据来源：上海市劳动保障管理信息系统——劳动力资源管理

通过图 3.3 中各年龄段劳动力的单位招工人次数可观察到两方面的信息：青年男性劳动力的就业人数要高于青年女性的就业人数，而 40 岁以上的劳动年龄段的女性就业人数要高于同年龄段的男性；目前，55 周岁年龄段的男性人员就业岗位呈现出稀缺性；“4045”人员的学历层次要明显低于其他年龄段的劳动者，且呈现出年龄越大、学历越低的趋势。综上所述，本研究认为“4045”人员就业困难显而易见，其中 55 周岁以上的男性是就业最困难的一类人群。

2. 失业特性分析

“4045”人员失业是我国经济、社会发展过程中的阵痛，本研究通过总结一些日常工作中接触的“4045”求职者的个人信息，进行案例的分析与汇总，

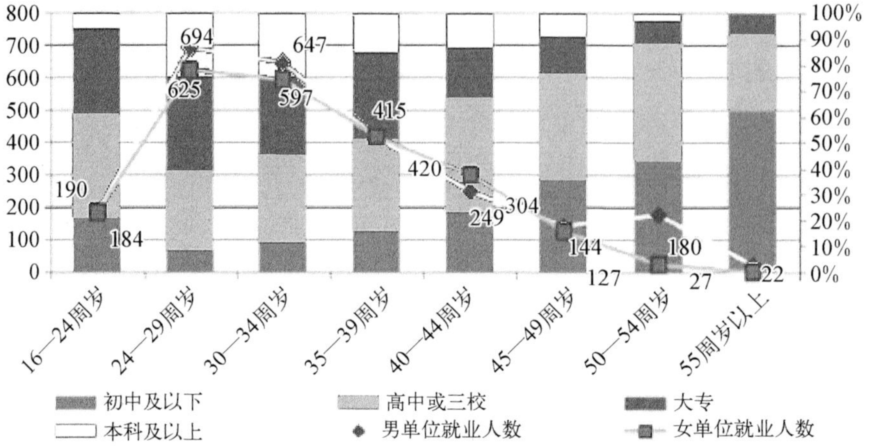

图 3.3　各年龄段单位就业人数

发现求职者失业大多为非主观原因，属于自愿性失业，而他们找不到合适工作的原因各有不同。将其作为本研究需求评估中需求预估的环节，为后续公共就业服务需求评估研究提供现实参考依据。

3. “4045”人员的就业趋势分析

本研究选取 L 街道户籍“4045”人员，将此街道近 5 年该群体的招退工备案及失业保险申领数据进行了汇总整理，从大数据来分析该群体的就业趋势，结果如表 3.1 所示。

表 3.1　近 5 年“4045”人员就业现状

	时间段	男性人数(周岁)			女性人数(周岁)			总数
		45—49	50—54	55—60	40—44	45—49	50—54	
单位招工	2012 年上半年	180	149	63	176	87	15	670
	2013 年上半年	159	206	149	200	134	26	874
	2014 年上半年	130	241	124	204	100	23	822
	2015 年上半年	153	179	96	228	116	17	789
	2016 年上半年	145	181	68	300	130	22	846

续 表

	时间段	男性人数(周岁)			女性人数(周岁)			总数
		45—49	50—54	55—60	40—44	45—49	50—54	
单位退工	2012 年上半年	161	145	140	165	108	53	772
	2013 年上半年	130	160	182	180	109	92	853
	2014 年上半年	146	198	224	224	107	92	968
	2015 年上半年	145	179	227	227	121	66	942
	2016 年上半年	119	199	269	271	145	184	1 187
失业保险	2012 年上半年	112	369	674	92	340	37	1 624
	2013 年上半年	114	297	755	99	315	71	1 651
	2014 年上半年	75	265	612	76	278	37	1 343
	2015 年上半年	72	229	549	104	224	38	1 216
	2016 年上半年	75	213	508	118	211	34	1 159

从表 3.1 中可以发现以下现象：近 5 年 L 街道户籍"4045"人员的单位招工数据除 2012 年上半年相对较少外，其他几年数据相对接近，而单位推动数据则呈逐年增长趋势；近 5 年该群体申领失业保险的人次数呈逐年下降趋势；如果除去 2012 年上半年的单位招工数据，近 5 年"4045"男性的单位招工数呈逐年下降趋势，而劳动年龄段的"4045"女性单位招工与单位退工人数都呈逐年增长趋势；近 5 年来，45—49 周岁的男性劳动力单位退工人数逐年减少，而其他年龄段"4045"人员的单位退工人数则呈增长趋势。

（二）公共就业服务供给现状分析

公共就业服务是帮助"4045"人群实现再就业、缓解以上矛盾问题的重要手段，更是扭转这一群体趋向恶化的就业形势的有效途径。本研究根据工作中的实际情况梳理了当前公共就业服务的流程，汇总了截至 2016 年年底的各类补贴和就业政策可享受年龄段和标准，将采用更倾向于定量的方法来分析当前公共就业服务供给现状（见表 3.2）。

表 3.2　各补贴政策汇总

	就业状态			
	失业	灵活就业		单位就业
补贴	失业保险金	大龄社会保险补贴	大龄就业岗位补贴	单位吸纳“就业困难人员”的补贴
对象	个人	个人	个人	用工单位
补贴条件	缴纳失业保险费至少满 1 年	连续失业至少满 6 个月，通过灵活就业参加社会保险	至少有 1 年单位缴纳社会保险费记录	录用经认定的就业困难人员并缴纳社会保险费满 6 个月以上
补贴期限	每缴纳满 1 年失业保险费可申请 2 个月，一次最长 24 个月。 在此缴纳满 1 年以上失业保险后重新核定	女 40—45 周岁、男 45—50 周岁最长 36 个月；女 45 周岁后、男 50 周岁后最长 60 个月	女 47 周岁起、男 57 周岁起最长 36 个月（提前或延迟后退休人员相应调整）	女 40 周岁，男 45 周岁，认定就业困难后实际缴费当月起 36 个月。如期满后离退休年龄不足 24 个月可延长至退休年龄
申请办法	一次申请最长 3 个月，按月发放；如再次申领需再次办理	一次性登记，依据实际缴费情况按月发放	一次性登记，按月发放	首次申请需实际用工且缴纳社会保险费 6 个月以上，一次性发放
2013 年标准	根据年龄与工龄；885—990 元/月	实际缴纳社会保险的 50%；最低 619.3 元/月	上海市最低职工工资的 50%；810 元/月	12 000 元/年；协保人员 6 000 元/年
2014 年标准	1 065—1 170 元/月	最低 634.6 元/月	910 元/月	16 000 元/年；协保人员 8 000 元/年
2015 年标准	1 255—1 360 元/月	最低 686.9 元/月	1 010 元/月	同上
2016 年标准	1 415—1 520 元/月	最低 712.6 元/月	1 095 元/月	同上

为与前文“4045”人员总体就业现状的分析相呼应，本研究在当前公共服务供给分析中也将运用 L 街道户籍人员的各项相关数据来进行比较分析。期望得出当前公共就业服务的供给与需求之间存在哪些差异，差异的

程度如何，这将为后续开展需求评估的问卷指标设计、问题设计提供非常大的参考价值。

1. 职业介绍与职业指导

职业介绍是公共就业部门的基本服务之一，不仅为劳动者推荐岗位，同时也为企业代理招聘。由于难以直接统计职业指导对于求职者就业的实际影响程度，本研究在供给分析中将职业指导看作职业介绍的一个环节，因此本研究将更多地从职业介绍的量化数据指标分析当前该公共就业服务的服务能力与服务效率。据统计，2016 年上半年 K 区职介所的窗口共接待来访人员 1 242 人。其中求职者 774 人，“4045”人员中男性 379 人，占总数 48.97%，女性 128 人，占总数 16.54%；其间共接待 L 街道户籍求职人员 145 人，“4045”人员中男性 58 人，占比 40%，女性 27 人，占比 18.62%。这一数据与总体的群体构成比例较为接近。在此期间前往该职介所的 L 街道户籍“4045”求职者的基本情况汇总分析如表 3.3。

表 3.3 “4045”求职者信息汇总

<table>
<tr><th colspan="2">基本信息</th><th>男</th><th>女</th><th colspan="2">求职意向</th><th>男</th><th>女</th></tr>
<tr><td rowspan="4">年龄</td><td>40—44 周岁</td><td>/</td><td>15</td><td rowspan="5">薪资要求（税后）</td><td>2 190—2 499 元/月</td><td>15</td><td>3</td></tr>
<tr><td>45—49 周岁</td><td>15</td><td>10</td><td>2 500—3 499 元/月</td><td>17</td><td>10</td></tr>
<tr><td>50—54 周岁</td><td>31</td><td>2</td><td>3 500—4 499 元/月</td><td>14</td><td>8</td></tr>
<tr><td>55—60 周岁</td><td>12</td><td>/</td><td>4 500—5 999 元/月</td><td>7</td><td>4</td></tr>
<tr><td rowspan="4">学历</td><td>本科及以上</td><td>1</td><td>2</td><td>6 000 元/月及以上</td><td>3</td><td>2</td></tr>
<tr><td>大专或高职</td><td>10</td><td>11</td><td rowspan="3">降低择业要求意愿</td><td>只考虑合适的岗位</td><td>11</td><td>7</td></tr>
<tr><td>高中或三校</td><td>18</td><td>8</td><td>可适当降低职位或薪资要求</td><td>31</td><td>17</td></tr>
<tr><td>初中及以下</td><td>29</td><td>6</td><td>任何岗位都愿意做</td><td>16</td><td>3</td></tr>
<tr><td rowspan="3">曾经主要从事岗位或工种</td><td>中高层管理类</td><td>2</td><td>2</td><td rowspan="3">培训意愿</td><td>愿意主动参加</td><td>4</td><td>6</td></tr>
<tr><td>部门主管等基层管理类</td><td>3</td><td>2</td><td>只参加必要的培训</td><td>12</td><td>12</td></tr>
<tr><td>销售或客户服务类</td><td>3</td><td>5</td><td>不愿意参加培训</td><td>42</td><td>9</td></tr>
</table>

续 表

基本信息		男	女	求职意向		男	女
曾经主要从事岗位或工种	流水线等生产制造类	10	1	各类补贴申领意愿	失业当月即会申领	45	19
	行政、财会等文职类	3	10		有必要时会申领	6	5
	普通或专业车辆驾驶员	15	/		没必要或不需要申领	7	3
	工程维修等技术类	7	/	家庭条件	较为优越	10	5
职业资质	保安、保洁等基础类	16	7		一般或良好	31	14
	持职业技能或行业从业资质等证书	29	12		比较困难	11	6
电脑应用	能熟练运用电脑软件并能实现网络自主求职	13	15		非常困难	6	2

针对这一样本人群的职业介绍服务成果，根据截至 2016 年 8 月 31 日的统计，仅有 29 人实现单位就业，占比 34.12%，总体就业率偏低。在就业人员中男性 20 人，女性 9 人；职介所或街镇等公共就业服务渠道成功推荐 17 人，其他渠道自主就业 12 人。具体情况见表 3.4。

表 3.4 求职者就业状况跟踪

基本信息		男	女	自主就业人数	公共就业部门推荐成功人数	市场薪资范围（元/月 税后）
年龄	40—44 周岁	/	5	4	1	
	45—49 周岁	9	4	7	6	
	50—54 周岁	7		2	5	
	55—60 周岁	4	/		4	
学历	本科及以上	1	2	3		
	大专或离职	2	2	3	1	
	高中或三校	5	3	3	5	
	初中及以下	12	2	4	10	
就业岗位	中高层管理类					
	部门主管等基层管理类	2		2		

续 表

基本信息		男	女	自主就业人数	公共就业部门推荐成功人数	市场薪资范围（元/月 税后）
就业岗位	销售或客户服务类	1	2	2	1	3 000—6 000
	流水线等生产制造类					
	行政、财会等文职类		5	3	2	
	普通或专业车辆驾驶员	1	/		1	2 800—5 000
	工程维修等技术类	6	/	4	2	3 000—5 000
	保安、保洁等基础类	10	2	2	10	2 190—2 800

资料来源：云台路职介工作资料整理汇总

2. 失业管理与灵活就业

失业管理，主要指的是城镇登记并对人员进行过渡性质的补贴。失业保险金是依法支付给符合条件的人员的基本生活费用，是对失业人员在失业期间失去工资收入的一种临时补偿，目的是为了保障人员的基本生活需要。据统计，2016 年上半年 L 街道户籍人员共登记失业 920 人次。其中“4045”人员 475 人次，占总数的 51.36%。“4045”男性 294 人次，占总数 31.96%；女性 181 人次，占总数 19.67%。各年龄段的失业登记情况如图 3.4 所示，可以印证 50 周岁以上的男性就业形势不容乐观。

3. 职业培训

职业培训是为适应经济和社会发展的需要，提高及培养劳动者素质及职业能力的教育和训练活动。然而“4045”人员的职业培训参与意愿非常低。据统计，在 2016 年上半年内 L 街道户籍人员参加职业培训 95 人。其中失业人员 38 人，在职人员 57 人，可见参加职业培训的总体基数非常低。而“4045”人员的人数就更少，男性仅有 7 人参加职业培训，在职人员 4 人，失业人员 3 人；女性 18 人，在职人员 13 人，失业人员 5 人。“4045”失业人员参加职业培训人数仅 8 人，占 8.42%。究其原因，一方面是参加培训意愿较低、学习能力较差，另一方面是培训项目缺乏合理性。

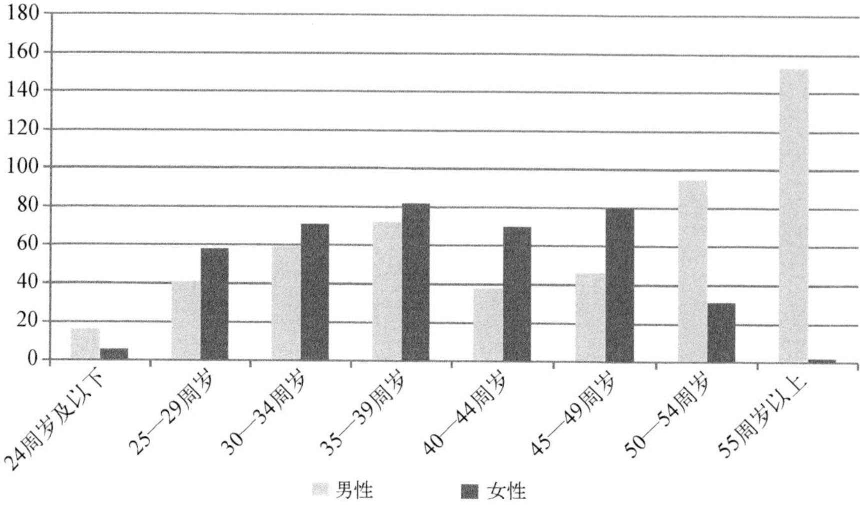

图 3.4　各年龄段事业登记情况

资料来源：陆家嘴社区事务受理中心业务数据

4. 就业援助

就业援助是指通过各项就业扶持政策及就业服务机构为主的就业服务，使就业困难人员实现再就业，以此达到增加家庭劳动收入、摆脱贫困的目的。据统计，在 2016 年上半年 L 街道共认定户籍就业困难人员 29 人，其中特殊困难人员 2 人(男)，男性 26 人，女性 3 人。在认定后 3 个月内，单位招工录用率 100%，其中单位就业 14 人，非正规就业 15 人。截至 2016 年 8 月 30 日，仅有 2 人退出了非正规就业，其他人依然在职。从安置的就业岗位来看，保安岗位 22 个，占到了绝大多数，其他有物业客服岗位 2 个(女)，社区助残、敬老服务岗位 3 个，保洁岗位 2 个。从而，本研究总结出以下就业援助服务现状的矛盾：认定就业困难人数明显少于实际就业困难人数；就业援助安置的岗位质量较低，通常都是“社区四保”(保洁、保安、保绿、保育)，待遇低、劳动强度大；用人单位政策办理问题多，尤其是中小微企业没有熟悉就业政策的专职人事，办理业务的多为财务、文员、行政、驾驶员甚至是就业困难人员本人。

5. 劳动力市场开发与监督

在劳动力市场开发中劳动力市场信息的开发是非常重要的环节，本研究统计了上海公共招聘网K区可吸纳35周岁与55周岁劳动者的岗位数量，分析了不同年龄劳动者的劳动力市场供需关系。

在表3.5中，以35周岁求职者与55周岁求职者的年龄设定，以学历、性别不限进行了岗位搜索，汇总了工作地在K区当天有效招聘信息的数量与平均岗位的招聘人数。无论从岗位数量还是每个岗位的平均招聘人数来看，55岁求职者能够获得的有效岗位信息要远少于35岁求职者能够获得的有效信息。从历年的统计数据来看，青年就业岗位数量在不断增加，而大龄就业岗位数量在不断减少，并且这一趋势仍然在延续。

表3.5 招聘岗位数量对比

日　期	2016年7月7日		2016年7月14日		2016年7月21日	
年　龄	35周岁	55周岁	35周岁	55周岁	35周岁	55周岁
招聘信息条数	4 371	354	4 541	321	4 468	328
岗位招聘人数	3.72	1.75	3.44	1.82	3.55	1.80
日　期	2013年7月7日		2014年7月14日		2015年7月21日	
年　龄	35周岁	55周岁	35周岁	55周岁	35周岁	55周岁
招聘信息条数	3 762	681	3 992	561	4 156	455
岗位招聘人数	3.45	2.03	3.72	1.95	3.71	1.96

资料来源：上海公共招聘网岗位查询

所以，根据上述公共就业服务的各项职能的供给分析，研究可以得出当前的公共就业服务存在供给模式滞后、被动的情况，针对"4045"人员的供给效能不足、导向有一定偏差等问题亟待解决。

三、"4045"求职者公共就业服务需求分析

(一) 公共就业服务需求问卷调查设计与实施

根据以上对"4045"人员的就业现状及当前针对这一群体的公共就业服务供给现状的分析，我们对"4045"求职者的公共就业服务需求有了一定程度的预估。本研究认为，这一群体非常需要公平的就业环境、真实的就业岗

位信息的提供、适合自身情况的岗位资源，需要过渡性的补贴来减轻失业期间的生活负担，群体中就业能力较差的人员需要积极的就业援助政策来帮助他们实现就业。本研究将通过有针对性的问卷调查来进一步研究这些需求的偏好与需要程度。

1. 问卷调查方案设计

本研究将主动前往上海市 K 区职业介绍所，将所接触的“4045”求职者作为此次调查问卷的研究对象，问卷调查期限设定在 2016 年 7 月 1 日至 2016 年 11 月 30 日内。在具体测量指标方面，问卷主要在“4045”人员对就业公平、就业信息提供、就业援助、培训需求、失业期间补贴需求这 5 个方面展开研究。利用李克特 5 级量表来评判各选项的需求程度，“完全不认同”“不太认同”“说不清楚”“认同”“非常认同”分别计 1 分至 5 分。

2. 调查问卷设计

表 3.6　调查问卷指标设计

一级指标	二级指标	三级指标		具体问题
公共就业服务需求	劳动力市场管理	公共就业服务公平		Q1：您认为您享受到的公共就业服务很不公平
		公平就业需要	就业年龄	Q2：您认为年龄问题非常影响您实现就业
			劳动关系	Q3：您认为单位难以遵守相关劳动政策法规
	就业信息提供	政策及信息咨询需要		Q4：您很需要了解自己适用的就业政策与就业信息
		互联网就业平台需要		Q5：您认为公共就业网站及手机公共就业软件对您找工作很重要
		职业指导需要		Q6：您很需要接受职业指导
		职业介绍需要		Q7：您很需要就业岗位推荐
	就业援助	就业援助需要	就业困难程度	Q8：您认为自己就业困难，很需要政府援助
			生活困难程度	Q9：您的生活条件非常困难
		援助服务与政策认同		Q10：您认为当前就业政策能很难帮助您实现就业
				Q11：您认为当前就业援助服务或补贴的申请或办理很困难

续 表

一级指标	二级指标	三级指标	具体问题
公共就业服务需求	职业培训	培训需要	Q12：您很希望参加职业培训
		培训认同	Q13：获得职业资格证书难以帮助您实现就业
		内容合理性	Q14：在当前培训目录中很难找到适合您的培训项目
	失业期间各类补贴	补贴申领需要	Q15：您非常需要在失业期间领取相关补贴
		补贴标准认同	Q16：您认为现行补贴标准很不合理
		补贴与基础就业岗位性价比	Q17：您认为放弃现有补贴，选择一份薪资接近于最低工资的工作非常不划算

3. 问卷调查实施

在2016年7月1日至2016年11月30日期间，本研究小组共接待“4045”求职434人，有效回收完整填写的问卷与个人简历392份。在问卷调查过程中，受访者配合程度较高，对他们所关心的问题提出了一些见解，对公共就业服务的开展提出了一些建议和意见。本研究将在结论中针对意见比较集中的公共就业服务及具有建设性的建议进行具体的分析与阐述。

（二）问卷调查结果分析

1. 样本特征分析

本次在2016年7月至11月内受访的“4045”求职者人群的年龄、性别、学历与薪资意向特征与表3.7中2016年1月至6月L街道户籍“4045”求职者的群体特征比较接近。主要呈现以下特点：第一，样本人群中男女比例接近2∶1，显示前往公共就业部门求职者的“4045”人员以男性居多。第二，在“4045”求职者中，男性主要集中在50周岁至54周岁的年龄段，占总数的32.14%。除50周岁以上的女性求职者人数较少，其他年龄段求职者人数相对平均。第三，“4045”求职者多数为初中、高中或三校学历，大专与本科以上学历的仅占25%。女性求职者群体的学历要相对高于男性。第四，在

“4045”求职者中在职人员前来求职的非常少，仅占总数的 7.65%。绝大多数求职者都处于实际失业状态，协保、内退、征地等需要与用工单位建立特殊劳动关系的男性求职者也占到了 8.67%。第五，“4045”求职者有过半能够接受税后一个月 3 000 元以下的收入，要求到手工资一定不得低于 4 000 及以上的求职者相对较少，仅占 10.2%。

结合以上特征与个案的经验总结，本研究得出初步结论：此次受访的“4045”求职者绝大多数就业能力相对较差，对就业困难有一定的认识，主要就业意向集中在次要劳动力市场（见表 3.7）。

表 3.7 “4050”求职者样本特征统计

基本信息			人数		总数	比例	排序
年龄（周岁）	男	45—49	74		258	18.88%	2
		50—54	126			32.14%	1
		55 及以上	58			14.80%	4
	女	40—44	66		134	16.84%	3
		45—49	50			12.76%	5
		50 及以上	18			4.59%	6
教育经历			男	女	总数	比例	排序
学历	本科及以上		8	14	22	5.61%	4
	大专或高职		42	34	76	19.39%	3
	高中或三校		126	62	174	44.39%	1
	初中及以下		82	24	120	30.61%	2
人员类别			男	女	总数	比例	排序
就业状态	失业、无业		162	96	258	65.82%	1
	单位就业		16	14	30	7.65%	4
	灵活就业		46	24	70	17.86%	2
	协保、内退、征地		34	0	34	8.67%	3

续 表

求职意向		男	女	总数	比例	排序
薪资意向（元/月）	2 190—2 499	90	16	106	27.04%	1
	2 500—2 999	72	30	102	26.02%	2
	3 000—3 499	30	44	74	18.88%	3
	3 500—4 000	36	34	70	17.86%	4
	4 000—4 999	18	6	24	6.12%	5
	5 000 及以上	12	4	16	4.08%	6

2. 信度与效度检验

(1) 信度检验

本研究采用了 SPSS 软件来分析问卷的信度，结果如表 3.10 所示。一般认为克朗巴哈系数 α 低于 0.7 则信度较低，调查结果不可信，高于 0.9 则认为调查结果具有非常高的可信度。本次问卷 17 个问题的 α 值为 0.903，且 5 项分类指标的 α 值都不低于 0.8，说明问卷调查可信度较高(见表 3.8)。

表 3.8 问卷调查信度检验结果

指　　标	指 标 个 数	克朗巴哈系数 α
劳动力市场管理	3	0.914
就业信息提供	4	0.926
就业援助	4	0.874
职业培训	3	0.849
失业期间各类补贴	3	0.892
公共就业服务需求	17	0.906

(2) 效度检验

根据 SPSS 软件计算结果，问卷调查的 KMO 检验结果为 0.867。KMO 值越接近于 1，意味着变量间的相关性越强，原有变量越适合做因子分析。常用的 KMO 度量标准认为：0.9 以上表示非常适合；0.8—0.9 表示适合；0.7—0.8 表示一般；0.6—0.7 表示不太适合；0.5 以下表示极不适合。问卷调查的巴特利特球形检验结果 Sig 值为 0.017。当 P 值<0.05(即 P 值<0.05)时，说明各变量间具有相关性，因子分析有效(见表 3.9)。

表 3.9 问卷调查效度检验结果

指标	因子个数	KMO 测量取样适当性	巴特利特球形检验结果		
			Approx. Chi-Square 近似卡方值	Df 自由度	Sig P 值
公共就业服务需求	8	0.867	135.919	89	0.017

3. 需求优先级分析

本研究采用均值并结合标准差数据对 8 项公共就业服务进行排序，以分析"4045"求职者的公共就业服务需求优先级。本研究认为，在问卷结果中，各种公共就业服务需求的均值越高，代表该群体这种公共就业服务的需求程度越高，而标准差越低表明该群体对该公共就业服务需求程度越趋同。在进行"4045"求职者公共就业服务优先级排序后，本研究还将分析这种优先级排序的内在原因。

表 3.10，明确了"4045"求职者的公共就业服务需求排序。从以上的需求优先级排序及结合了解到的"4045"求职者的个案，可以用罗伯特·豪斯(Robert J. House)的目标导向理论(Goal-Orientation Theory)来解释与印证"4045"人员的公共就业服务需求优先级排序结果。目标导向理论认为，要达到任何一个目标必须经过目标行为，而要进入目标行为又必须先经过目标导向行为。如果将人以达成某一目标所需要做出行为的类型来区分的话，可以分为目标导向行为(指为寻求达到某种目标而表现出来的行为)，目标行为(即达到目标、满足需要的行为)，以及间接行为(指为满足将来需要而出现的行为)三种。从"4045"求职者以就业为目标的行为中可以得出如下分析(见图 3.10)。

表 3.10 “4050”求职者公共就业服务需求排序

<table>
<tr><th>一级指标</th><th>二级指标</th><th colspan="2">三级指标</th><th colspan="2">均 值</th><th>标准差</th></tr>
<tr><td rowspan="11">公共就业服务需求</td><td rowspan="2">劳动力市场管理</td><td rowspan="2">公平就业需要</td><td>就业年龄</td><td>4.52</td><td rowspan="2">4.19</td><td>0.558</td></tr>
<tr><td>劳动关系</td><td>3.86</td><td>1.176</td></tr>
<tr><td rowspan="4">就业信息提供</td><td colspan="2">咨询需要</td><td colspan="2">4.64</td><td>0.480</td></tr>
<tr><td colspan="2">互联网就业平台需要</td><td colspan="2">2.43</td><td>1.251</td></tr>
<tr><td colspan="2">职业指导需要</td><td colspan="2">2.52</td><td>1.410</td></tr>
<tr><td colspan="2">职业介绍需要</td><td colspan="2">4.54</td><td>0.499</td></tr>
<tr><td rowspan="2">就业援助</td><td rowspan="2">就业援助需求</td><td>就业困难程度</td><td>4.38</td><td rowspan="2">3.74</td><td>0.780</td></tr>
<tr><td>生活困难程度</td><td>2.94</td><td>1.658</td></tr>
<tr><td>职业培训</td><td colspan="2">培训需要</td><td colspan="2">2.32</td><td>1.079</td></tr>
<tr><td>失业期间各类补贴</td><td colspan="2">补贴申领需要</td><td colspan="2">4.39</td><td>0.751</td></tr>
</table>

需求优先级排序	公共就业服务需求	主动诉求或主观意图
1	信息咨询	了解公共就业服务与政策
2	职业介绍	求职
3	就业年龄公平	便于求职
4	失业保险及各类补贴申领	失业期间过渡性收入
5	就业援助(就业困难)	求职
6	劳动关系公平	更好就业
7	就业援助(生活困难)	缓解生活中的经济困难
8	职业指导	求职相关信息咨询
9	公共就业网络平台	自助求职
10	职业培训	便于求职及更高质量就业

4. 需求层次分析

本研究将各项公共就业服务所对应的“4045”求职者的需求层次进行分类,梳理了各公共就业服务之间的逻辑关系。使服务对象最终实现就业是

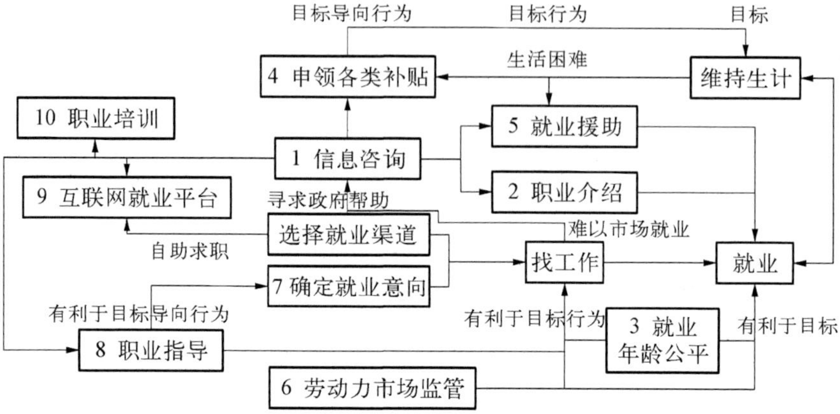

图 3.5　目标导向与需求优先级排序关系

公共就业服务的理想目标。根据图 3.5 所示，就业可分为安置型岗位就业、一般市场就业和更高质量的就业三类。三种不同的就业状态能够满足劳动者不同层次的需要。

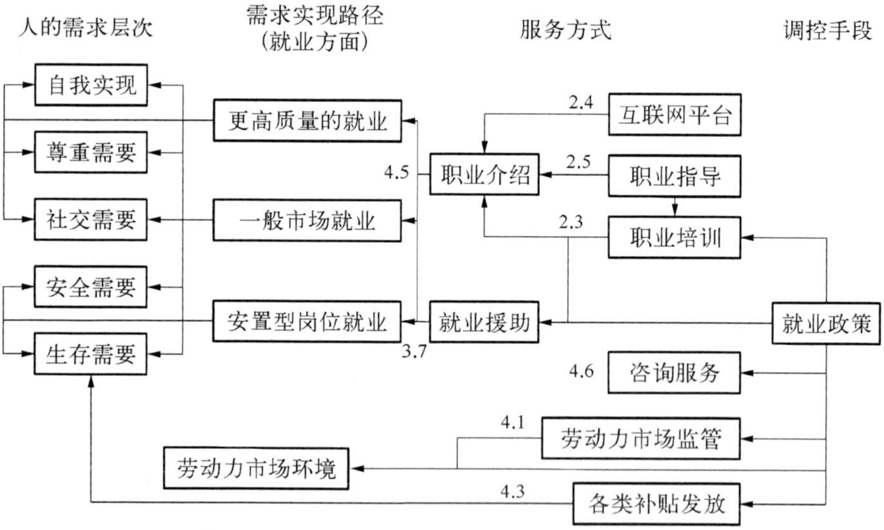

图 3.6　公共就业服务需求就业层次分析

综上所述，我们结合各项公共就业服务的功能定位归纳出了“4045”求职者群体的公共就业服务需求层次：1. 核心的公共就业服务需求。指直接能够帮助这一群体实现就业的公共服务,包括职业介绍服务及针对就业困难、生活困难群体的就业援助服务。2. 必要的公共就业服务需求。一种是宏观的,大环境上的需求,如劳动者就业需要有良好的劳动力市场环境,所以劳动力市场监管属于必要的公共就业服务需求。微观的需求是个体或某一群体,指“4045”求职者在求职过程中有必要接受的公共就业服务,如就业信息与政策咨询、困难群体在失业期间申领过渡性的补贴。3. 扩展的公共就业服务需求。指能够对“4045”求职者提供较为个性化的一般或改善性就业服务的需求,包括提供职业咨询、职场建议、生涯规划等方面帮助的职业指导服务,能够在一定程度上提高劳动者职业技能的职业培训服务,以及能够帮助有一定互联网应用能力的求职者自主就业的公共就业网络平台服务。

根据以上分析,本研究总结了“4045”求职者公共就业服务的需求及供给现状,接下来本研究将通过供需匹配关系来进一步研究这一群体与公共就业服务供需之间的匹配程度及矛盾现状。

四、基于需求评估法的“4045”求职者公共就业服务供需匹配

(一)“4045”求职者公共就业服务的供需匹配含义

1. 公共就业服务的职能与边界

本研究定义的“4045”求职者公共就业服务的供需匹配,是指这一群体的基本就业需求在一定程度上被公共就业服务的供给所满足。各公共就业服务的供需关系也会有各自相对合理、可控的指标范围。对“4045”求职者这一群体而言,他们是主动寻求公共就业服务,将参考需求总数与供给总数、需求的预期效果与供给的实际效果之间的关系来分析结构性的供需匹配现状。而公共就业服务供需结构性匹配程度如何更取决于供需之间功能性的匹配程度。

2. 公共就业服务供需匹配的研究方法

针对“4045”求职者的公共就业服务供需匹配程度的研究基于功能性与

结构性两个视角来进行，分别采用定性与定量的方法来研究。功能性匹配方面主要围绕本研究需求预估、现状分析环节中发现的矛盾，结合需求评估问卷调查中“4045”求职者对这些问题的观点，进行公共就业服务供给的针对性、有效性评估；在结构性匹配方面将主要采用与“4045”求职者就业相关的量化数据，通过服务的供求关系、需求程度、服务结果等数据来评价各公共就业服务的供需关系。

（二）基于功能性匹配的公共就业服务供给针对性

1. 核心需求的功能性匹配分析

（1）职业介绍

职业介绍的本质就是人职匹配，公共就业部门的岗位资源对做好人职匹配来说至关重要。就“4045”求职者群体而言，他们的求职渠道相对单一，互联网运用能力较低，并且在特定的时代背景下形成了“有困难找政府”的观念，所以职业介绍服务的需求程度之高不难预料。当前公共职介所的就业岗位信息主要来源于周边的招聘单位，在与招聘单位签订代理招聘协议后，由职业指导员为企业代理发布信息，收集合适的求职简历并推荐给招聘单位。这样的服务方式决定了公共职介所能获得的岗位资源是相对市场化的。作为企业招聘渠道之一，以往选择公共职介所进行招聘的岗位多数层次相对较低，如保安、超市理货员等；对技能、学历要求较低，薪资待遇较差，招聘单位往往会选择免费的公共职介所渠道进行招聘。在近几年的工作中，发现企业招聘的许多岗位已逐渐提高了求职者的任职要求，其中年龄要求逐渐苛刻。

（2）就业援助

当前就业援助服务功能的发挥受到了政策办理难、困难人员知晓度低、安置型就业岗位减少的限制。通过分析当前面向就业困难人员的就业援助服务在以下方面的现状，我们可以印证这一观点：就业援助服务是针对就业能力较差的群体提供针对性的就业促进政策与职业介绍、职业培训、职业指导等方面的服务，并且试图提高这一群体与劳动力市场的匹配程度。

2. 必要需求的功能性匹配分析

(1) 劳动力市场管理

违反就业公平行为的监管能力成为当前公共就业部门发挥劳动力市场管理功能的薄弱环节。问卷针对“4045”求职者在当前劳动力市场环境下用工单位的劳动关系公平与就业年龄公平两方面进行了研究。结果显示,Q2均值为4.52,标准差为0.558;Q3均值3.81,标准差为0.926。由此表明“4045”求职者普遍感觉年龄对他们的就业产生了巨大的影响,而用工单位或多或少都有过损害劳动者权益的行为。

(2) 就业信息咨询

将“4045”求职者的咨询需求细分为两类:单纯的政策、业务、就业岗位信息获取的需求,及接受职业指导的需求(“4045”求职者可能并不认为这就属于职业指导)。研究发现,“4045”求职者咨询需求以第一类居多。原因是他们的信息来源渠道有限、获得的信息片段化、模糊程度较高,而且他们在职期间对就业信息方面的问题关注度较低,所以在失业后这些有限、模糊的信息需要得到官方的整理、解释和补充说明。当然,这也与政务信息公开、透明程度较低有关,就业政策尽管有在线官方网站的公示,但具体业务办理流程较为模糊,一些政策业务甚至办事机构本身经常调整、合并、拆分,导致群众获取信息的准确性不足。

(3) 各类补贴的发放

失业期间的各类补贴对失业人员,尤其是家庭条件困难的失业人员而言意义重大。但补贴标准的逐年提高,也使得一些家庭条件较好的劳动年龄段内的失业人员更偏好于申领补贴而不是选择基础职位就业;对一些既有就业困难又有家庭经济困难的失业人员而言,“吃不饱,饿不死”是他们对当前补贴标准的评价。这样的现状表明当前失业补贴的应有功能发生了偏差。问卷Q16的均值为3.09,标准差为1.923,Q17的均值为2.97,标准差为1.976。可以发现,这两项调查的结果离散程度较高,显示分歧较大。但将Q9与Q17进行对比,对家庭条件与补贴性价比认同的问卷结果进行皮尔森相关性分析则发现：皮尔森相关显著性（双尾）为 0.02（一般认为 Sig＜0.05 为有显著性意义）。即家庭经济条件越差的"4045"求职者认为基础职位的性价比还是要高于申领各类补贴，而家庭经济条件越好的"4045"求职者更认为与其从事基础就业岗位，不如申领失业保险等补贴。

3. 扩展需求的功能性匹配分析

（1）职业指导

"4045"求职者对于职业指导的需求低并不完全是由于他们不需要这项服务，更不是意味着职业指导不能很好地帮助他们就业，而是如上文所述，他们概念中的"咨询需求"包含了职业指导的需求。下图职业指导与职业介绍服务的对比，可以解释为什么本研究认为职业指导的功能性体现渗透于公共就业服务的咨询、职介等方面（如图 3.7 所示）。

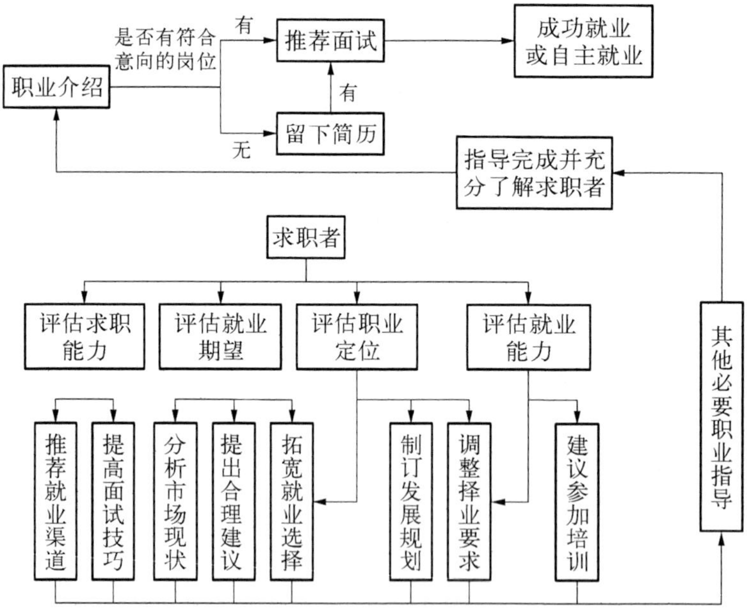

图 3.7　职业指导与职业介绍关系

（2）公共就业互联网平台建设

"4045"求职者对互联网就业平台的需求程度较低在一定程度上与这一

群体中大多数人的计算机运用能力较差有直接关联。即并不是因为公共就业网络平台不重要或者不实用而需求较低，主要原因在于不会使用。但在问卷调查结果中，Q5 标准差为 1.251，表明受访者群体对这一需求存在一定程度的分歧。

(3) 职业培训

"4045"求职者对职业培训的需求程度较低不仅是由于自身的培训意愿较低，还包括了对培训模式与课程的认同感不足，这导致职业培训服务无法达到预期的功能设置。据问卷结果统计，Q13 的均值为 2.34，标准差为 1.089；Q14 的均值为 3.55，标准差为 1.061。这表明了"4045"求职者较为普遍的想法：持有职业资格证书还是可以对自己就业有一定程度帮助的，但他们不认为在当前职业培训中有非常适合自己的培训项目(甚至没有兴趣了解有没有适合自己的项目)。结合与众多"4045"求职者的访谈与了解，本研究认为他们确实了解到当前的就业环境与招聘环节中职业技能与职业资质的重要性，但他们中的多数人更愿意讨论的问题是"以他们当前现有的能力能够做什么样的工作，有没有合适的职业岗位"。

(三) 基于结构性匹配的公共就业服务供给能力

1. 核心需求的结构性匹配分析

公共职业介绍服务的供给能力评估应当着重分析两个方面：公共就业部门是否能够提供适合的就业岗位信息，以及求职者最终是否能依靠公共就业部门提供的就业岗位实现就业。本研究针对 392 名受访的"4045"求职者的职业介绍服务结果进行了汇总，如下表 3.11 所示。

表 3.11 "4050"求职者职业介绍服务结果

服务结果	人数	占比	主要原因(公共职介角度分析)	人数	占比
无法推荐岗位并长期失业	139	35.46%	身体较差或残疾，无法胜任常规岗位	9	6.47%
			要求过高，或就业主动性不强	25	17.99%

续　表

服务结果	人数	占比	主要原因（公共职介角度分析）	人数	占比
无法推荐岗位并长期失业	139	35.46%	意向职位冷门，周边企业需求极少	16	11.51%
			有特殊经历，难以推荐	13	9.35%
			有岗位，但因年龄限制无法推荐	54	38.85%
			其他	22	15.83%
推荐后实现就业	81	20.66%			
多次推荐仍无法就业	101	25.77%	面试中无法被“择优录取”	53	52.48%
			试用期间难以胜任或适应	31	30.69%
			家中有急事，需暂停就业	5	4.95%
			其他	12	11.88%
自主就业或灵活就业	71	18.11%			

2. 必要需求的功能性匹配分析

据统计，有 38.85%的“4045”求职者因为招聘岗位设定了较为严苛的年龄要求而无法被推荐，其中主要是 50 周岁以上未退休女性大龄人员及 55 周岁以上男性大龄人员。例如，何女士因照顾家中重病卧床的老人连续 10 多年工龄不足，不能 50 岁退休，长期操劳也使何女士身体状况不佳，难以胜任长时间的站立以及劳动强度过大的工作。职业指导员联系了多家企业，企业人事都表示没有合适的岗位；而有 52.48%的“4045”求职者在参加面试过程中，最终没有被“择优录用”。

3. 扩展需求的结构性匹配分析

所有受访的“4045”求职者都已经接受了一般职业指导，提供了咨询与个性化的求职建议。但不同于青年求职者的是，“4045”群体思想意识更为固化，自我认识更成熟、更充分。针对坚持不考虑降低职位要求、坚持专业对口岗位等情况的“4045”求职者，深层次职业指导开展的余地不大。而在职业培训方面，根据回访及上海市劳动力资源系统的统计，在 392 名“4045”求职者中，仅有 15 人在调查期间参加了职业培训。本研究发现了一个耐人寻味的现象，就是大龄女性职业培训的“业余化”，统计如下表 3.12 所示。

表 3.12 “4050”求职者职业培训情况

人 数	培 训 项 目	培 训 目 的	对 口 职 位
3(男)	消防设施操作员(初级)	现有工作需要	物业监控
1(男)	电工(初级)	现有工作需要	电工
1(男)	管道工(中级)	提升技能	管道工
1(女)	保育员(初级)	现有工作需要	保育员
2(女)	形象设计师(初级)	兴趣爱好	美容、服装等行业
2(女)	中式烹调师(初级)	兴趣爱好	厨师
4(女)	面式面点师(初级)	兴趣爱好	厨师、点心师
1(女)	母婴护理(专项能力)	照顾女儿和孙子	保育员

（四）结论

经过此次问卷调查，本研究对上海市 K 区“4045”求职者的公共就业需求进行了评估。在此基础上，根据受访群体在一定时期内所接受公共就业服务的状况与结果，我们分别对公共就业服务的针对性与供给能力进行了研究。研究结果如下表 3.13 所示。

表 3.13 公共就业服务供需匹配结果

公共就业服务需求	供需匹配结果	主 要 矛 盾
职业介绍	供给能力不足	缺少岗位，就业年龄歧视，“4045”群体就业能力较低
就业援助	供给能力不足	缺少安置岗位，政策实施细则有待改进
就业信息咨询	基本匹配	“4045”群体信息来源渠道狭窄
劳动力市场监管	供给针对性不足	缺乏对招聘企业年龄歧视的监管，监管被动

续 表

公共就业服务需求	供需匹配结果	主 要 矛 盾
各类补贴发放	基本匹配	各类补贴待遇逐年提高，造成基础就业岗位性价比逐年下降
职业指导	基本匹配	“4045”群体思维相对固化，难以深入指导
公共就业平台建设	需求不足	“4045”群体计算机运用能力较差
职业培训	供给针对性不足	项目设置不合理，“4045”群体学习能力与意愿较低

本研究的基本结论是：“4045”群体的就业能力相对较差，再就业过程中对公共就业服务的依赖程度较高；“4045”求职者群体偏好“简单实用”的公共就业服务；“4045”求职者的公共就业服务需求与实际供给之间存在一定程度的不匹配。除此之外，本研究发现，“4045”群体中存在一定规模的长期失业人员，他们长期申领失业保险金或大龄岗位补贴。本研究认为，失业保险基金的支出可以更多地向就业援助倾斜，与其让失业人员群体申领逐年递增的失业保险金，不如通过额外增加一定数额的就业援助经费，通过各种方法与渠道来促进其就业并参加社会保险。这一转变不仅能够使社会充分提高就业程度，更能够使“4045”群体体现自身的社会价值，丰富自身的生活，也为社会的建设与发展创造价值。

参考文献：

[1] 卡尔·马克思. 资本论[M]. 何小禾，译. 重庆：重庆出版社，2013：33—62.

[2] 约翰·梅纳德·凯恩斯. 就业、利息与货币通论[M]. 金碚，张世贤，译. 北京：经济管理出版社，2012.

[3] 赵翠红. 西方经济学[M]. 郑州：郑州大学出版社，1996.

[4] 陈爱华，张莉，胡晓琼. 开发公益性岗位拓展就业空间[J]. 中国就业，2013(3)：53—54.

[5] 陈思英，解予睛，沈兆俊. 物业行业现状：招聘需求量大岗位满足率低[J]. 成才与就业，2012(20)：38—39.

[6] 景跃军，张昀. 我国劳动力就业结构与产业结构相关性及协调性分析[J]. 人口学刊，2015(5)：85—93.

[7] 李天舒.公共就业服务体系的基本特征和建设思路[J].经济研究导刊,2014(10):244—246.

[8] 唐兆涵,丁守海,胡云.经济下滑背景下的就业问题思考[J].教学与研究,2015(12):36—45.

[9] 刘军强.增长、就业与社会支出——社会政策的“常识”与反“常识”[J].社会学研究,2012(2):1—21.

[10] 刘渝琳,熊婕,李嘉明.劳动力异质性、资本深化与就业——技能偏态下对“用工荒”与就业难的审视[J].财经研究,2014(6):95—108.

[11] 莫荣,陈云.新常态下的就业形势[J].中国劳动,2015(1):4—9.

[12] 苏丽锋,陈建伟.我国新时期个人就业质量影响因素研究——基于调查数据的实证分析[J].人口与经济,2015(4):107—118.

附录

公共就业服务需求调查问卷

求职者：

您好！

为充分了解当前求职者的公共就业服务需求，更好地帮助求职者就业，我们设计了以下问卷。请您按照真实情况回答，非常感谢您的配合！

一、基本情况

年龄：________ 性别：________ 学历：________

居住地区：________ 薪资要求：________

二、公共就业服务需求（请打"√"）

相关服务	具体问题	完全不同意	不太同意	说不清楚	基本同意	完全同意
劳动力市场管理	Q1：您享受到的公共就业服务很不公平					
	Q2：您认为年龄问题非常影响您实现就业					
	Q3：您认为单位难以遵守相关劳动政策法规					
就业信息提供	Q4：您很需要了解自己适用的就业政策与就业信息					
	Q5：您认为公共就业网站及手机公共就业软件对您找工作很重要					
	Q6：您很需要接受职业指导					
	Q7：您很需要就业岗位推荐					
就业援助	Q8：您认为自己就业困难，很需要政府援助					
	Q9：您的生活条件非常困难					
	Q10：您认为当前就业政策很难帮助您实现就业					
	Q11：您认为当前就业援助服务或补贴的申请或办理很困难					

续 表

相关服务	具 体 问 题	完全不同意	不太同意	说不清楚	基本同意	完全同意
职业培训	Q12：您很希望参加职业培训					
	Q13：获得职业资格证书难以帮助您实现就业					
	Q14：在当前培训目录中很难找到适合您的培训项目					
失业期间各类补贴	Q15：您非常需要在失业期间领取相关补贴					
	Q16：您认为现行补贴标准很不合理					
	Q17：您认为放弃现有补贴，选择一份薪资接近最低工资的工作非常不划算					

3.4 智慧城市背景下政府公共信息服务问题与对策研究

——以浙江省 A 市为例[①]

近年来，我国城镇化迅速推进，各种“城市病”也相继在各地蔓延。地方政府为有效缓解城市在发展中面临的各种难题以实现科学、和谐和可持续发展，智慧城市建设被提上议程，并且成了国内外城市发展的趋势。智慧城市是运用新一代的信息和通信技术手段，感测、分析、整合城市运行核心系统的各项关键信息，从而对包括医疗养老等民生、城市环保、公共安全、城市服务、工商业活动等在内的各种需求做出智能响应。其实质是利用先进的信息技术以及不断发展的物联网技术，实现城市智慧式管理和运行，进而为城市中的人创造更美好的生活，促进城市的和谐与可持续发展。

与传统的公共信息服务相比，在智慧城市理念指导下的公共信息服务，更加强调多主体的参与，通过与网络技术的结合能够迅速地发现问题，提高

---

① 本文作者：谢明志，华东理工大学 2018 届 MPA 硕士，导师杜仕菊。

效率。智慧城市建设强调公共信息服务的人性化发展，是把城市本身看成一个生态系统，其过程是政府通过信息化建设，在满足差异化的公共信息服务上不断进行帕累托改进，让民众体验个性化的信息获取，最终提升城市生活友好程度，增加居民满意度。随着智慧城市的进一步发展，研究智慧城市下公共信息服务能力提升，成为现阶段城市智慧化主要的研究课题。

在长三角协同发展战略的引领下，基于智慧城市发展建设的背景，A 市在进一步加强信息化城市建设、完善公共信息服务体系等方面取得了一定的成果。因此，本研究将在全球智慧城市建设的大背景下，以 A 市公共信息服务能力为例，结合新公共服务理论、公共产品与治理理论、区位理论，采用文献分析法、案例研究法、SWOT 分析法、理论与实践相结合的方法，通过对其智慧城市建设和具体公共信息服务建设情况的 SWOT 分析，为公共信息服务能力提升找到路径和着力点，明确服务体系建设的发展方向，提出相应的对策和思考。本研究力图对现有关于智慧城市和公共信息服务的理论形成一种合力，通过改善当下信息服务中的问题来推进政府信息服务能力建设和社会秩序的和谐。

一、智慧城市建设对政府公共信息服务的影响

作为城市公共信息服务提供的主体，政府在建设智慧化城市的过程中，也面临着新要求、新挑战，智慧城市的建设对公共信息服务也有着新的要求。第一，服务目标变化。维护社会的公平与正义是政府存在和提供服务的价值基础，也是服务型政府在城市信息化推进中将要面临的新挑战。在智慧城市建设的背景下，由于不同群体在通信设备、网络条件和使用权限等方面存在着巨大的差距而形成“数字鸿沟”，贫富差距将会进一步扩大。政府除了兴建各种信息基础设施以外，还要注重公民的经济能力和素质能力的普遍提高，以此来推动经济社会的和谐稳定发展和社会的公平正义。第二，优化城市经济社会活动。一方面，作为城市信息化的主体，政府必将拓展社会服务内容；另一方面，城市智慧化，将促进经济结构调整，个性化服务

成为主流。第三，改变服务模式。以往政府的信息服务普遍是信息相对滞后、格式固定、形式单一的模式，智慧城市建设背景下，政府要正确理解新时期的信息服务模式变化。

二、智慧城市建设对A市公共信息服务的影响

（一）A市智慧城市发展的背景

2010年“中国智慧城市论坛大会”在武汉召开，首次开始探索符合城市特色的智慧之路。“智慧城市”的概念最早是由南京提出的。迄今为止，许多城市已纷纷启动“智慧城市”战略，开展相关的规划和项目。A市发展智慧城市的基础如下：第一，具备智慧城市建设所需的经济基础，作为我国对外开放最早的一批城市，A市一直都具备较强的经济实力。第二，具备较高的信息发展水平，作为1987年国务院审核批准的五个国家计划单列市之一，A市信息化基础建设开始较早并稳步发展，在通信基站、宽带覆盖、Wi-Fi网络建设等公共信息基础设施上投入较早。第三，2010年上海世博会的举办，也进一步影响了A市城市信息化战略，作为城市信息化建设的示范城市，A市成为上海世博会“信息化与城市发展”主题论坛的主办地，这为A市提供了信息化成果介绍和展示的重要平台。

（二）智慧城市建设内容及其对政府公共信息服务的提升

不同智慧城市建设的内容，涉及不同的政府公共信息服务能力，政府只有把能力提升点与智慧城市发展建设内容挂钩，才能做到有的放矢。

其一，全面建设公共信息网络，提升信息服务均等化。通过《A市“光网城市”建设三年行动计划（2012—2014）》的实施和建设，A市政府首先从城乡信息均衡化着手建设，到2015年已经基本实现城市家庭光纤网络覆盖、农村行政村通光纤的目标。全市新增光纤网络覆盖家庭用户250万户，光纤网络覆盖率在95%以上。作为国家4G试点城市之一，首个4G体验网也在A市建成使用；进一步规范A市住宅小区及商住楼网络基础设施建设等有关文件出台，实施驻地网共享共建政策，在全市已建小区及商住楼全面推进共

建共享工作。此外，政府广泛开展智慧城市相关学术论坛和群众活动，设立各类公益性信息化城市建设的宣传和技能培训，增加大众对智慧城市建设的认可度，也提高大众的信息化素养。截至目前，A 市已经具备相当完善的公共信息网络覆盖基础，平衡了公共信息服务均等化，也方便了政府获取准确的公共信息。

其二，推进公共信息库建设，提升政府公共信息处理的能力。在智慧城市背景下，社会信息化需求激增，对政府收集和存储海量信息的能力带来巨大考验，在基础网络铺设完善的前提下，政府迫切需要加强运用现代信息处理的方式。A 市利用产业结构转型的机遇，大力推进公共信息数据库建设，已逐步在医疗教育、气象水文、公共交通、人力资源、社会保障等涉及城市管理和民生的各个方面形成专业精确的数据库并在数据库的基础上，加强物联网平台和云计算能力建设，为城市智慧运转提供技术支撑。

其三，加快信息化产业建设，拓展政府公共信息服务应用。一方面，A 市加快信息化产业建设，同时拓展政府公共信息服务的应用。通过设立专项资金，以人为本，推动智慧化民生建设，开辟卫生专门网站，通过电子病历、电子挂号等方式，建立城市居民健康电子档案库。另一方面，发展智慧农产品信息可追溯网络，利用条形码、二维码等物联网技术，结合采用集成电路卡和条形码等手段采集和传递生产链信息，形成来源可追溯、去向可查证、责任可追究的农产品流通链。再者，政府大力发展智慧化城市管理，在城管、安监、质监、危险品运输、立体交通体系等市政、交通运输、综合治理等领域，引入信息化服务和智慧化建设，加强部门间数据的交换和共享，形成一套从隐患排查、问题预警，到发现问题、多部门联合执法的畅通行政体系。

三、A 市政府公共信息服务存在的问题及原因分析

本研究在智慧城市建设的背景下，以公共治理和服务不同主体的职责，从当地情况和我国社会客观环境两个方面提出 A 市政府公共信息服务存在的一系列问题，并分析造成这些能力不足的各类原因。

（一）服务意识不强，服务能力偏弱

A市政府在具体提供信息服务的过程中，暴露出公务人员信息服务意识不强、信息反馈能力偏弱、城市管理知识缺乏等行政单位新问题。随着信息化产业的发展和智慧城市的不断完善，城市信息化水平不断提高，公众的很多需求已经不需要直面公务人员，但信息平台后台数据处理和其他需要人工处理的个性化服务依然大量存在。在A市政府的某些部门和窗口服务中，工作人员仍然会出现态度冷漠、办事拖沓、缺乏效率意识、反馈随意等现象，服务观念落后和跨行业信息服务难以顺畅提供的局面在A市智慧城市建设中依旧存在。

造成公务人员普遍出现这类问题的原因，是由于我国地方政府行政人员一直以政府机关工作为重心，短时间内难以全面改善。一方面，政府还没有完全从经济活动中"跳"出来，在城市信息化过程中过于重视基础设施等"成果性"建设，忽视人才队伍培养，缺乏相应的队伍培训和思想道德建设。另一方面，虽然各类信息化平台和APP不断优化政府的管理方式，但由于没有相应的行政管理规范和流程制度，没有形成一套对公共信息服务人员的绩效评估体系，没有考核监督的服务很难自行进步。此外，由于城市各行政部门长期的独立管理运行，信息资源也都以自营自建为主，跨部门跨行业之间，信息共享能力偏弱，难以一蹴而就，而公众很多信息需求都是综合性的，得不到反馈或者无法获取有效信息的次数增多，会大大降低公众对政府信息服务的满意度和信任度，长此以往，容易造成公共信息服务空有口号没有实质成效。

（二）公共利益弱化

信息化数据的采集和互通，使得政府的管理变得越来越便利，但随之而来的是大量居民个人信息被公用：个人消费偏好、通信通话记录、医疗健康记录、性格倾向、信用记录、就业信息、资产数据等信息被录入数据库中。而这些数据库的使用并没有十分科学的限制规则和使用范畴规定。一方面，这给雇主、政府机构或其他合作使用者提供了定向定点选择的条件，这种时

间下的决策，很难不带有歧视性和目的性。另一方面，私人信息的泄露并非完全不可能，而且个人全部信息相对集中，资料安全隐患变得更大，内部腐败或者外部病毒等情况时有发生，给不良商家、不法分子提供了可乘之机。

由于公共利益弱化，尤其是公共信息数据安全的弱化，在智慧城市建设中，很难界定公共利益和个人隐私的边界，A 市信息化建设也面临这个困境。某些时候，由于信息完全不对称，政府的行为看似是为了城市的未来，但是事实上严重影响了部分个人的利益，决策地位的差异使得结果适得其反，智慧城市如果要牺牲部分公众的利益，容易造成信任危机。当前，A 市政府在公共教育、公共医疗、社会养老、社会救济等方面，本身的供给就赶不上公众需求，由于隐私的公开化，如果政府能从中提取为其政绩目标服务的信息要素，最终可能导致社会公共福利看似合理实则配置失当，甚至出现假公济私的现象。

（三）信息网站和平台不够完善

首先，“用户缺乏黏度”的问题依旧存在。在十年左右的信息化建设中，A 市政府构建了一系列官方网站和信息服务平台，给公众提供了不少便捷的同时却忽视了网站内容和用户体验的建设，导致平台和网站发展不符合智慧城市趋势和公众需求。其次，网站和平台定位不明。2017 年，A 市政府正式筹备上线“一站式平台”的“A 市民通”APP，提供全面的公共信息导航服务，希望实现程序全覆盖，市民办事“最多跑一次”的行政理念。但据查，不论是政府官网还是移动端的 APP，都试图涵盖所有行政事务和民生服务，缺乏科学分类和定位。另外，贪多求全的网站和 APP 设计，给用户操作带来诸多不便，复杂的界面对于大部分民众来说需要具备相当的硬件设施和信息知识，不利于工具的宣传推广。最后，内容整合缺乏规范。由于 A 市大部分网站和平台都属于综合类，其信息来源于不同行业和部门，由于管理者专业的差异，很难鉴别其他领域信息的滞后性和真实性，要保持信息资源的及时有效需要耗费大量的人工成本。

（四）市民参与不足

我国自古以来缺乏市民概念，也缺乏上下沟通的渠道，习惯自上而下的政策制定和执行。但在现代城市建设和管理中，公民的参与是不可或缺的一环，对城市发展的方向和法制建设都有重要意义。

1. 市民参与意识薄弱

不论是政府信息化工作年度在线市民考核评价活动、市民信箱、市民热线咨询和投诉参与，还是相关政策网上发布初稿寻求民众投票和提出意见建议，A市政府都认为市民们会积极投身其中，因为这些都是贴近民生服务的相关事务法规，然而事实却完全相反。这并不是因为公众没有渠道了解如何参与和何时参与，毕竟政府会通过主流媒体和各大官方网站、新媒体推送等，使得信息覆盖面足够广，但是由于各种因素，公众往往对自动放弃自己的权利表现出一种被动接受的态度，习惯等到自己遇到政策漏洞或规定不合理情况的时候才会采取信访或行政申诉参与政治，缺乏早期政策制定和政府工作评价事务的意愿。

2. 市民参与渠道太少

A市政府在职能和社会影响上依旧以制度为主，存在过度重视GDP下数字经济的影响，公共信息服务的职能还没有强大起来，面对生态医疗教育等诸方面的困境，我们只是一味地借鉴发达国家的成功经验，却没能因地制宜认识到自身的情况。除了联动官方微博、微信之外，A市政府想要城市信息化建设取得更好的效果，除了提升民众参与意识，更重要的应该是利用便捷的信息技术，建立其他民众参与城市建设的渠道。

3. 市民参与缺乏制度保障

当前我国还未出台关于智慧城市的制度体制，因此市民在表达意愿和希望的时候还存在制度和流程上的缺陷，这也是市民参与积极性不高的重要原因之一，市民参与信息化建设的制度完善迫在眉睫。即使单从政府完成其社会职能来看，政府管理也存在制度设计上的不足。

四、智慧城市背景下 A 市提升政府公共信息服务的 SWOT 分析

本研究针对上述 A 市信息进行 SWOT 分析，明确智慧城市背景下 A 市发展政府公共信息服务的优势点、弱势点、机会点和风险点。为提出具体措施和政策打下理论和逻辑基础。

(一) A 市提升政府公共信息服务优势(S)分析

1. 经济和历史人文基础

A 市作为副省级市，地处长三角南翼的经济中心，制定地方性法规权较大。2015 年，全市电子信息制造业主营业务收入达 1 548.7 亿元，实现软件业务收入 380.8 亿，同比增长 26%；全市电子商务交易额达 6 100 亿元，网络零售额达 703.9 亿元，同比增长 59.7%，跨境电商交易额 81.4 亿元人民币，在全国跨境贸易电子商务试点城市中名列前茅。作为具有 5 000 年文明史的历史名城，A 市历史上出现了高则诚、王守仁、黄宗羲等一批历史文化名人。作为著名的侨乡，有超过 430 万市籍人士旅居在世界 50 多个国家和地区。

2. 政府提供公共信息服务较早，城市信息化水平较高

2010 年，A 市抢抓时代机遇，启动实施《"智慧 A 市"建设总体规划》，在国内率先启动智慧城市建设，经过十几年的建设，特别是"十二五"期间，大力实施"光网城市"和"无线城市"的专项行动，信息基础设施支撑能力快速提升。至 2015 年年底，市政务云计算中心已经为全市 30 家单位的 82 个大型跨部门的综合信息化系统提供基础的支撑服务，共计 3 000 余万条数据进入市政务云计算中心数据架构体系进行共享，信息资源整合体系框架基本形成；自 2010 年以来，平台累计服务人次超过 1 000 万人次，日服务量高峰突破 2 万人次，智慧应用体系建设取得积极进展。

3. 市政府高度重视城市信息化建设

2010 年，市政府出台《中共 A 市委市政府关于建设智慧城市的决定》，提出建设智慧城市战略，成为全市"十二五"期间"六个加快"战略之一。《关于加快推进市政务云计算中心建设的实施意见》《关于推进智慧交通建设的

实施意见》等相关管理办法(表 3.16)和《关于促进 A 市信息消费的实施意见》《关于加快发展信息经济的实施意见》等政策意见陆续出台,政策环境不断完善。2016 年,市政府"十三五规划"明确每年安排财政资金不少于 3 亿元人民币,确定重点投入在智慧城市基础设施、公共平台、试点示范项目、标准规范应用、系统运维与推广、产业培育等领域。

表 3.1 A 市政府已公开发布的智慧城市建设相关政策

政策(时间)	智慧城市相关内容纲要
《中共 A 市委市政府关于建设智慧城市的决定》(2010.09)	建成一批成熟的智慧应用系统,形成一批规模的智慧产业基地;建设成为智慧应用水平领先、智慧产业集群发展、智慧基础设施比较完善的智慧城市
《关于推进智慧交通建设的实施意见》(2011.03)	促进信息技术在交通领域的广泛应用,加快现代物流转型升级,提高人民群众出行效率,创新交通管理服务方式,提高交通资源配置效率
《智慧工商建设规划》(2011.08)	纵向延伸和横向拓面;突出了电子政务主攻方向;重视信息化业务应用;注重制度和安全建设
A 市第十二个五年规划建设纲要(2012.03)	以智慧应用为导向,以智慧产业发展为重点,促进信息化与工业化、城市化的融合,力争到 2015 年,智慧应用体系、智慧产业基地、智慧基础设施等建设取得明显成效
《A 市人民政府关于加快推进"智慧 A"地理信息共享服务平台建设与应用的实施意见(2012.11)》	到 2015 年年底,全面完成共享平台建设,实现全市地理空间信息资源互联互通;按统一标准整合政府部门、单位和公众需要的各类地理信息资源;完善地理信息共享服务管理体制、运行机制及安全保障措施
《关于推进 A 市智慧健康保障体系建设的通知》(2012.12)	至 2015 年建成覆盖全市的实时共享智慧健康保障体系

(二) A 市提升政府公共信息服务劣势(W)分析

1. 局部发展迅速,缺乏整体协调

A 市智慧城市建设起步早,注重基础设施建设和各部门数据收集存储,信息化技术在城市建设与管理的局部应用已取得成效。但全市系统林立,在建设初期缺乏全局考虑,各单项应用之间互不协调。在城市公共信息服务建设中最迫切的难题之一,就是信息资源的共享互通,信息资源共享的有

效利用，以及城市管理的精细化。从已经出台的规划来看，A市发展智慧城市还停留在基础设备投入和发展通信产业层面，对全局设计鲜有触及。政府、部门间业务协调沟通不畅，十分不利于突破公共信息服务能力提升的瓶颈，达不到“一站式”的流畅智慧化体验。

2. 公共信息提供标准未确定，管理体制不健全

政府虽然很早就成立了A市智慧城市规划标准发展研究院，但一直停留在产业分析和政策研究的对比上，公共信息的运营准入和具体服务标准未定。虽然A市信息化行业发展迅速，但一直处于各自为政的混乱状态，技术标准与业务规范未统一。如不成立相关组织，长期没有智慧城市公共信息服务管理规范和目标考核体系，为市民提供便利高效的信息化城市体验将难以实现，智慧城市有沦为炒作的嫌疑。

3. 相关人才存在巨大缺口

公共信息服务能力的基础是互联网、物联网和新兴技术产业的发展，而A市本地缺乏高等院校提供的相关人才支持和储备。多年来，一直靠吸纳长三角经济带高端人才来推动发展，但从城市区位理论来看，A市相对中西部城市具备强大的竞争力，但和长三角直辖市、省会等城市相比，并非长三角地区高端人才首选创业和研发之地。如何解决公共信息服务中的万物互联、信息安全等高新技术人才匮乏，以及项目难以本地化等问题，成为A市公共服务能力提升与健康可持续发展的重大难题。

（三）A市提升政府公共信息服务机会（O）分析

1. 新技术提供突破新机会

与以往的城市信息化相比，最新智慧城市建设具有两个显著的特征：一是充分应用以物联网、云计算、无线宽带、三网融合等为主要内容的新一代信息技术，二是将与民生相关的公共管理与服务为业务系统重点发展。通过技术的突破，可以解决之前A市城市公共信息服务不能进一步完善的信息资源整合、业务应用统筹等问题。

2.“十三五”规划与智慧城市全面发展

党的十八大报告将城镇化与信息化、工业化和农业现代化并列作为未来十年国家的重要发展战略之一，我国城市化建设进入又一新阶段，智慧城市建设将成为融合城镇化、信息化、工业化发展战略的重要载体，城市公共信息服务逐步扩大。A 市作为最早一批建设政府公共信息服务能力的城市，在信息技术和软件行业具备较大规模，更容易抓住国家战略机会，进一步提升政府公共信息的服务能力。A 市还有机会和智慧城市建设的中西部后起之秀形成良性互动，发挥各自优势，共同促进城市公共信息服务的发展。

（四）A 市提升政府公共信息服务威胁(T)分析

1. 经济势头和核心技术难以保持

同属长三角地区的上海、南京、杭州等城市相继投入大量资金建设各自的智慧城市，均把物联网、云计算、下一代网络、高端装备制造等产业作为“十二五”时期城市战略新兴产业和智慧城市建设的重点。这势必造成我国城市间在相关产业领域的同质竞争，而国内一级城市在经济、人才、技术等方面保有的产业发展优势将对 A 市智慧产业的发展构成重大挑战。与他们相比，A 市的经济实力、科技水平和信息技术都没有明显优势，在人才集聚和互联网龙头企业上甚至明显落后。想要保持公共信息服务能力领先，必须保持经济发展势头，提升智慧城市中核心信息技术对经济的优化作用，形成经济和技术互相促进的良性循环。

2. 信息安全风险

第一，智慧城市建设，让政府公共信息服务由一个单向、封闭的路径发展为一个开放共享的体系，而公共信息服务时间越长、范围越广，其市民、企业和政府自身庞大的数据信息越将面临严峻的泄露、滥用的可能。第二，现阶段不断有新技术、新应用程序加入公共信息服务建设，将带来许多未知的安全风险。第三，随着城市信息的不断增加，公共信息服务量越来越大，城市运行管理不断提高对信息服务系统加紧耦合的依赖性，系统部分失灵或失效的概率持续增加。

五、智慧城市背景下 A 市政府提升公共信息服务的对策

通过上述对 A 市政府公共信息服务存在的问题及原因分析，以及对 A 市智慧城市建设的 SWOT 分析，本研究将总结提升政府公共信息服务能力可行的方向和具体措施。

（一）提升服务意识和能力

1. 思想上“以人为本”，行动上“服务至上”

政府行政人员作为国家和政府意志的执行者，思想上要树立“以人为本”的现代行政理念。公务员要明确自己的义务和职责，摆正自己的位置，去掉计划经济体制下政府主导一切、独断专行家长式作风的糟粕，按照服务型政府的要求，在公共信息服务领域强调“以人为本”的服务意识、放下官本位架子，设身处地为公众需求着想，将公民置于政府治理的中心位置，以为市民提供精确、有效的信息为工作之本。

下面以目前 A 市共享自行车和公共自行车系统的完善来说明政府思路改变和行为进步。最早 A 市只有政府主办的带桩公共自行车系统，一直存在高峰时期市中心、工业区等地方无车可骑、还车难、车发生故障等现象。面对这些问题，A 市交通运输部门积极制定相应的措施。最后通过与共享单车企业进行沟通协调，打通信息渠道，设置政府动态配送系统，借助云计算和大数据后台分析，对自行车实行及时的平衡调配，以及对保修车辆及时处理，发挥各自优势，满足人们高峰时刻的动态需求。

2. 加强公务员的业务素质建设

智慧城市和信息技术都是不断发展的事务，要想提升公务人员信息服务能力，首先，要高度重视公务员的信息技术培训工作，形成良好的继续教育氛围。其次，是完善技能和服务的监督评价机制和考核目标。最后，是推出政府相关服务人员竞争择优的选拔机制，以及与贡献相适应的激励机制，把提升公务员公共信息服务能力纳入制度化、规范化、法制化的轨道。

（二）公共利益优先

首先，是把保护市民信息资料的安全性作为重要工作。隐私是指现代社会每个人所独立拥有的信息，隐私脱离个体而存在就代表我们失去了隐私。而新一代信息技术所带来的“失去隐私”的担忧主要表现为个人信息可能被随意地查阅。对“失去隐私”的担忧可能使个人或群体反对物联网系统在城市中的布控，不接受个人信息在政府和企业的“云”中传递，智慧城市建设的主体性大数据采集工程也可能因此无法展开。所以，A 市政府在完成公共信息服务基础设施构建之后，一定要优先发展保证新信息技术和云储存的技术安全性，这将是决定公共信息服务能力下限的基石。

其次，是政府在提供公共信息服务的过程中，一定要从制度和技术两方面杜绝利用职务之便获取公共信息用以谋取私利的行为。虽然可能结果都是信息泄露，但内部信息安全和外部信息完全具有完全不一样的性质，行政人员一旦出现类似行为，必将使公共信息服务的价值打折，并严重影响市民对智慧城市的信任度。作为信息化较强的 A 市，一方面要建立各种监督机制，确保工作人员树立公共利益高于一切的思想，用法律抵制其私欲；另一方面，需要通过对市民的宣传教育，唤起市民的公共利益认识，给予市民外部监督的权利。

（三）重视多元化的参与主体

1. 人民是第一参与主体

第一，推进政务公开。自 20 世纪 90 年代开始，信息化的发展让政府逐步推进政务公开。A 市在这方面的建设也很早，其“十三五”智慧城市建设目标包括：建立共享、开放、安全的政务大数据生态体系。政务共享和公开，是提升市民参与兴趣和意愿的基础，也是改善政府和市民关系的重要举措。在目前公民社会组织不断发展的形势下，A 市在制定下一步公共信息服务政策之前，不要只从政府治理的角度考虑，要把人民放到第一主体的位置，这样才能从源头上提升公共信息服务的水平。

第二，积极拓展人民参与的渠道。A 市应该从两方面着手，首先是从信息技术上解决大众参与的支撑条件。信息技术是实现良政的重要手段，除了开设市长信箱，开通官方微博、微信等，最重要的是A市政府要保证每条渠道的畅通，即所有市民反馈的信息能得到及时的回复。其次是营造市民参与城市智慧化建设的文化氛围。一般来说，平等的观念、自主的意识、法制原则等概念都是民主文化建设的主题。激发市民改变社会的意愿，鼓励他们通过各种方式，参与整个政府公共信息服务体系建设，从侧面提升政府的服务能力。

2. 提供其他主体参与的机会

A市开展多元化主体参与智慧城市建设，主要在于：首先，政府的能力和精力都有限的，无法完全、及时地了解和解决市民的需求；其次，上文提及市民应该作为城市建设的主体参与者，但是相较于个人，社会组织有着更大的优势，它可以是同一个行业的一批人，也可以是各个行业的精英，可以是普通市民，也可以是专家学者。一方面，社会组织有助于全面表达社会各阶层的意见，是个人参与政治最适当、最有效的方式；另一方面，社会组织比个人有更多的反映渠道，目前我国社会组织、团体和各个行业协会，经过多年的发展，越来越成为和政府博弈公共政策的力量。A市政府可以通过社会组织的扶持和发展，保证智慧城市建设得更合理的同时，还能激发市民参与的动力和持续性。

(四) 提升公共信息服务建设的主体能力

1. 加强公民教育

首先，增加智慧城市建设宣传，提升市民知晓度，培养市民的参与意识，我国市民参与建设城市的能力相对较弱。A市本身市民参与度就偏低，通过鼓励市民参与智慧城市建设，一方面，可以宣传政府向服务型转变，实践以人为本的办事原则；另一方面，对市民进行现代公民教育，提升公民的参政意识。公民的参政能力和个人影响力，一定程度上代表着城市的民主政治发展水平。其次，要加强市民信息技术培训。公共信息化服务，需要服务对象具备一定的信息技术基础，A市政府可以不定期举办物联网、云计算等高端信息科技科普讲座，同时为年纪稍微大一点的市民开展信息技术基础知识公益讲课。

2. 人才培养

推进建立与新兴产业发展需求相一致的产学研基地。提升公共信息服务建设要与国际前沿技术保持同步，同时也要加大与国内其他城市先进技术的合作，密切跟踪产业技术发展趋势，成立专门小组，协助企业申请符合市场发展趋势的研发专利。积极鼓励企业加大对高端核心技术的科研投入，加强与长三角科研院所、高校的联系与合作，建立健全“政产学研”联动机制，提高对高新技术的引进、消化、吸收和再创新的能力，通过各种扶持、补贴和税收减免政策，增加科技含量高、竞争力强的高端智慧化产品在产业中的竞争力，优化信息产业结构。

（五）规范制度管理

1. 制定行业标准，加强数据整合

首先，加快资源信息交换目录标准建设。鉴于A市信息化产业和各部门各自为政的现状，市政府应着手研究形成政务信息资源交换的目录规范和信息目录库，开展信息交换管理制度和标准规范的制定工作，依照《国民经济行业分类》和《电子信息产业统计工作管理办法》等相关政策的要求，建立较为科学完善的智慧产业统计目录体系，完善产业统计工作推进机制，通过部门间的合作沟通，完成信息资源交换共享管理办法的制定，实现信息资源交换目录资源的互联互访。最终为市民“一站式”获取各种资源做好统一接入口工作。

其次，推进信息资源整合建设。为达到智慧城市的效果，A市政府在做好统一行业标准的前提下，重点推进云计算中心建设，统筹安排全市电子政务管理，逐步把环境卫生、工商电信、税务工商、教育就业等相关部门的数据全部纳入政府云计算中心，以完善软硬件数据整合支撑，实现公共信息资源的动态分配和安全共享。

最后，拓展平台应用。在资源整合完成后，A市政府可以加大推进四大基础信息库的建设和具体应用。增加各部门共享和动态应用的各类基础信息，全面推进逻辑统一、动态更新、便捷共享的法人单位基础信息库建设，扩充本市自然资源与空间地理基础信息库的数据、标准、服务和支撑环境，扩大A市智慧信用信息征集的范围，实现全市32个部门之间企业基础信息和信用信息的交换与共享，以及“信用A市”市与县(市)区两级系统的信息共享，建立企业信用评价系统。

2. 健全信息服务领域法律法规体系

A市作为国内最早发展公共信息服务的城市之一，早已经历“欠账”的阶段，但依然面临很大的法律风险。首先，A市需要利用自身比较宽的地方立法权，针对信息产业，尤其是新技术领域，加强法规体系建设。其次，作为智慧城市的排头兵，A市需要尽快完善城市信息服务领域地方性立法工作，健全信息共享、信息安全等方面的管理办法和规章制度，为智慧城市建设提供制度法规方面的保障。最后，为了保证市民的参与热情和成效，一定要给予为智慧城市建设表达观点的市民以法律保障。除了出台与公民参与公共信息服务和电子政务相关的法律外，A市还应该有一套监督反馈和公民参与的激励制度，这样才能更好地发挥市民和社会组织参与信息化建设、监督不合理情况的社会作用。整套制度可以充分听取社会组织代表、市民代表的意见，形成一套能促进双方沟通和进步的制度体系。

参考文献：

[1] 仇保兴. 中国智慧城市发展研究报告[M]. 北京：中国建筑工业出版社，2015.
[2] 李贤毅. 智慧城市开启未来生活[M]. 北京：人民邮电出版社，2016.
[3] 曹爱军，杨平. 公共文化服务的理论与实践[M]. 北京：科学出版社，2015.
[4] 卢汉龙，周海旺. 上海社会发展报告：提升公共服务水平[M]. 北京：社会科学文献出版社，2016.
[5] 杨正洪. 智慧城市——大数据、物联网和云计算之应用[M]. 北京：清华大学出版社，2014.
[6] 顾德道. A市智慧城市建设的实践探索[R]//行政改革蓝皮书：中国行政体制改革报告(2014—2015). 北京：社会科学文献出版社，2015.

[7] 郑立明.关于建设智慧城市的战略思考[J].现代管理科学,2015(8)：66—68.
[8] 钱琼芬,李春林,张小庆,等.云数据中心虚拟资源管理研究综述[J].计算机应用研究,2017(7)：2411—2415.
[9] 刘银喜,任梅.治理理论与公共产品的相关性探析[J].中国行政管理,2006(9)：91—93.
[10] 朱敦尧.北斗卫星导航系统在智慧城市建设中的应用探讨[J].全球定位系统,2013(4)：62—63.
[11] 江易华.新公共服务理论对政府绩效评估的借鉴意义[J].广东经济管理学院学报,2006(5)：16—19.
[12] 石坚.基于区位理论的城市用地扩展研究[J].中国房地产：学术版,2016(7)：62—74.

3.5 农村居家养老服务的供需问题研究

——以浙江省W市S镇居家养老服务为例①

一、研究背景

20世纪90年代以来，我国居民的老龄化进程逐步加快，65岁及以上老年人口从1990年的6 299万增加到2000年的8 811万。由此可见，目前中国人口老龄化进程加快。同时，老年人口高龄化趋势也日益明显，80岁及以上高龄老年人正以每年5%的速度增加，到2040年将增加到7 400多万人。在经济比较落后的农村地区，由于大量青年劳动力的外出，空巢家庭、独居老年人日益增加。受经济条件、传统养老观念等因素的限制，机构养老、社区养老等社会养老服务并未得到农村老年人的普遍认可，因此居家养老仍然是多数农村老年人的首选养老方式。随着老年人口的不断壮大，我国政府高度重视养老事业。2008年2月，中国老龄办出台《关于全面推进居家养

① 本文作者：郑传奇，华东理工大学2017届MPA硕士，导师汪华。

老服务工作的意见》，对居家养老服务进行宏观指导和具体引导，随后陆续出台有关居家养老服务的政策，居家养老服务日益成为有效解决我国养老服务难题的重要方式。

居家养老服务是指政府和社会力量依托社区，为居家的老年人提供生活照料、家政服务、康复护理和精神慰藉等的一种服务形式。W市S镇人民政府积极贯彻落实县民政局及市老龄委的文件精神，从2012年起开始投入建设居家养老服务照料中心，至今已经投入230多万元资金，按照标准建成14个农村居家养老服务照料中心，完成验收并投入使用。这些居家养老服务照料中心的建设大多选在建筑面积远大于100平方米，服务对象相对集中，交通便利，供电、通信等市政条件较好的办公楼、旧学校或宗祠内。各照料中心都有明确的管理层和服务层，服务对象为居住在本村且需要服务的老年人，主要是高龄、空巢、独居、生活困难的老年人。

然而，政府投入资金建设的居家养老照料中心虽然在各项硬性指标上达到了要求，但是大部分照料中心实际使用率低，从而浪费了大量的资源。因此，居家养老服务的公共福利政策是否经过充分的地方需求调研，地方政府更多的是要对上负责还是对下负责，如何让公共资源价值最大化并做到真正服务农村老年人成为本研究讨论的主要问题。所以，本研究将采用观察法、问卷法、访谈法和文献法，以S镇农村居家养老服务供需脱节为切入口，从公共服务供给机制、公共政策制定、乡镇政府权责体制等角度对上述研究问题进行分析解释，以期提升农村老年人的生活品质，促进农村社会养老事业的可持续发展。

二、S镇居家养老服务的背景、制度框架及实践

（一）S镇居家养老的背景

随着社会的发展，S镇原来粗放型的采矿模式容易造成较大的环境污染，伴随着可替代产品明矾的出现，原本热闹的小镇逐渐萧条。有知识、有能力的年轻人都到外地打工创业，镇上剩下了许多留守老年人。这些老年

人大多常年独居或者与老伴一同生活，缺少关怀，也缺少学习、娱乐和接受健康服务及法律服务的机会。在老龄化越来越严重的背景下，浙江省民政厅提出建设居家养老服务照料中心的政策，主要解决老年人日常照料、娱乐、健康、学习等一系列问题。S镇民政部门顺应县市政策要求，按照先试点后推广，循序渐进和与社会、经济发展相同步的原则，于2013年在镇内挑选了3个试点村，并在接下来的几年内在各个自然村推广建设村级居家养老服务照料中心。

（二）S镇居家养老的制度框架

其一，组织体系。S镇居家养老服务的组织体系相对简单，主要是由S镇民政办统筹全镇养老服务的开展，由各个村民委员会建设居家养老服务照料中心，落实各项养老服务，并接受省、市、县三级民政部门的指导及监督。其二，服务体系。服务人员由乡镇机关工作人员、村干部、专业服务人员、志愿者及公益组织组成，但在实际运营中，乡镇机关工作人员及村干部是照料中心建设及功能服务的提供主体，专业服务人员、志愿者以及公益组织成员不定期为老年人提供服务。其三，信息体系。养老服务照料中心的老年人信息主要分为三部分：一是乡镇民政部门收集的困难老年人信息；二是照料中心所在自然村经过排查登记而获得的，包括健康状况、家庭构成、联系方式等一系列基本信息；三是通过照料中心收集前来活动老年人的情况登记而获得的包括健康状况、兴趣爱好、心理情绪、具体需求等信息。其四，资金运营体系。养老服务照料中心涉及的资金主要有两方面：一是照料中心主体建设及设施设备购置所需的资金；二是后期运行所需的人员工资、设备维护、水电费等资金。其五，监管体系。照料中心由村委会运营，省、市、县、镇层层监督把关。主要对主体建设进行验收，并对后期日常运行进行明察暗访。民政部门不定期对照料中心进行检查，检查不合格的，按规定整改。

（三）S镇居家养老服务的实践

1. 硬件设施建设

S镇因资金限制，主要通过改造村办公楼、废弃老学校、祠堂等场所，达到照料中心标准后投入使用。由于办公楼、废弃老学校、祠堂的建筑格局并非专为照料中心设计，存在一些不适用的地方。S镇居家养老服务照料中心设置的主要功能室有日间照料室、康复室、运动室、图书室、电教室、娱乐室、老年人食堂等。每个功能室配备相应的设施设备：日间照料室配备躺椅、空调、电视机及可以淋浴的独立卫生间；康复室配备康复器材；运动室配备大、中、小室内运动器材；图书室配备1 000册以上的老年人书籍；电教室配备电脑、网络及讲座讲台和座椅；娱乐室主要为棋牌室，配备棋牌及桌椅；老年人食堂配备规定的炊具及就餐座椅等。

2. 服务提供

S镇照料中心的目标是为满足农村老年人在生活照料、健康服务、精神文化等方面的基本要求，做到规模适宜、功能完善、安全卫生、节约集约，并有一整套服务标准。照料中心主要以日托和上门服务的形式提供老年人人口信息登记、生活照料、健康保健服务、文体娱乐服务、精神慰藉服务、法律维权服务、志愿服务等各式服务。照料中心将管理人员、服务单位、服务项目、服务内容、收费标准、服务电话向居民公开。在S镇，每个照料中心的情况有所不同，条件好的照料中心提供的服务较为全面，条件差的照料中心所提供的服务也相对较少。

3. 照料中心开放情况

按照规定，照料中心应每日开放。但是调查结果显示，在已建成的照料中心中，只有少数近郊的照料中心按照规定时间开放，并有专职人员进行管理。而其他的照料中心，特别是偏远地区的开放情况不稳定，多数仅为村干部在岗时对外开放。

三、S镇养老服务的需求状况

（一）农村养老设施需求

第一，场所需求。在避灾方面，S镇是个常受台风影响的乡镇，许多农村老年人所居住的房屋为危旧房，在灾害天气来临的时候，他们需要一个就近的避灾场所；在沟通交流方面，农村老年人往往居住零散，缺少聚集场所，同时他们又渴望与他人聊天谈心；在娱乐活动方面，喜欢打太极、跳广场舞、打腰鼓、练合唱的老年人希望有专门的场所供他们活动。第二，医疗康复设施需求。在康复保健方面，老年人们最在意的是健康，他们大多很愿意接受免费的康复保健服务，如电疗设备、按摩椅、泡脚机等。一些贫困老年人家中没有空调、电视、沙发等设备，照料中心提供的这些设备能够提高老年人的生活品质。第三，娱乐设施需求。在运动娱乐方面，室内外运动器械、电视影音、棋牌等娱乐设备使用率较高，同时，这些设施设备又是农村老年人家中所缺少的。在座谈中，有老年人代表反映，他们希望村里能有农村大舞台，为他们播放免费电影，表演戏剧、木偶剧等。

（二）农村养老服务需求

其一，生活照料需求。农村老年人特别是农村高龄老年人对生活照料是有需求的。在调查的 301 名 60 岁以上农村老年人中，偶尔需要帮助的老年人大约有 27%，经常需要帮助的老年人有 15%，生活完全不能自理的老年人有 4%。通过调研发现，个人卫生清洁服务是生活照料服务中占比最大的，包括理发、洗脸、洗手、剪指甲等方面的服务。

其二，医疗保健需求。健康与否直接影响老年人的生活质量，健康状况不好涉及日常生活照料和看病需求，导致医疗费用和生活费用的增加。但是，60 周岁以上的老年人身体状况大不如从前，身体机能都已经衰退，故而有很大的医疗保健需求。

其三，精神慰藉需求。农村老年人的经济条件普遍较差，物质需求比较强，因此，农村老年人的精神慰藉需求往往被人忽视。但是，从调查结果来看，农村老年人的精神慰藉需求量呈增长趋势。

其四，休闲娱乐需求。调查发现，S 镇 60 周岁以上老年人的休闲娱乐方式比较单一。其中“看电视”占老年人休闲娱乐活动的 34.55%，这是老年人最容易获得的休闲娱乐方式，即使是在较为偏远的地方，电视机还是比较普及的（见表 3.1）。

表 3.1　调查对象的主要休闲娱乐活动情况

娱乐项目	看电视	打牌	聊天	带小孩	文体类	旅游	无
人数	104	67	59	31	25	4	11
比例%	34.55	22.26	19.6	10.3	8.31	1.33	3.65

另外，本研究对S镇老年人参加休闲娱乐的频率做了调查，发现经常参加休闲娱乐活动的老年人只占了28.57%(见表3.2)。

表 3.2　调查对象参加休闲娱乐活动的频率

频　率	经　常	偶　尔	很　少	基本没有
人数	86	84	120	11
比例%	28.57	27.91	39.87	3.65

本研究对表示很少和基本没有参加休闲娱乐的老年人设置了问题，了解到大部分老年人不参加休闲娱乐活动并不是因为没有时间，或者不感兴趣，而是因为没人组织(27.48%)和受经济条件(25.19%)的限制(见表3.3)。

表 3.3　调查对象较少休闲娱乐活动的原因

原　因	没经济条件	没人组织	身体问题	没有时间	不感兴趣	没有场地
人数	33	36	17	30	5	10
比例%	25.19	27.48	12.98	22.9	3.28	7.63

其五，运动康复需求。调查发现，74%的受访老年人表示愿意接受适当的运动，但健身器材使用率却偏低。通过现场观察各个照料中心的运动室我们发现，所有照料中心都配置了跑步机，另外还有动感单车、哑铃、羽毛球、台球、乒乓球等各式各样的运动器材。可是这些运动器材大多是高强度、重体力适合青壮年运动的器材，并不适合老年人使用。

(三) 农村养老服务需求的影响因素分析

首先，农村老年人的经济状况是影响其养老服务需求的最主要因素。S

镇为山区乡镇，经济基础差，农业为传统农业，并未转型到大规模机械化的农业生产，因此整体的经济收入低。生活在农村的老年人更是少有经济来源，如果子女经济能力差，老年人的生活就会很容易变得难以为继，其中许多还需依靠政府发放的五保金、低保金维持生活。由于这种贫困的现状，农村老年人往往将最主要的需求集中在最为基础的生活资源上。他们宁愿放弃一些享受型的服务，如洗脚、按摩、看演出等，而去争取现金救助，用来购买食品、药品等日常生活用品。

其次，老年人的身体状况及文化程度对养老服务需求也有较大影响。老年人的身体健康情况直接影响其日常照料需求和医疗需求，而老年人的文化程度直接影响他们的休闲娱乐方式和高层次需求。农村老年人的身体状况差异很大，六十多岁老年人的身体状况比八十岁多岁的老人会明显好很多，无重病的老年人比患有重病的老年人或残疾的老年人要好很多。其中，身体状况较差、生活自理方面存在困难的老年人，更需要日常陪护服务，如就诊陪护、作息陪护等。而老年人身体状况的好坏一方面决定其体育运动的能力；另一方面也决定其健身的需求。农村老年人文化程度普遍偏低的现状限制了他们的休闲娱乐方式，调查显示他们的主要休闲方式为看电视、聊天、打麻将，这也是造成照料中心图书室、电脑室、音乐室等功能室冷清的原因。

再次，在农村家庭趋于小型化的社会大背景下，农村老年人对养老服务需求加大。随着年轻人外出人数及次数的增加，老年人与子女一起居住的机会越来越少，原先单纯由家庭成员提供养老服务的模式已经很难满足现今农村老年人的养老需求，家庭对提供老年人经济支持和生活照顾越来越力不从心，居家养老服务照料中心在一定程度上减轻子女赡养长辈的压力。

最后，在农村传统文化的影响下，老年人对休闲娱乐等活动需求与现代文化之间出现了偏差。S镇农村老年人对现代文化接受较为缓慢，他们比较熟悉传统民俗和传统节日活动，如包粽子、打年糕、包汤圆等。他们大多不喜欢现代的爱情片、动作片，而喜欢戏剧、木偶剧等传统表演。

四、S 镇居家养老服务供需偏差的表现及其负面影响

居家养老服务供需偏差，表现在硬件设施使用率低、服务形式单一、供需主体不平衡和受众满意度低四个层面。在硬件设施使用率低层面，主要由采购环节失误导致。上级民政指导部门为了给地方更加灵活的购置方式，并没有硬性规定各种设施设备的具体样式，只是提供了一个总体思路，导致照料中心所采购的设施设备存在一定程度的随意性，许多设备因不符合老年人使用特点而被闲置。在服务形式单一层面，大多数照料中心缺乏专业人才提供服务，绝大多数照料中心仅有一个供老年人自由活动的场所，而并非主动组织老年人参与各种丰富的活动或提供专业的服务。在供需主体不平衡层面，S 镇的居家养老服务基本都是由政府提供，但由于供给主体太过单一，也暴露出三点问题：政府对资金使用效率低、专业服务提供能力低和覆盖群体有限。在受众满意度低层面，本研究调查结果显示，仅 25％的老年人表示非常满意，40％的老年人表示满意，而有 35％的老年人表示不满意。主体满意度低主要由三方面原因导致：一是照料中心没有老年人所需的服务，二是照料中心开放时间少，三是设施设备破旧缺少保养。

而 S 镇居家养老服务供需偏差所带来的负面影响包括公共资源浪费、损害政府公共形象、打击基层工作积极性。其一，建而不用，造成公共资源的极大浪费。S 镇完成建设的 14 个照料中心花费了 230 多万元，同时从建设到运营再到考核都花费了大量的精力。多数照料中心建设后却未发挥应有的作用，其实就是对公共资源的浪费。其二，服务质量低下，损害政府公共形象。照料中心的建设运营不尽如人意，一方面影响了养老福利的供给；另一方面也损害了政府的公共形象。其三，打击基层工作积极性。资金、人才及政策的制定等问题，都是影响照料中心良好运营的关键因素，而基层工作者更多扮演的是政策执行者的角色。一个公益项目的失败，不仅仅打击

了群众对政府的信心，同时也打击了投入其中的公务人员的工作积极性。

五、导致供需偏差的原因

（一）养老服务的监管体制与运行机制存在缺陷

1. 现有考核制度限制地方政府的自主性

逐层考核的考绩制度，一方面，规范了地方对照料中心的建设和运营，另一方面，也限制了地方发展针对性养老服务。省、市民政部门给予规范性指导意见，县民政部门需要对乡镇各个村级照料中心进行打分，细化了各项要求。根据县里要求，S镇2013年、2014年、2015年分别要求完成4个、5个、7个照料中心建设，并且每个照料中心必须设置日间照料室、康健室、图书室等功能室，配齐20张以上躺椅、5件以上大型运动器材、1 000册以上图书、若干醒目的宣传材料等。这些硬性的建设指标，让乡镇民政部门及负责照料中心建设的村干部疲于筹集资金采购物资。这种条条框框的考核机制，让乡镇民政工作者及村干部把照料中心建设的重点聚焦在如何应付考核要求上，而忽略了如何才能实实在在为辖区老年人提供他们所需的服务（见表3.4）。

表3.4　2014年全市社区居家养老服务照料中心督查验收评分表

县（市、区）　　　　　　　　　　　　居家养老服务照料中心

项目	考核内容	分项完成情况 非常好(4分)；好(3分)； 一般(2分)；差(1分)	得分
硬件设施	地段（选址）	非常好□　好□　一般□　差□	
	房屋结构（独立或分散、是否方便老年人行动）	非常好□　好□　一般□　差□	
	装修设计（无障碍、防滑、室外、美观、标识）	非常好□　好□　一般□　差□	
	消防设施（标识、通道）	非常好□　好□　一般□　差□	
	统一标识	非常好□　好□　一般□　差□	

续　表

项目	考 核 内 容	分项完成情况 非常好(4分)；好(3分)； 一般(2分)；差(1分)	得分
功能设置	配餐就餐（场地、人数、价格、菜式）	非常好□　好□　一般□　差□	
	生活照料（日托、上门服务、床位）	非常好□　好□　一般□　差□	
	康复保险（设施、场地）	非常好□　好□　一般□　差□	
	文体娱乐（电教、棋牌、图书）	非常好□　好□　一般□　差□	
	志愿服务（志愿者、社工、义工）	非常好□　好□　一般□　差□	
软件及运营	运营管理（是否专人负责、有无专业组织介入）	非常好□　好□　一般□　差□	
	人气聚集	非常好□　好□　一般□　差□	
	制度规范（上墙、台账、资料）	非常好□　好□　一般□　差□	
	文化氛围	非常好□　好□　一般□　差□	
点评（优缺点）			
建议			

2. 决策层与地方政府缺乏沟通机制

建设照料中心的决策者从未到S镇考察过，因而乡镇民政工作人员也不知道该项政策的决策者或决策机构是谁，更不用说相互交流。直接接触农村照料中心的最高级别人员是市级考核人员，他们下乡考核的时候仅仅通过观察和询问乡镇陪同人员了解相关的情况，而乡镇工作人员因为担心考核不通过，并不会将照料中心的实际运营情况全盘托出，对照料中心在农村的矛盾有所掩饰。这种现象产生的原因包括：一是沟通渠道少，农村地方只有在建设期间及考核时才有和上级部门接触的机会，并没有建设前的评审会、建设时的指导会、建设后的运营交流会；二是考核机制出现问题，乡镇往往担心考核不通过，掩盖照料中心的实际运营情况，致使上级指导部门得不到有效反馈；三是组织框架存在局限性，农村地方的民政工作人员作为最底层的执行人员，缺乏话语权，他们的意见得不到重视。

3. 相关决策缺少民众真实需求调研

S镇处于贫困山区，社会经济发展与发达或较发达地区有着明显差距，这里农村老年人的各种需求与城区是不同的，照搬城市或者较发达农村的模式在S镇是行不通的。从实际情况看，政策决策者并不十分了解农村的实际情况，也未到S镇对老年人做过需求调查，许多功能室设置只是理论上可行，实际上却无人使用。

（二）服务供给主体单一

居家养老服务需要多元主体参与才可以发挥更佳的效果，多元主体主要包括政府、家庭、社会团体、志愿者、非营利性组织及营利性组织等。公众普遍认为，国家或者政府向老百姓提供公共服务与公共产品承担着不可推卸的责任。通常通过两个基本的方式实现：直接提供和政府购买服务的间接提供。但这并不意味着其他力量在居家养老服务这一领域就无所作为。实际情况是，除了政府之外，其他本应吸收进来的主体参与甚少。目前实施的居家养老服务大多由政府购买服务的方式进行，政府或村干部在居家养老服务工作中基本上都亲力亲为，某种程度上造成了工作效率低下，本来初衷良好的居家养老服务却不能使老年人很好地受益。

（三）区域差距明显

近郊农村因为距离主城区较近，政府投入建设的力度相对较大，社会经济发展水平及农民的生活水平也更接近主城区的居民。此外，近郊农村较容易获取主城区的资源，地势较为平坦，农业种植规模也相对较大，因此经济能力也相应较强。近郊农村的养老服务照料中心也更接近城镇居民的居家养老模式，老年人的满意度也较高。一般农村的经济实力相对较弱，村集体经济也不强，基础公共设施设备较不完善。这里的农村主要依靠传统农业谋生，日常生活较为贫苦。这里的照料中心同样配备了娱乐休闲设施，但是使用率很低，健身及康复器材使用率也不高，无偿的节日午餐和礼品较为聚集人气。偏远地区的农村，离主城区远，经济落后，这里的部分老年人温饱都未能解决，所以对他们来说，照料中心并没有多少存在的意义，如果能转化成现金补贴会更加直接实在。

（四）资金匮乏

居家养老服务的资金来源一直是农村居家养老服务的一个重要问题。现有照料中心的资源基本来源比较单一，基本上都来自政府财政和福利彩票公益金。单一的资金渠道加上乡镇财政的薄弱，造成了照料中心在建设和运营时的资金压力。

其一，建设资金匮乏。农村居家养老服务中心建设主要包括服务中心主体建设和相关养老设施配备。现有资金运作模式是，先由村里垫资建设，然后通过市、县民政部门验收合格后发放补助资金。由于S镇财政基础较为薄弱，乡镇财政难以提供资金补助建设照料中心；而村里的资金同样捉襟见肘，许多村干部担心最后的补助资金不能填补垫资的建设资金。因此，在建设阶段，因为资金的限制，照料中心的选址大多选在现成的村办公楼、祠堂、老学校，对于老年人特别是腿脚不便的高龄老年人来说比较不方便。其二，运营资金匮乏。S镇不仅缺乏建设资金，同时也缺少运营资金。政府财政对照料中心的建设有分批次的补助资金，基本能保证资金补助与投入相平衡，但是运营资金却非常少。2014—2015年的运营补助标准为每个照料中心10 000元，而实际情况是10 000元还不够支付一名专职管理员的工资。在经济较差的村，照料中心因缺乏资金很难运营下去：一是没有资金雇用专职的管理人员，二是没有资金为老年人购买服务，三是没有资金对设施和设备进行维护和保养。

（五）居家养老服务评估及监督机制不健全

调研发现，农村居家养老服务开展前期并未进行较为完善的需求评估，只是根据上级政策的规定为老年人提供基本的居家养老服务。农村专业人员的缺乏造成后期居家养老服务的内容与老年人的需求之间存在偏差。另外，S镇的照料中心缺乏完善的监督体系，以至于有些照料中心管理混乱，服务供给不正常。第三方的评估和参与也比较缺乏，作为居家养老服务对象的老年人缺乏公民意识，很少参与到居家养老服务的评估和监督中来。

（六）专业人才紧缺

S镇照料中心在建设运营过程中暴露出的人才紧缺问题比较严重：一是缺乏专业的设计人才，二是缺乏专业的管理人员，三是缺乏专业的服务人员。缺少经费和地处山区是S镇照料中心难以吸引专业人才的主要因素。照料中心没有盈利来源，日常运营的开销主要是来自上级补助资金和村里的统筹资金，所以很难提供足够的资金聘请专业人才来为村内老年人提供优质的服务。有些村离主城区较远，山路交通不便，这也影响了服务人员前去提供服务。

六、完善S镇居家养老服务的对策建议

（一）完善服务管理体制与运行机制

1. 建立以农村老年人满意度为标准的考核制度

从研究结果来看，造成不顾照料中心运营情况不佳仍然按照原模式建设的一大原因，是以上级领导单次验收结果作为考绩标准的考绩制度。农村居家养老服务是一项公共服务，作为被服务对象的农村老年人应该是这项服务的关键，他们的满意度应该作为各个照料中心的重点考核指标。

2. 建立各级反馈机制

需要加强各级政府部门的沟通，决策部门更应该考虑各地情况的不同，设置符合各地实际情况的建设及服务标准。其中，最重要的是建立起上下沟通的桥梁，利用邮箱、微信、QQ 等新媒体将居家养老服务在农村实践中碰到的问题快速反馈，同时将上级专家研究的解决方案及时传达至地方建设者。

3. 加强农村养老基础体系建设

首先，建立和完善农村医疗服务体系。在农村老年人的日常生活中，医

疗服务非常重要，建立和完善农村医疗服务体系对居家养老服务体系的发展至关重要。一是要建立完整的老年人身体状况电子档案，便于实行动态管理；二是要壮大农村卫生服务站，聘请有资历、有经验的医护人员到农村卫生服务站坐诊，提高农村老年人医疗服务质量；三是组织有专业医疗技能的志愿者进村入户，为老年人传授家庭护理知识，特别是慢性疾病的护理知识，宣传如何通过家庭成员及邻里护理改善老年人的健康状况；四是为生活在偏远地区的困难老年人、行动不便的高龄老年人及生活不能自理的老年人上门体检和提供医疗服务。

其次，为农村生活困难的老年人购买服务。购买服务需分类处置，将高龄、空巢、生活困难、生活不能自理的老年人设置为重点帮扶对象。一是建立帮扶网络，为老年人日常生活提供方便；二是联合民政部门对这类老年人提供相应的社会救助，保障其基本生活；三是由政府出资为这类老年人提供无偿或低偿的生活照料及医疗等方面服务。

最后，健全基础设施，丰富老年人的休闲生活。一是要完善农村体育设施建设，特别是丰富适合老年人活动的室外运动器材，同时要加强运动器材的日常养护，延长其使用寿命；二是要积极组织戏剧、木偶剧等文体表演下乡，为农村老年人提供丰富的文化氛围；三要组织送教下乡，为有兴趣的老年人教授养花、养鸟、下棋等知识。

（二）加强建设和管理的因地制宜

在近郊农村，照料中心可以借鉴城市社区成功的居家养老服务模式结合农村实际，为老年人提供更加多样的养老服务，比如家政服务、文艺表演、兴趣培养等，也可以尝试联合企业提供有偿和低偿的养老服务，提高老年人的晚年生活质量。在一般农村，农民基本没有能力购买附加服务，居家养老服务应由政府财政补助，这里的照料中心应更重视提供老年人吃穿住行等基本保障性服务。在偏远地区农村，政府应该更加注重保障农村老年人的基本生活，为困难老年人提供社会救助，普及新型农村合作医疗及推行基本养老保障。

（三）拓宽资金来源渠道

一是加大政府财政支持。政府必须要加大财政投入力度，在现有基础上，逐年增加对农村居家养老服务的资金投入，使农村老年人在享受现有服务之外获得更多的居家养老服务项目。政府还要加强对资金使用的监管，避免和杜绝出现居家养老资金被浪费和挪用的情况，设置专人对资金进行管理，并将居家养老资金的使用情况对外公布，使得资金运用情况得到有效的管理和监督。二是引导社会各界进行资助。在发挥政府主导作用的前提下，引导社会各界参与养老服务，将政府、企业、家庭、公益组织等各方力量联合起来共同投入。政府应该出台优惠政策，鼓励企业、个人对照料中心进行投资；组织有效的社会募捐，特别是鼓励社会成功人士、知名人士为养老事业筹资。

（四）建立多主体服务供给体制

首先，政府角色要重新定位。政府在农村居家养老这一新的养老模式下，更多的应该承担起居家养老服务后盾的角色，改变居家养老服务一切事务由政府包办的现状，逐步将政府从居家养老服务事无巨细的参与者转变为居家养老服务的掌舵者。其次，引进第三部门组织。第三部门组织具有非政府性、奉献性以及专业性的基本特征，非常符合农村老年人照料的要求。同时，第三部门组织在组织机构上与政府相分离，可以摆脱政府烦琐的程序以及其他弊端，会更加追求效率。

（五）建立服务评估和监督机制

其一，完善需求评估。只有了解老年人的实际需求，才可能在此基础上设计出比较适合本村实际情况的、具有自己特色的居家养老服务项目，所开展的居家养老服务才能更加贴近老年人的生活实际，更加受到老年人的欢迎，照料中心提供的居家养老服务也才能够确确实实地惠利于农村老年人。其二，完善服务评估。加快建立健全多层次的服务评估体系，作为服务出资者的政府不能仅仅依靠村里反馈上来的关于居家养老服务实施情况的信息，而应该鼓励专业的社会工作机构参与居家养老服务效果及过程评估，听取他们对居家养老服务的建议和看法。

（六）加强人才队伍建设

S镇居家养老服务照料中心建设直接涉及的人才队伍包括：乡镇民政助理员、照料中心建设及管理人员、居家养老服务人员。乡镇民政助理员承担为照料中心建设及运营提供指导意见的任务，因此需要接受理论培训；又要下基层面对面了解老年人们的真实需求，不偏离实际。照料中心建设及管理人员基本上都由村干部兼任，但是村干部普遍缺乏管理经验。照料中心的运营是需要白天不间断的，需要管理者安排好各项服务的提供，而村干部往往忙于村务，无暇顾及照料中心的事务，因此聘请专职的管理者非常有必要。同时，照料中心的活动需要管理者来组织策划，要挑选具备较强组织策划能力的人员。农村急缺提供专业服务的人员，因此需要加强居家养老服务的人员队伍建设：一是增加农村居家养老服务人员的数量；二是建立志愿者队伍。

参考文献：

[1] 赵立新.社区服务型居家养老：当前我国农村养老的理性选择[J].广西社会科学，2006(12)：139—143.

[2] 张福顺.加快居家养老服务体系建设的五点建议[J].社会福利，2009(6)：29—30.

[3] 杨翠迎，鲁於，杨慧.我国养老服务发展中的财政政策困境及改进建议——来自上海市的实践与探索[J].陕西师范大学学报(哲学社会科学版)，2018(5)：15—24.

[4] 王琼.城市社区居家养老服务需求及其影响因素——基于全国性的城市老年人口调查数据[J].人口研究，2016(1)：98—112.

[5] 杨继瑞，薛晓.社区居家养老的社会协同机制探讨[J].经济理论与经济管理，2015(6)：106—112.

[6] 汪忠杰，何珊珊.社区居家养老服务模式探析——以武汉市为例[J].武汉大学学报(哲学社会科学版)，2014(4)：124—128.

[7] 邓大松，王凯.国外居家养老模式比较及对中国的启示[J].河北师范大学学报(哲学社会科学版)，2015(2)：134—139.

[8] 祁峰.完善我国居家养老的对策[J].经济纵横，2014(1)：35—38.

[9] 刘益梅.社区居家养老服务模式的实现路径探讨[J].新疆师范大学学报(哲学社会科学版)，2014(2)：117—121.

[10] 仉媛.人口老龄化背景下中国城镇社区居家养老模式探析[J].河北学刊,2015(1):214—217.
[11] 黄佳豪.地方政府购买居家养老服务评估研究——以合肥为例[J].理论与改革,2016(2):98—101.

第 4 编

应急管理

4.1　社会冲突视角下的网络群体性事件研究

——以C县X镇“4·19”群体性事件为例①

一、研究背景

随着我国城市化进程的不断推进，社会经济呈现出高速发展的态势，因社会利益产生的矛盾也日趋复杂。马克思·韦伯认为，引发社会冲突的原因是“社会性”的，除了经济性原因外，还包括权力、社会声望等。冲突既可以是因为个体之间的相互争斗产生的，也可以是因为群体与阶级两者之间的互相对抗而产生的；既可能是因为管理过程中所造成的矛盾，也可能是因为所有制关系所产生的斗争。学者科塞在《社会冲突的功能》中指出：弹性相对比较大或者是灵活性相对比较强的社会结构会更加容易引发冲突；反之，如果社会结构是僵硬的，那么出现冲突的概率就会变得比较低。这种情况，不管是对网络社会还是对现实社会都是适用的。与现实社会严密的法

---

① 本文作者：金运雷，华东理工大学2015届MPA硕士，导师李琼。

制和管理制度相比较，网络社会具有高自由度及低法制性的特点。因此，一些现实社会中潜在的矛盾，极容易在网络中因为一件极小的事件突然爆发，进而演变成网络群体性事件。近年来，全国各地发生网络群体性事件的频率越来越高，网民可以通过互联网进行随时增援。互联网、微信、微博等新兴的传播媒介对社会舆论的导向作用越来越重要。在新形势下，政府部门对社会舆论的处置还是沿用原来传统的管理模式，没有与时俱进。因此，如何防范应对新形势下所发生的网络群体性事件，将是对政府部门执政能力的全新考验。

本研究以社会冲突论作为理论基础，利用社会冲突论对网络群体性事件做进一步深入的研究。从目前来看，我国学术界在网络群体性事件的诸多研究中，大部分引用国外“议程设置”“群体行为”及“社会冲突”等理论，但因政治制度、经济发展水平以及文化传统等方式的不同，很多理论研究并不能很好地应用于社会现实的发展趋势。从现实来看，我国社会正处于高速发展的阶段，各种矛盾日益彰显。因此，如何及时发现网络群体性事件并采取合理有效的措施加以控制，已成为一个亟待解决的难题。本研究以C县X镇“4·19”群体性事件为例，采用社会冲突理论对该事件发生的过程、规律进行剖析，努力找寻引发事件的成因并提出相关防范措施，这将有利于政府部门在处理网络群体性事件的过程中，有效地转变传统手段与理念，更加高效、妥善地处理网络群体性事件，从而达到构建社会主义和谐社会的目标。

二、网络群体性事件的特征、类型及负面影响

（一）网络群体性事件的特征

发生场所的虚拟性。网络群体性事件的载体是网络，这一点是跟现实群体性事件有所区别的。在网络中只需随意注册一个虚拟的身份，即可参与线上活动。参与者往往会利用自己虚拟的身份，在网络上随意发表自己对某一社会问题的看法，发泄自身的情绪，从而引起其他网民的关注及跟帖

回复，进而引发大范围的争议与讨论，然后形成舆论。这就使得网络群体性事件超越现实，带着符号化的网民特质，变得夸张、不可理喻，甚至完全不可信。

事件本身的突发性。网络群体性事件属于突发性事件，一旦爆发，便会迅速在网络中传播并引起关注。2014年4月19日爆发的C县X镇“4·19”群体性事件，原本只是普通的群众妨碍城管执法人员执法事件，但经历网民在互联网中发布“城管打人致死”的谣言后，导致围观群众聚集，秩序混乱，在短短的两个多小时内致使群体性事件爆发。

网络群体性事件的突发性。网络群体性事件因为具有突发性，所以其产生及发展轨迹无法预测。在已经发生的网络群体性事件中，有各种原因导致网络群体性事件的突发。在C县X镇“4·19”事件中，原本是因为城管暴力执法，导致群众不满，进而发生群众围堵城管执法人员的现象。后因公安民警介入，导致群众将矛头转向公安民警，纷纷将砖头等物砸向公安民警，甚至公然将前来救护的救护车推翻等恶劣事件。

波及范围的广泛性。网络群体性事件的载体是网络，相较于现实群体性事件，其受地域的约束性较小。只要拥有一台连通网络的计算机，就能实现与整个世界的互联。只要出现一个互联网信息，世界各地带有共同利益、目的的群体便能集结起来，达到“一呼百应”的态势。

现实与网络的交互性。不管网络群体性事件的参与主体如何虚拟化，其本质都是现实中的人，与现实社会存在联系。现实与网络是相互作用的，现实社会作用于网络，而网络也对现实社会形成影响。因此，网络群体性事件一旦形成，就会在现实社会中广泛传播，最终导致现实群体性事件的发生。

网络群体性事件中的法规滞后性。在现实群体性事件中，虽然没有一个较为完整的保护与规范性的法律体系，但仍然会受到《中华人民共和国宪法》《中华人民共和国刑事诉讼法》《中华人民共和国治安管理处罚法》及《中华人民共和国信访条例》等有关规章制度的约束。但对于网络群体性事件而言，因其存在于网络中，所以很难受到法律法规的制约。虽然国务院出台了利用信息网络诽谤他人并被转发500条以上足够判刑这一规定，但收效甚微。因此，规范管理网络环境、完善网络立法迫在眉睫。

（二）网络群体性事件的类型

网络引发的群体性事件。网络是一个虚拟的世界，网民会以虚拟的身份随心所欲地参加各种活动、发表各种言论。而某些言论极易引发网络轰动效应，进而演变成网络群体性事件。例如，陕西的“微笑局长”杨达才，仅因其在“8·26”陕西延安特大车祸现场中的一个“开口笑”，受到了群众的额外关注，由此他在不同场合所佩戴的多块名表也受到了关注，进而其受贿这一行为也立马被曝光。

以网络为中介发生的群体性事件。这种群体性事件主要指的是一些具有相同利益诉求的群体，共同利用网络进行策划、串联，然后发动网络群体性事件并衍生至现实社会，影响政府部门的公共管理，进而扰乱社会秩序的现象。典型的案例如2011年因日本地震所引发的福岛核电站事故，后波及至我国，出现了“抢盐风波”事件。

网内网外互动的群体性事件。互联网的互动性是其区别于其他媒体的最大特点，是实现网民产生同质化情感的主要来源，纵观已经发生的网络群体性事件，其事态的扩大与网内网外互动有很大的关系。这种事件往往发生在群体性事件之后，由于地方政府部门处理不到位，导致网络谣言四起，进而引发网络群体性事件，通过各种网络媒体酝酿、发酵，对现实的群体性事件产生不良影响，破坏政府部门的形象，降低政府部门的公信力，最终扰乱社会秩序。

（三）网络群体性事件的负面效应

1. 损坏政府形象，降低政府公信力

网络就像一把“双刃剑”。一方面，它能够帮助政府部门提高行政办事效率，更好地发挥政府的积极作用；另一方面，一些网络事件也给政府部门

的公信力造成了负面影响。近年来,互联网曝光的一些网络群体性事件也揭露了某些政府部门工作中所存在的贪污、受贿、渎职等问题,这种揭发经过网络的发酵和夸大,损害了政府部门的形象,导致政府部门公信力的不断下降。

2. 促使网民模仿,引发倒逼效应

受各种因素的制约,我国公民与政府之间的沟通机制尚未健全,而信访制度作为我国公民向政府反映情况的一种途径,也具有一定的局限性。为此,有些公民会采用游行、示威、罢工、静坐等极端方式表达自己的利益诉求。近年来,网络群体性事件在各地不断地上演,网民往往会因共同利益诉求得不到满足,而在网络中集结在一起,引发群体性事件。当某件网络群体性事件取得胜利之后,其余网民均会纷纷效仿,企图以舆论的威慑力来达到各种诉求。

3. 放大社会矛盾,造成群体对立

当前我国正处于改革发展的关键期,社会矛盾凸显,这些矛盾和问题在网络中受到网民不同程度的关注,就会产生网络群体性事件。网络群体性事件一旦发生,会将社会矛盾放大,导致群众仇官仇富的现象增多,这样极易引发民众私权利与政府部门公权力相抗衡。这种对立关系一旦产生,不仅不利于整个事情的解决,反而还会将事件进一步扩大,激化社会矛盾,给现实社会带来巨大的负面影响,不利于构建和谐社会。

4. 激发非理性情绪,导致过激行为

当前,我国正处于社会矛盾的凸显阶段,贫富差距日益扩大,社会保障制度不健全,社会公平公正受到严峻挑战,食品安全和环境污染等问题迫切需要解决。而这些矛盾的解决途径因受到各种因素的制约,使人民群众在种种负面环境的影响之下,容易形成无安全感、无法自我实现的不安情绪。网络群体性事件则是以刺激人民群众的道德正义感为主要策略,通过放大某一事件来刺激人民群众的神经,激发人民群众的非理智情绪,使网络群体性事件演变成现实中的群体性事件,造成社会正常秩序的混乱。在C县X

镇“4·19”群体性事件中，网民于新浪微博内谣传摆摊老人被城管活活打死，引发围观群众非理性情绪，进而导致过激行为的发生。

三、C县X镇“4·19”群体性事件的过程分析

网络群体性事件从发生到结束，根据达伦多夫团体冲突所形成的条件进行分析，可以划分为三个阶段：个体到利益团体阶段；利益团体转变为冲突群体阶段；冲突阶段。下面以C县X镇“4·19”群体性冲突事件为例，阐述该团体冲突三个阶段的表现形式。

（一）个体到利益团体阶段

在这个阶段中，个人处于社会强制协调性组合的结构中，他既可以是权威的正支配者，也可以是丧失权威的受支配者。由于没有意识到自身所应该具有的潜在利益，因此，他暂时是以单个个体的形式存在着的。但是如果因为某一件事件的发生，他可能会突然意识到与其他个体相互联系的利益，并将这种潜在利益转变成外显利益，然后就形成了准团体。那么，如果两个或者两个以上的准团体成员，为了达成既定的目标或任务而集结在一起，组成相互依赖的互动关系，那冲突的利益团体就形成了。

C县X镇“4·19”事件发生后，笔者就此事对目击者进行了走访，目击者杨某(男，23岁，X镇人，修理工人)反映，其当日本打算去邻镇看望朋友，但当经过X镇四街时，看到X镇城管工作人员与一个拍照的路人发生口角。紧接着，X镇城管人员与该路人发生了肢体冲突，三名城管工作人员便殴打拍照的路人，致使该路人头部、面部受伤。杨某表示，当他看到这三名城管工作人员如此暴力执法时，心中便产生了怒气，于是就驻留现场抵制城管暴力执法。同时，据另一目击者汤某(女，45岁，X镇人，水果小贩)反映，当天上午，其在X镇四街像往日一样摆摊卖水果时，有三名城管人员前来检查，叫现场的小摊小贩将摊子收起来。其中有一名老人因为拒绝收摊，与城管发生了冲突。这时，正好经过的黄某想将此事拍摄下来上传至网络，被其中一名城管工作人员发现。后来，三名城管人员便与黄某发生了冲突，将黄某

殴打致伤。随后，汤某称，平日里城管工作人员前来执法检查时，遇到动作稍微迟缓的摊贩，便采取暴力执法的手段，将其水果、蔬菜等砸烂或丢掉。此次城管将路人殴打致伤，汤某表示非常气愤，汤某称往日城管砸东西也就算了，现在在光天化日之下殴打他人，便也驻留现场对打人的城管进行指责。

纵观C县X镇"4·19"事件，正是城管暴力执法，才导致部分群众的抵触，使网民的潜在利益立即转化为外显利益，进而导致网民集结于现实社会，从而引发群体性事件。

（二）利益团体到冲突团体阶段

在网络群体性事件中，影响利益团体转变为冲突团体的条件主要体现在以下三个方面。

1. 组织的技术条件

第一，准团体所需要的物质资料。在网络群体性事件中，物质资料主要是指计算机和互联网。在C县X镇"4·19"事件中，不仅有X镇当地的群众驻足现场，更有临镇的群众前来声援，这是网民通过微博、微信等媒介共同发声导致的结果。

第二，团体的组织者或领导者。网络群体性事件中的组织者主要为该事件发生的首名发帖者。在C县X镇"4·19"事件中，网民"Shermie伤不起"在新浪微博内发布"X镇四街菜场，城管打死人了"等不实言论，导致不实言论在微博、微信内传播。很多网民对其所发布的言论深信不疑，使得越来越多不明真相的群众聚集现场，引发群体性事件。

第三，利益团体核心价值系统。利益团体的核心价值系统往往表现为团体的外显利益。在互联网中，团体核心价值系统的形成在很大程度上取决于"权威角色"的引导。在C县X镇"4·19"事件中，网民对"Shermie伤不起"发布的消息没有仔细地考证，而仅凭一个年轻人流血倒地的图片，就断定城管将该人打死，并在微博、微信等处发布"X镇四街菜场，城管打死人了"的不实言论。该言论一经发出，就快速在互联网中传播，经过网民的夸大，导致去事发地点看热闹的网民急剧增多，进而在现实社会中引发群体性事件。

2. 政治条件

第一，国家权力机关对网络群体性事件所持的态度。我国学者代群在其发表的《应对“网上群体性事件”新题》一文中称：对于网络群体性事件，很多政府官员并没有一个正确的认识，在处理的过程中，这些政府官员往往会表现出对网民回应不足、不及时、不充分的特点。

第二，国家对互联网的约束力。这种约束力表现为国家对网络行为的立法程度。在现实群体性事件中，我国虽然有《宪法》等规章制度的约束，但对网络群体性事件而言，因其存在于网络中，所以很难受到现实法律法规的制约，虽然国务院出台了利用信息网络诽谤他人，并有转发 500 条以上足够判刑这一法律规定，但收效甚微。

3. 社会条件

在网络群体性事件中，互联网平台是最主要的社会条件。当前社会矛盾纠纷成因和内容日益复杂，一些人面对矛盾会产生心理失衡，情绪浮躁，社会上各种不稳定因素相互交织，大大降低了矛盾爆发的“燃点”，增多了矛盾爆发的“触点”。加之在网络时代，“一人发帖、万人跟帖、百万人浏览”，以及“网络群体性事件”开始出现，一些未经核实的网络信息促使社会关注度急速升温，从而产生共振效应，导致事态不断升级，进而发生群体性事件。C 县 X 镇“4·19”事件经过互联网的传播，导致不满的群众聚集，产生共鸣，从而激化社会矛盾。

（三）冲突阶段

达伦多夫以为，冲突的形式是由被称为冲突条件的经验性变数决定的。主要体现在以下几方面。

第一，组织条件。即技术、政治和社会三方面的内容。在网络群体性事件中，互联网越发达，发帖者自身的权威与组织能力会变得越强，以事件为中心的价值体系内化程度越高，网络法制化环境越宽松，网络平台越完善，所引起的冲突就会越紧张。

第二,利益团体的重叠程度。指人们在多种强制性联合体中具有相同的角色地位。利益团体的重叠度越高,冲突的强度会变得越强。当团体重叠在一起时,该冲突就具备了多重利益的对立性,进而将不同场合中所产生的能量聚在一起,利益冲突就形成了。在网络群体性事件中,这样的情况是普遍存在的。

第三,权威关系与其他报酬分配的相关程度。如果统治阶级利用自己手中的权力,谋取各种物质利益,就会加大统治阶级与被统治阶级之间的贫富差距,从而加大两大阶级之间的矛盾,增强冲突的强度。

第四,冲突的调节。在网络群体性事件中,主要表现的是政府的控制力。为了和谐稳定,政府一般会采取多种措施压制网络群体性事件的发生,其中最常用的就是控制此类信息的传播,但是这种做法容易激发更大的冲突。笔者在C县X镇"4·19"事件发生后,对相关部门进行了深入的调查,发现C县X镇"4·19"事件是在毫无征兆的情况下爆发的,C县人民政府宣传部并没有及时发布有关的通稿,也没有对该事件的过程进行澄清,使得不明真相的群众越聚越多,最终导致该群体性事件的发生。

四、C县X镇"4·19"群体性事件的规律分析

(一)网上突发性强、扩散迅速

根据笔者的工作经历,当某个公共的突发事件发生后,而传统媒体还来不及介入时,网络媒体就会在第一时间介入,时刻在网络中公布最新动态,以吸引广大群众的眼球。当网民通过互联网浏览到该信息时,会采用跟帖或转发的方式发表自己的看法。在C县X镇"4·19"事件中,网民"Shermie伤不起"在新浪微博内发布"X镇四街菜场,城管打死人了"的言论,5分钟后,该微博的转发量就达到300余条。10分钟后,"城管打死人事件"便在微博、微信内迅速铺开。

（二）网上网下互动性强

互联网作为人与人之间交往的媒介，使现实中的人际交往慢慢转移到网络空间，将现实的人际关系网络化，以形成网络群体。由于网络技术的发展，只要网络主体拥有一台开通网络的计算机，就可以组成一个群体。在C县X镇“4·19”事件中，正是网民在互联网上将普通的一起城管暴力执法案件逐步放大，引发各地网民前往案发地进行声援，才导致了“4·19”群体性事件的发生。

（三）网络相关法律法规滞后

由于网络立法方面存在不足，网民在网络中发表的言论无法受到制约，再加上网络服务商为了自己的利益不愿与公安机关配合，使一些行为处于法律的约束之外。网络服务商掌握着国家的信息资源，但是现行法律法规中又没有规定，执法办案部门可以在这些企业中驻有“派出”机构，进而导致网络技术的监控不能得到很好的开展，给那些利用网络进行犯罪的违法分子提供了可乘之机。

（四）参与主体主要是青年网民

根据CNNIC 2017年第40次中国互联网发展状况统计报告——网民结构（二），截至2017年6月份，我国的网民规模已经达7.51亿，而仅30岁以下的网民就占了52.2%（图4.1）。由此可见，我国青年网民已成为主力军，也是网络群体性事件的主体。青年网民比较有激情，且其中不乏一些所谓的“愤青”，其言论中所涉及的范围已超出了狭隘的个人利益范畴，更多的是民族主义、国家尊严等。从C县X镇“4·19”事件中实施故意伤害或故意损毁公私财物的被抓获的22名犯罪嫌疑人来看，其中有20名犯罪嫌疑人的年龄低于39岁（表4.1），这20名犯罪嫌疑人或多或少都是通过微博、微信等途径知道了所谓的“四街城管打死人”事件，从而纷纷赶赴现场凑热闹。后因有其他人怂恿，才导致打人、砸物等激进犯罪的实施。

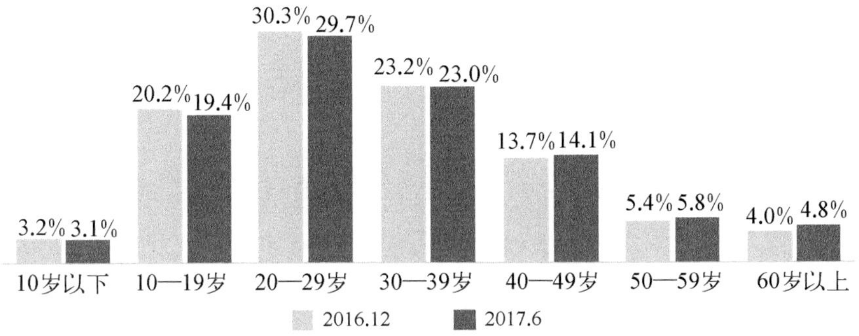

图 4.1　中国网民年龄结构

表 4.1　C 县 X 镇"4・19"群体性事件犯罪人员年龄汇总情况

0—20 岁	21—30 岁	31—39 岁	40—49 岁	50 岁以上
4	12	4	2	0

（五）参与主体中手机网民居多

截至 2017 年 6 月，我国手机网民的规模已达 7.24 亿，占整体网民的比例为 96.3%（图 4.2）。为此，笔者通过微博发布了一则"你是否知晓 C 县 X 镇 4 月 19 日群体性事件""你是通过何种途径获知的"调查问卷。在此次调查问卷中，参与人数共 208 人。其中，有 187 人知道该事件，占总人数的 89.9%。而从获悉途径看，有 90.3%的网民是通过手机微博、微信等途径获悉并赶往现场的；只有 9.7%的网民称是通过朋友诉说等其他途径获悉的。可想而知，在 C 县 X 镇"4・19"事件中，手机网民的数量不容小觑。

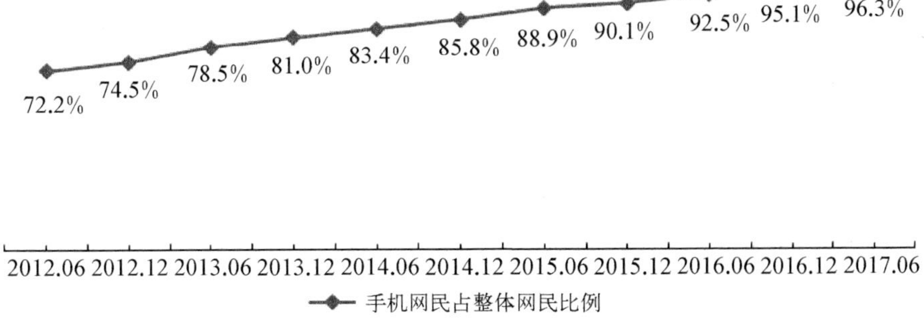

图 4.2　中国手机网民规模及其占网民比例

五、网络群体性事件的成因

（一）利益诉求表达机制不健全

随着互联网技术的发展，我国网民的数量也逐年增长。传统的参政议政模式已经满足不了广大人民群众的需求。这就导致了人民群众渴望通过互联网的方式，在互联网中表达自己的利益诉求。随着表达的人群越来越多，群体双方不断地议论、商讨，一旦群众的利益诉求得不到满足，则极有可能会通过串联的方式，引发网络群体性事件。

（二）网民民主意识逐渐增强

从“中国报告大厅”发布的《2014 年我国网民数量和上网时间统计数据分析》（图 4.3）中可以看出，截至 2014 年 6 月，在全国网民中文化程度在小学及以下的人群占比为 12.1%，与 2013 年年底相比上升了 0.2%。文化程度在大专及以上的人群延至低学历。随着经济的发展，我国的网民数量在一定程度上得到了提高，同时，网民的结构也实现相对平衡。网民也更加理性地对待互联网，开始慢慢追求网络中的民主化。如近几年在我国召开的几次大会中，就有很多网民积极参与，他们通过电子邮件将自己的利益诉求及建议表达出来，这在一定程度上表明网民对参政议政的渴望程度逐步加强。

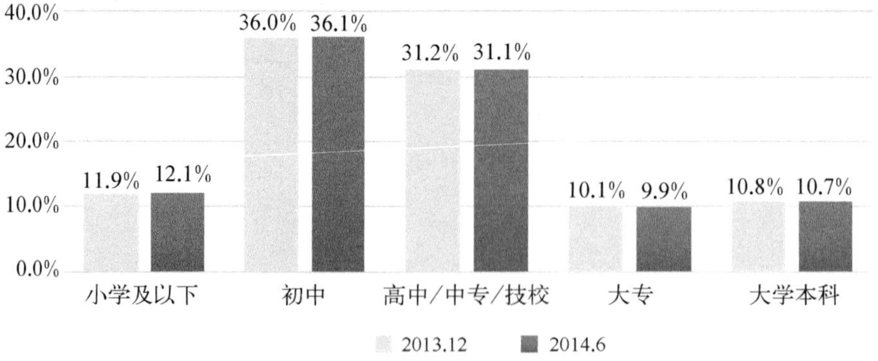

图 4.3　中国网民学历结构

(三)网络缺乏监督制约

当前,网络正处于高速发展的阶段,但广大网民对网络虚拟社会还带有片面的认识,并一直存在着“重发展,轻管理”的错误理念。网络道德建设及教育的相对滞后,使网络在安全防御方面缺乏自律的规范体系。又因网络自身的特性,外在的规范力量对其难以起到实质性的作用。因此,在网络空间里,我们更需要一种道德层面上的自律。由于青少年网民社会阅历浅,在网络环境中无法做到完全的理性思考,又因我国学校所开设的计算机网络课程主要学习的是网络技术,对网络道德等问题很少进行探讨。由此建立一种适用于网络社会伦理道德的规范化体系显得尤为重要。

(四)政府没有正确地应对处置突发事件

随着我国社会主义市场经济的快速发展,我国的社会经济体制、群众生产生活方式及社会组织形式等方面发生了很大的变化,但我国一些政府部门在管理社会的过程中还是沿用传统的管理模式,导致矛盾进一步激化。其中一些政府部门组织涣散,对社会矛盾的判断迟缓,对舆情的走向判断错误,延误了采取措施的最佳时机,最终没有及时归避群体性事件的发生。例如,在C县X镇“4·19”群体性事件中,正是公安部门将城管暴力执法殴打群体看成一般治安案件,采取的也只是一般治安案件的处理方法,没有很清醒地认识到矛盾的激化,最终导致当公安民警欲将打人者即城管带回派出所接受调查时,群众不愿配合调查的被动局面。

六、网络群体性事件的防范措施

(一)加快互联网监测系统的升级

因为网群事件参与主体多,其所处的空间位置分布广泛,导致网络产生的信息量也非常大。因此,从庞大的信息量中,逐步对有害的,可能会造成严重后果的信息进行深入挖掘、采集,并加以分析研判显得尤为重要。所以,必须要加快建立和完善互联网的监测分析系统,建立有效的网络信息处理系统和一套可行的风险评估机制,制定适用于实际的应急处置措施,进行网络群体性事件预防演练，以科学有效地预防并减少网络群体性事件的发生。

（二）逐步完善相关法律法规

当前我国的计算机技术快速发展，但在与之相对应的互联网网络管理方面却相对落后。这就造成了网络在运行过程中，无法受到我国相关法律法规的制约。一些网络行为，明显已经超出了网络道德范畴，有些甚至达到了构成违法犯罪的条件。这些行为虽然在网络中造成了一定的影响，但是因为没有任何法律的约束，导致该网络行为不能被处理。因此，应逐步完善相关的法律法规，使网络行为受到制约。完善法律法规的建设，可以通过以下两个方面实现。一是开通人民群众合法利益诉求的渠道，使人民群众在网络中依法合理地反映自己的利益诉求，实现利益诉求通道与预防网络犯罪的紧密结合。二是要确保现实社会的稳定。我们可以采取如下措施：首先，要完善相关的法律法规，如《中华人民共和国刑法》中关于互联网犯罪的有关规定等。其次，在互联网上实行“实名制”，尽可能实现网民的“一人一证”。再次，逐步完善网站备案制度。受我国网民数量大、分布广、学历差距大等各方面因素的制约，我国政府部门对网民的管理力度有待提高。因此，政府部门尤其是公安机关等信息部门更要逐步完善网站备案制度，从中挖掘出有价值的信息，实现网络安全管理。最后，要把网民道德规范制度与网上自律制度相结合，促进网民进行自我监督。这样网民才能认识到自己哪些行为是合法的，只有约束网络参与者，才能够达到净化网络环境的目的。

（三）加强对网民的宣传教育

随着全球一体化进程的加快，以及多元化经济结构的确立，网络价值取向也随之呈现出多元化的趋势。为此，我们应加强网络道德体系建设，通过学校、家庭及社会三个媒介的有机结合形成新型教育管理模式，帮助青少年网民树立正确的网络道德规范，提升其科学素质及文化修养，培养其健康的生活方式及良好的上网习惯。同时，政府要引导广大网民树立正确的人生观、价值观，增强其辨别网络是非的能力和自我约束力。政府部门要高度重视，各个相关职能部门要积极配合，向网民尤其是青少年网民宣传相关法律法规，引导青少年网民通过正确的法律途径解决有关问题。

（四）建立有效的沟通渠道

保持与人民群众的友好关系是防范网络群体性事件的重要措施之一。当人民群众无法解决自身的合法诉求时，一般会通过互联网发声，这样很容易引发网络群体性事件。因此政府要全力支持网络新媒体建设，让互联网成为人民群众发表利益诉求、表达各种困难及给予各种意见及建议的有效平台，从而构建一个上下传达的信息通道。同时，政府对涉及的民生问题，更应通过互联网问政于民，充分地发挥好网络的优势，扩大人民群众参政议政的范围，倾听人民群众的心声，最终实现人民当家作主，真正做到政府政策的民主化与公开化。

（五）提高公共管理人员素质

对于越来越高发的网络群体性事件，具备忧患意识显得极为重要。但是，随着我国经济的快速发展，一些地方政府官员放松了对自己的要求，缺乏责任意识和忧患意识，致使群众的合理诉求无法得到解决，加深了与人民群众之间的矛盾。因此，政府部门的管理人员要具备忧患意识，同时要提高对管理人员的培养力度，提升其道德修养，使其从思想上与党的步伐相一致，最终提升其处置网络群体性事件的能力；同时，政府部门的管理人员要努力学习相关业务知识，以适应互联网发展的需要。要充分地利用已有的科学技术手段，做好网络情报信息的挖掘工作，发掘具有潜在价值的情报线索，为维护社会的安全稳定创造有利条件。政府还要强化其对情报信息的分析与研判能力，对日常所收集到的情报信息进行深入的分析与研究，做出带有前瞻性、预见性的分析。

互联网作为一个强大的新兴事物，在各个领域都得到了较好的运用。但是互联网作为一个媒介，能够影响舆论的发展导向，进而对社会现实造成影响。如互联网在网络群体性事件的兴起、壮大等过程中，就起着不可或缺的作用。在此研究中，以C县X镇“4·19”事件为个案，从中开展对网络群体性事件有关的概念、规律及防范策略等几个重要方面的深入分析与研究，力争做到观点正确、论述合理。笔者希望此次研究能运用于现实，为现实社会处置网络群体性事件提供决策依据。

参考文献：

[1] 科塞. 社会冲突的功能[M]. 北京：华夏出版社，1984.
[2] 黄少华，翟本瑞. 网络社会学[M]. 中国社会科学出版社，2006.
[3] 李培林，张翼，赵延东，梁栋. 社会冲突与阶层意识——当代中国社会矛盾问题研究[M]. 北京：社会科学文献出版社，2005.
[4] 贾冰. 如何应对“网上群体性事件”[J]. 党政论坛，2010.
[5] 罗亮. 网络群体性事件：概念、特征及其治理[J]. 行政与法，2010.
[6] 王扩建. 网络群体性事件：特征、成因及对策[J]. 中共南京市委党校学报，2009.
[7] 姚伟达. 网络群体性事件：特征、成因及应对[J]. 理论探索，2010.
[8] 声何秋，秦志希. 论网络群体性事件中政府管理的理念转变[J]. 新闻传播，2010.
[9] 张勤，梁馨予. 政府应对网络空间的舆论危机及其治理[J]. 中国行政管理，2011(3).
[10] 康德颜. 浅析政府对网络群体性事件的管理[J]. 学理论，2010.
[11] 万颖. 对“网络群体性事件”的理性反思[J]. 法制与社会，2009.
[12] 邓蓉敬. 国内外关于网络群体性事件的研究综述[J]. 天水行政学院学报，2010.
[13] 冯雪. 网络群体事件和网络舆情引导思考[J]. 现代商贸工业，2010.
[14] 汪建昌. 网络群体性事件：舆论生成与政府决策[J]. 中州学刊，2009.
[15] 代群，郭奔胜，季明，等. “网上群体性事件 ”成新题，普通人可“一呼百万应”[J]. 瞭望新闻周刊，2009.

4.2 事故灾害类应急预案的建设现状和对策分析

——基于浙江省 R 市的实证研究[①]

一、引言

人类自诞生之日起就在不断地与各种自然和非自然灾害进行艰苦的斗争，近代以来，随着社会的进步、人类改造自然的能力逐步提高，各种工矿商贸等方面的企业事故灾难的发生量呈高位上升态势。同时，越来越频繁的人为和非人为的传染疾病，大范围的群体性疫病，食品药品的安全和职业病等方面的公共卫生事件，以及近几年来更加严重的恐怖主义分子的袭击事件，经济安全事件，涉及外事的突发事件等方面的社会安全事件层出不穷，越来越受到国家和社会的高度关注。由于各种突发性公共事件的频繁发生，众多国家都在探索其发生的规律，寻求应对方案。对此，中国政府也在过去几十年中成功处理了各种突发性事件的基础上总结经验、探究

① 本文作者：叶康康，华东理工大学 2015 届 MPA 硕士，导师唐有财。

方法，在取得一定成效的同时，也深刻认识到自身在该方面的问题与薄弱环节。

当前，我国正处于社会主义转型的关键时期，开展突发性公共事件应急管理机制方面的研究，构建科学的应急管理体系，是提高政府行政能力和公信力的重要举措，是建设民主法治、公平正义、诚实友爱、人与自然和谐相处的社会主义社会的必然要求。因此开展突发性公共事件应急管理机制研究，对于履行政府职能、树立政府形象、稳定社会秩序、营造良好的社会发展环境，建设富强、民主、文明、和谐、美丽的社会主义现代化国家具有重要意义。

本研究选取浙江省县级市 R 市作为研究对象，在数据收集、访谈和文献资料查阅的基础上做定性研究，通过分析 R 市应急预案的发展历程，对该市应急预案的运行机制和应急预案，以及在应急管理体系中的地位进行全面的论述。在资料收集方面，本文采取文献研究法收集整理相关理念概念，以及与本研究相关的国内外案例资料，并且通过访谈法对 R 市安全管理部门的 2 名管理人员进行了访谈。最后通过统计法对收集的资料进行整理和分析。

二、R 市事故灾难类应急预案管理分析

（一）R 市的基本情况

R 市坐落于我国黄金海岸线的中段，是泛珠江三角洲、长江三角洲的连接地带。东靠东海、西为文成县，南边接近平阳县，北边为瓯海区、龙湾区，西北为青田县。海岸线的长度为 20.36 公里。R 市市区北部距温州市区 34 公里，距省会杭州市 385 公里。近年来，R 市人口规模在有序地扩大，人口数量呈稳步增长趋势。R 市是民营经济的先发地区，“温州模式”的重要发祥地，已形成汽摩配、机械电子、高分子合成材料等三大主导行业和眼镜、箱包、服装等七大特色产业集群，拥有“中国汽摩配之都”“中国包装机械城”等 13 张国字号工业名片。R 市的综合实力在中国中小城市综合实力百强县

(中国科学发展百强县)中，名列前位。R 市经济藏富于民，百姓消费需求旺盛，是温州地区首个“中国金融生态城市”。

R 市于三国吴赤乌二年(公元 239 年)开始置县，至今已有 1 776 年的历史，1987 年撤县建市。素有“理学名邦”“东南小邹鲁”之美称，是中国重商文化的发源地。R 市自古崇文好学、人才辈出，境内古迹众多，有多个古迹和文化遗产被列为国家重点保护对象和世界非物质文化遗产名录。当下 R 市的文化建设也在蓬勃发展，优秀的文艺创作作品层出不穷，图书馆等文化基础设施建设蓬勃发展。与此同时，医院、社区服务中心等医疗卫生服务设施也在不断建设与完善。

2015 年，R 市没有发生比较大的安全生产事故。2013 年，R 市各类安全事故发生总量、直接经济损失同比均有所下降，总体情况平稳。R 市当前的生产厂比较多，在所发生的事故中，生产业事故占事故总量的 69.7%。这些事故包括未制定安全措施、危险区域违规进入、高处作业时不采取防护措施、未按安全规程操作这些情况，甚至还有上班穿拖鞋等现象。“低、小、散”是 R 市企业的普遍特点，企业注重生产效益，忽视安全投入，多数企业安全素质低下。特别是，R 市机械制造和金属加工等制造业企业比较发达，但同时这些产业水平都还比较低，产业特点决定了制造业目前和今后都是事故多发行业。

(二) R 市政府应急预案必要性分析和可能性分析

1. R 市政府应急预案的必要性分析

我国社会正处在由传统社会向现代化社会过渡的阶段，一些旧的制度、道德规范正在逐渐解体与瓦解，然而，一些新的制度和道德规范还没有建立和形成；在新旧交替的过渡阶段中，制度的真空、道德的失范成为总体的特点，这种阶段性的发展特征决定了政府部门面临着前所未有的挑战。近年来，伴随着工业革命的进一步扩大和发生，一些新的公共危机渐次出现，如环境问题、食品安全等。同时，全国和世界性的公共性突发事件也一次又一次地出现在人们的视野中，如美国的 911 恐怖袭击事件、中国的 SARS 等一连串的危机事件，让构建完善的应急管理体系方面的各种要求越来越迫切。政府部门无疑是对公共危机进行管理的主力，然而，在R市，政府更是充当起打头阵的排头兵。对突发性事件方面的管理最好的状态就是成功地进行各种预防，公共性突发事件通常是先从地方范围逐步扩大的，若构建和完善了R市政府应急管理体系，可以将可控制的突发性危机成功地预防，或者控制在小范围中，将其扼杀在摇篮中，无疑是最为理想的。

2. R市政府应急预案的可能性分析

建立健全R市政府的应急管理体系的紧迫性、重要性是毋庸置疑的。目前，在构建应急管理体系中，R市政府已经获取了一定的成绩，具备一定现实基础条件。针对突发事件的应急管理，R市设立了减灾委员会、安全生产委员会等专门性的管理机构，对不同类型的危机事件进行了系统性的管理。而其他机构和部门则是依照各自的职能配合一些专门应急的机构来共同处理事件。另外，R市政府还规定一般性质的影响不太大的突发性事件，应该由政府部门直接进行应急管理，分级负责的应急体系已经初步建立。并且R市也开始初步构建了应急预案体系、法律法规体系。同时，R市还构建了在突发性事件当中的责任追究制度，这一制度对于政府管理应急事件起到了重要的保证作用。

（三）R市政府应急预案管理模式

1. 组织架构

R市成立了市突发公共事件应急委员会（以下简称“应急委员会”），市应急委员会是R市突发公共事件应急工作的最高领导、议事和协调机构，主要职责是：研究部署全市突发公共事件应急工作，指导全市各地、各部门制定和组织实施各类突发公共事件应急预案；制定和修订《R市人民政府突发公共事件总体应急预案》；在本市行政区域内有重大和特大突发公共事件发生时，领导、组织和协调应急工作，决定启动和组织实施本预案；向省政府和温州市人民政府报告突发公共事件和应急工作有关情况；履行法律规定等其他职责（见图4.1）。

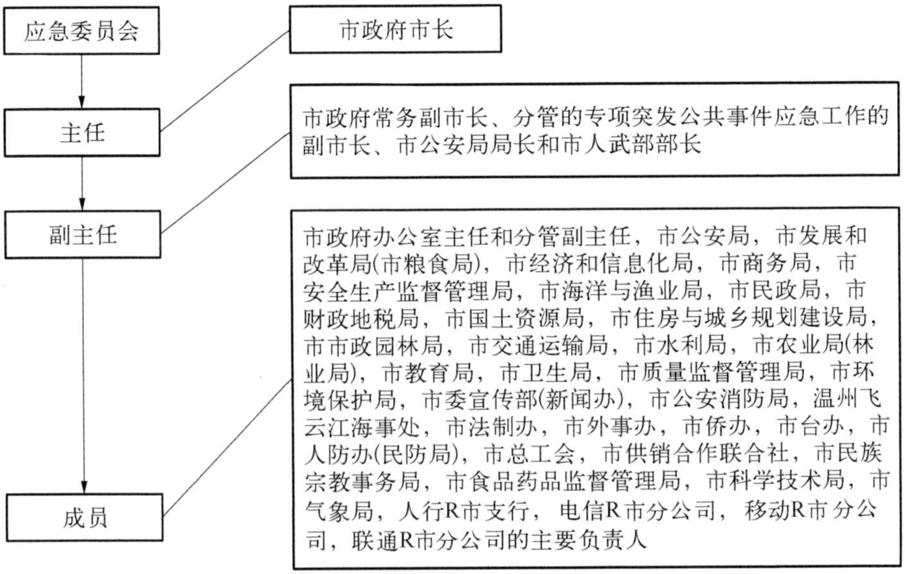

图 4.1　R 市政府应急委组织架构

2. 覆盖情况

R 市应急预案适用于本市行政区域内的突发公共事件，具体包括如下几类。第一，自然灾害：主要包括区域性地区暴雨洪水、严重干旱缺水等水旱灾害；台风、低温冻害等气象灾害；地震、滑坡、泥石流等地质灾害；森林火灾、重大生物灾害等。第二，事故灾难：主要包括重大交通运输事故，工矿商贸等企业的各类安全事故，建设工程、机关、企事业单位发生的各类重大安全事故，造成重大影响和损失的供水、供电、供气等城市设施设备事故，通信信息、网络、特种设备等安全事故，辐射事故，重大环境污染和生态破坏事故等。第三，公共卫生事件：主要包括重大传染病、疫情、群体性不明原因疾病、重大食物和职业中毒、食品安全和其他严重影响公众健康和生命安全的事件以及重大动物疫情等。第四，社会安全事件：包括恐怖袭击事件、民族宗教事件、重大刑事案件、涉外突发事件、经济安全事件以及规模较大的群体性事件等。

3. 演练、教育宣传

为了进一步强化应急工作的宣传、应急知识方面的培训和应急工作方面的演练，提高R市全民应急工作方面的意识和基本性能，R市在应急工作的常规事务中，注重公众宣传方面的教育，包括学生们的应急常识教育，R市应急委与社会媒体合作进行预防知识宣传教育，并且结合本地实际，制作多发性应急事件手册，增加公众的应急意识与能力。在培训方面上，主要对公务员进行培训，针对专业人员进行培训，切实提高各部门管理及执行人员的应急管理能力。同时，突击式进行单项和综合演练工作，以此来检验各种应急救援队伍的快速反应能力，协同作战能力，并且通过综合性演练，评估总体的应急预案，以及专项应急预案的操作性和可行性。

4. 突发事件应急处置

首先，信息沟通，即时进行信息报告。突发公共事件发生后，本市应急工作机构应当在接到信息后1小时内向上级应急委及温州市专项应急工作机构报告，进行灾情信息监测和处理，建立快速应急信息系统。充分利用各专项应急职能部门现已建成的专业通信网为应急指挥和信息报告服务。

其次，组织协调。依据发生突发性公共事件的不同层级，市应急委在接受统一指挥的基础上，履行相应的职能。各部门、乡镇政府（街道办事处）、单位要服从市应急委和市专项应急指挥部的调度。

最后，决策机制。如何在突发公共事件后提供高效合理的决策支持以及进行快速灵活的指挥调度，是提高危机管理能力，有效地开展应急物流，进而降低灾害影响、提高救助水平极为重要的保证。

三、R市政府应急处理的实践及其问题

（一）R市政府应急处理的两个典型案例

1. R市海上交通事故案例

2011年9月18日上午9时许，R市一艘半敞开式的无名摩托艇擅自搭人出海，于13时许在丁山海域附近失去联系，19日下午了解到该摩托艇在丁山附近水域因遇风浪翻沉，摩托艇上共有7人，获救2人，其余人员失踪。该突发事件发生后，R市主要采取了以下应对措施。

全力开展搜救。事故发生后，R市迅速启动应急预案，研究搜寻救助方案，成立搜救工作指挥部，对遇险人员手机最后通话位置进行定位；边防、海事、海洋渔业等部门快速反应，出动海巡111、海巡1170、东海救115、中国渔政33019、中国渔政33016等海事巡逻艇，渔政船开展海上搜救；向失事海域附近本市渔船、过往船只发送搜寻信息，动员参与搜救。同时，R市主动向上级有关部门请求支援。省、温州市搜救中心从上海、舟山调集直升机参与搜救，同时出动海军1244、1231舰艇，以丁山为中心扩大搜救范围。

迅速核实险情。成立事故调查小组，联系摩托艇生产厂家，核实摩托艇概况。经调查，该艇系半敞开式摩托艇，主要技术参数为：船长5.38 m，型宽1.76 m，型深0.73 m，定员8人，动力装置40—85 hp汽油弦外机，航速40—55 km/h，航区为内河b级航区。船主郑某2011年9月15日从江苏常州市金典游艇有限公司购买此摩托艇，9月17日运抵R市，在9月18日上午载7人出海。当事人除有买卖合同外，其余手续不齐全，驾驶摩托艇的杨某未取得由海事部门颁发的驾驶证。

切实加强稳控。安阳、飞云、高楼等镇街，以及教育、卫生等单位落实专人，与失踪人员家属进行思想沟通，稳定其情绪；召开失踪人员家属座谈会，了解核实船上人员的基本情况、家属关系，听取家属的意见和要求，全力争取船员家属的支持与配合，做好船员家属的安抚工作；立即启动舆情应对机制，及时向媒体通报事故情况，防止恶意炒作，切实维护社会稳定。

开展安全隐患整治。吸取此次意外事故教训，对全市水上交通安全隐患开展大排查、大整治，全面落实各项防范措施，严防类似事故的再次发生，确保水上交通安全。

2. R市危化品企业火灾案例

2012年10月19日15时30分，R市经济开发区浙江华峰氨纶股份有限公司东山工厂的锅炉房，因四号导油泵导热油泄漏发生火灾，火势猛烈，威胁泵房多个储油设备及由泵房通向整个厂区的导油管网安全。当地党委政府、公安、消防、边防、交通、安监、供电、水务等部门300余人参加事故处置。温州市消防部门调派了29辆消防车，160余名消防指战员赶赴现场。该突发事件发生后，该市主要采取了以下应对措施。

及时启动预案。事故发生后，R市立即启动应急预案，当地党委政府、公安、消防、边防、交通、安监、电力、水务等部门300余人联动配合，共同处置。市公安消防局调派瑞安、马屿、塘下三个现役消防队共8辆消防车48人，调派上望、仙甲、西岸、汀田、南滨5支专职队，中村志愿消防队、前埠义务消防队共10辆消防车54人赶赴火灾现场，根据现场的实际情况，研究制定扑救方案，成立了扑救工作现场指挥部。

全力扑救火灾。针对火灾扑救难度大、扑救力量不足等实际情况，R市立即向温州市消防支队汇报调请增援力量，温州消防支队全勤指挥部亲临现场指挥扑救工作，立即增派了特勤一中队、战保大队、苍南中队、平阳中队及万全专职队共11辆消防车赶赴现场增援，及时向省消防总队报告，总队接到报告后，立即开启3G图传设备，密切关注火场情况。

救援措施得当。按照"先期堵截、冷却保护、内攻近战、关阀断料"的思路，投入重兵堵截设防，组织攻坚组进入着火点内部、楼顶进行关阀断料，火势得到基本控制后，指挥部又适时调整力量部署，采用"强攻堵截、枪炮协同、内攻近战"的战法，及时深入内部打击火势，消灭余火。

开展隐患整治。吸取此次意外事故教训，R市要求企业整改安全隐患，并对全市危化企业安全隐患开展大排查、大整治，全面落实各项防范措施，严防各类事故再次发生。

（二）成效分析

1. 事前预警

应急预案在事件中的事前预警作用发挥得不是很明显，这主要是由于事故灾害类突发事件具有很强的突然性和不确定性，爆发的诱因各有不同，因此在预案中难以把事前预警做得十分完善。

2. 事中救援

本类应急预案的工作重点体现在事中，即在事故救援、协作、处置的过程中，可以说每一个部分、每一秒钟都关系着生命和财产的安全。

反应迅速，全面动员。在事故发生以后，R市政府部门就立即启动了应急响应。上级政府高度重视，相关部门的紧急部署、规划与操作紧密结合，为救援工作赢取了时间。

多方联动，形成救援工作合力。在以上事故发生以后，在温州、R市两级领导的共同调度之下，各个工作组有条不紊地开展工作，秩序维护小组、现场救援小组、医疗救护小组，以及后勤保障小组等都在争分夺秒，相互进行深入配合，形成了救援工作的强大合力。

畅通信息，正确引导舆论。宣传信息小组及时地向外界发布权威信息，有序地安排记者进行现场的采访，为主流媒体的采访提供了极为便利的条件，牢牢地掌握了舆论方面的主动权，从而减少了社会对于该事件的各种猜想，正确引导了舆论的走向。

3. 事后处置

对于应急预案来说，事后的处置包括两个方面。一是事故的善后处置，二是对应急预案的提升和修订。其中该市对事故的善后处置具有很丰富的经验。

加大力度整合资源开展查治隐患工作。事故发生后，R市立即提出了制度要求，要求全市上下深刻吸取事故教训，结合“安全生产大检查”的工作部署，在全市范围内开展排查。进一步掌握全市范围内各类企业，特别是危险化工企业的数量和基本情况，引导相关企业安装自动控制等手段，提高人防、技防能力，同时主动邀请相关领域安全生产专家参与排查工作，帮助企业及时发现和整改隐患。

通过加强宣传教育工作提升防控灾难的能力。利用报纸、电视、网络等新闻媒体全方位开展安全生产法律法规和知识普及，加强对从业人员的安全培训，特别是督促企业组织从事危险化工工艺过程操作及化工自动化控制仪表安装、维修、维护的作业人员及时参加相应的安全技术理论培训和实际操作培训，确保其具备本岗位安全操作、应急处置等知识和技能，提升事故防控能力。

（三）问题及原因分析

1. 存在的问题

从R市以上事件当中的应急管理案例中可以看出，当前，R市政府针对事故类突发事件的突发应急预案管理，虽然在救援过程中发生了许多作用，但更多只是被动地发挥作用，还存在许多不足。

（1）应急管理组织机构还不是非常健全。主要体现在R市政府在应急管理的组织结构方面的设计、运行管理体制和机制，以及工作模式等方面还不是非常完善，同西方一些发达国家相比，还存在非常多的不足之处。这样又进一步让R市在处理一些突发性事件的时候预警水平比较低，对于事件方面的检测和反应都无法满足当前的需要。在R市上述两个事件中，事件都是发生在威胁较大或者出现人员伤亡的时候，该市才能迅速做出相应的反应。应急组织上出现了多头管理的信息缺失，以及调度乏力等方面的问题。

（2）政府部门管理人员的风险意识还有待进一步提高，管理人员的风险意识存在一定的偏见性，容易忽略某些其他可能引发突发性公共事件的诱因。很多的救援工作都需要一定的组织预案，而这样有组织预案还发生了极大的安全事故的案例，就说明了应急管理人员在风险方面的意识还不够强，对于安全性的考虑还不够周到，尤其是在人员比较多的场所。而发生事故后，政府部门才针对性地对一些存在隐患的威胁进行排查，这些排查往往也是某一方面的隐患排查，并不是全面的风险排查。显然，应急管理者还没有足够的风险管理意识，才导致了这样的重大安全事故的发生。

（3）应急救援多头管理。在R市以上安全事故中的处理中，我们可以看到R市政府应对灾害性预警、救助和后期处理分属于不同的部门。总体来说，R市管理机构极为臃肿，职能方面存在交叉，容易形成多头管理，相互推诿扯皮等现象时有发生。经常会出现发生一个事件，多个部门到场，到场之后谁指挥、谁行动，谁主动、谁配合都无法协调，虽然该市已有应急办这个协调单位，但是由于行政级别低（市政府办公室内设科室，副科级别），而无法发挥有效的协调指挥作用。这就成为制约R市政府应急管理体系建设的最大弊端。

(4) 人、财、物极为短缺。当前R市在突发事件的处置中，人、财、物的短缺十分明显。在应急管理人员方面，R市现在虽然已经在各部门成立了应急管理机构，但是基本上都是与其他业务科室混岗使用，如各镇街的应急管理机构都是与办公室或者综治办合署办公，应急工作人员也身兼多职。在财务方面，目前R市应急办每年的工作经费为5万元，在温州市各县市区里属于平均水平，该笔经费仅落实在宣传方面也是远远不够的，更别说物资的购置。在硬件配备方面，R市原有的应急装备完全不能满足应急救援工作方面的需要，众多大型应急装备都是从温州市或者省内其他区域调运来进行支援的，这样就耽误了救援的整个进程。如2014年年初发生在R市区的突发化学气味散发事件中，虽然R市应急队伍迅速到位，但是到了现场却发现现有设备无法辨别是哪种化学污染，更精确的鉴别设备在温州，而应对的专业专家在省里，所幸该气味并无危险，后来也顺利解决，但是也为今后的突发事件预警敲响了警钟。

2. 造成问题的原因分析

R市政府在应急事件管理体系建设方面依然存在众多弊端和问题，主要原因如下。

(1) R市应急情况预警管理机制还不是非常完善，从市级专项预案发展来看，从2006年开始，R市制定了7个自然灾害类应急预案、8个事故灾害类应急预案、5个公共卫生事件应急预案类应急预案、12个社会安全事件类应急预案、6个应急保障行动方案。2012—2013年，R市根据形势发展和工作需要，对这38个应急预案重新进行了修订完善。当前，R市的各类预案已经非常多，但在部门法案上还比较缺失，突发性公共事件预警管理体系还不够健全，预警方面的信息覆盖面还不够广泛，时效性也有待提高，应急预警的关键性技术并没有得到进一步的突破，突发性应急事件信息的监测、采集和评估体系建设比较滞后。同时，因为目前在应急救援处置过程中“重视处置过程、忽视教训总结”的现象普遍，发生突发事件，往往只对事件进行处置，缺乏对事故发生的机理、响应机制和预防措施等进行研判，在处置结束后并未认真总结事故发生的深层次原因，也没有提出改进完善应急响应的对策建议和有针对性的防范措施，这在以上两个事故的处置过程中表现得十分明显。

(2) 缺乏权威性的协调管理机构。目前，R 市政府大部分都没有设立专门性负责应对突发性事件的权威性常设机构，大部分都是当事件发生以后，才决定从各个相关部门临时调配人员来组成一个处理事务的临时性部门，这些临时性的人员都没有从事过应急管理方面的工作，也没有接受过相关方面的培训，更加不用说实战方面的经验了。R 市现有的应对突发性事件的组织管理体系，涉及众多的职能性部门，缺乏单一的应急指挥系统，从而导致统一协调能力上比较差，各个部门各自为政，责任上不明确，难以有效展开应急管理工作。具体而言，主要有以下两点原因。

(1) 应急法律体系还不够健全。虽然说 R 市在近几年就已经出台了一些相关法规，国家也出台了突发事件应对法，不但填补了法律方面的空白，也让我国在各个方面都确立了规范应对各种类型的突发性公共事件的基本法律制度，让 R 市处理突发事件时有法可依，但是，法案不可以包办一切事务，更何况该法的局限性还十分大。首先，法律在事件的过程当中无法执行到位；其次，该法对公民权利和政府权力方面的动态性制衡严重不足，另外，对管辖权的设置比较模糊；最后，紧急权力在制度上显得不能够满足法律体系的严密性。

(2) 信息体制在应急管理上不合乎当前的要求。从目前的实际情况来看，R 市的信息管理体制还不可以保留行政管理体制方面的特点，实行层级管理、逐步负责的管理模式。上报渠道比较单一，无法保障信息的准确性，以及确保及时地申报。同时，由于突发公共事件的部门化管理，应急管理当中各个部门难以进行充分有效的协调，这非常不利于情况信息的资源整合，分析研判缺乏各种支持。更有甚者，不同部门间对同一事件的理解角度和政策要求不同，上级政府和群众对突发事件信息的报送形式和范围又有不同的要求，导致对突发事件的信息整合难度很大。而存在的主要漏洞是：在突发事件的信息公开上无法做到准确性和及时性；上下级信息沟通上依然存在众多方面的阻碍；部门和部门之间的信息交流不通畅，整合不够。

四、对策建议

（一）完善应急预警机制

提高R市政府的预警意识。近年来，我国政府在处理突发事件的过程中积累了经验，也吸取了教训，我们应定期在R市政府中宣传这些经验和教训，定期强调预警的重要性。同时要以反面教材造成的严重后果和预警带来的积极效果来加强R市政府的意识，将人们的关注点由应对危机转移到预防危机上来。

要在R市政府建立专门的预警机构。我国政府在建立应急部门机构方面存在随意性和临时性，与国外的发达国家有着很大的差距。危机预警是一项专业性的工作，应该由专门的部门机构来执行。因此，我应在R市政府建立包括信息监测、信息收集、信息评估、信息预测和信息发布等系统在内的预警部门机构。

（二）强化信息透明度和信息沟通渠道

转变传统观念，加强信息公开意识。在网络时代，公众容易接触到各种信息，对信息的要求逐渐增强，对热点事件的关注也越来越多。而突发事件往往成为一段时间内人们关心的焦点问题。R市政府必须认识到信息公开不是政府想做就做、想放就放的选择性工作，而是政府的一项义务。R市政府还要加强公众对知情权的认识，同时宣传法律知识，使人们认识到不公开信息将会受到法律追究，这样公开意识才会被树立起来。

建立政府与媒体之间的良性互动关系。在与媒体关系的处理上，政府往往是出于维护社会稳定的考虑，而媒体则站在要第一时间发布信息的角度，容易引起冲突。政府必须和媒体建立良性的合作关系，不论是传统媒体还是新媒体，都是政府重要的信息渠道。同时，还要对部分恶意制造舆论，盲目竞争的媒体进行规范和处罚。

（三）提高基层政府的决策力

提高决策人员的素质。政府在应急决策中更多的是依赖决策者主观的知识结构、应急反应、心理素质和既有经验等。R市政府，尤其是基层政府缺少决策上的人才，因此要积极引进或者培养一批具有专业知识结构、临危不乱的心理素质、科学的预见能力、进取精神和果敢决断能力的人才，平时要加强对科学决策方法和决策理论的研究。

要建立应急管理的常设性决策机构。R市政府往往是在危机发生之后才临时建立决策机构来加以应对，而在平时的状况下，政府部门的决策力量是分散的。决策能力与政府能力直接挂钩，甚至能够直接体现政府能力。只有设置专门的常设性决策机构才能够保证政府决策科学集中，对突发事件做好充足的准备，并为引进和培养人才提供保障。

（四）加强公共性突发事件的社会治理

企业历来是协助政府的主要力量。我国自改革开放以来，经济的发展取得了巨大的成就。R市政府招商引资，乡镇企业异军突起，建立新农村政策后，部分农村的经济实力也显著增强。企业与政府的关系越来越密切。在R市政府应急管理中，企业的作用是不可忽视的。此外，企业还能提出许多政府常态管理以外的创新意见和建议，因此R市政府要时刻加强与企业的联系。

R市政府应支持第三部门的发展。第三部门是提供公益的志愿性团体，包括各慈善机构、科研机构、公会等非营利性组织。它们既能促进公益又能协助生产，政府应对这类组织给予鼓励和扶持，使它们在危机的管理中发挥凝聚力和号召力。

（五）实施全面有效的保障措施

财政投入是不可不提的一个重要问题。如果没有财力予以保障，R市政府的各项管理活动都会受阻，更没有能力来处理耗费人力物力的危急事件。R市在应对公共危机的财政方面存在众多问题，对突发事件应急管理的资金没有统一的规划和预算。所以，政府需要依照R市的实际情况和以往的经验，对需要预留的资金做出规划，并将其纳入预算体系中来。要进一步强化R市政府财政管理体系改革，解决好R市政府自身的贫困化，并且掌握好一定的财政自主权，还可以针对应急管理建立基金，推动政府、企业和社会各界等各方共同来提供基金来源。

建立健全相应的法律法规至关重要。人和组织的行为在法律面前都是最为直观和最可预测的，所以，法律保障通畅是直接而有效的。我国已经初步建立了应急法律法规的体系，但是，R市政府在这个方面依然非常薄弱。当前，已有的《中华人民共和国突发事件应对法》还是一部宪法性质的法律，其中也对地方性政府有了一定的规定，然而R市政府还需要因地制宜，依照本地的具体情况来进行细分，扩大法律的覆盖范围，制定一些专门性的法律法规和各项规章制度并确保法律的执行。

参考文献：

[1] 刘炜霞. 完善突发公共事件应急管理机制的对策研究[J]. 学理论，2012(5).

[2] 刘维爽. 中国基层应急预案建设问题研究[D]. 天津：南开大学，2012.

[3] 吴晓涛. 中国突发事件应急预案研究现状与展望[J]. 管理学刊，2014(1).

[4] 刘志欣. 政府应急预案的效力定位研究[J]. 灾害学，2014(2).

[5] 李赛赛，王文奎，陶永丽. 城市突发公共事件应急管理研究[J]. 经济研究导刊，2012(1).

[6] 何朝晖，林文. 突发公共事件应急管理能力的评价研究[J]. 社科纵横(新理论版)，2011(2).

[7] 赵公弼. 突发公共事件应急决策分析[J]. 宁德师专学报(哲学社会科学版)，2011(1).

[8] 宋劲松. 英国基层应急管理组织模式研究[J]. 行政管理改革，2011(2).

[9] 陈安，迟菲. 突发事件的起源、机理、特征与应急管理原则[J]. 科技促进发展，2010(7).

[10] 伍国春. 日本社区防灾减灾体制与应急能力建设模式[J]. 城市与减灾，2010(2).

[11] 王少飞，刘桂强，曾磊，卢辉. 长大公路隧道火灾事故专项应急预案编制[J]. 消防

科学与技术，2012(2).

[12] 刘铁民.突发事件应急预案体系概念设计研究[J].中国安全生产科学技术，2011(8).

[13] Elena Savoia, MD, MPH. Public Health Systems Research in Emergency Preparedness[J]. Preventive Medicine, 2012.

4.3 我国非政府组织参与灾害救助机制研究

——以浙江省C县壹加壹应急救援中心为例[①]

一、引言

近年来，全球各类灾害频繁发生，从国外2004年印尼9.1级地震、2005年美国卡特里娜“飓风”，到国内2008年汶川地震、2010年舟曲泥石流、2012年南方洪涝灾害等，这些灾害造成了严重的人员伤亡和巨额经济财产损失。据统计，2005年美国卡特里娜“飓风”造成经济损失80亿美元，导致1 836人丧生、705人失踪；2008年我国汶川大地震致69 197人死亡，直接经济损失8 451亿元；2010年舟曲特大泥石流致1 463人死亡。由此可见，频发的灾害已成为人类发展进程中面临的重大挑战。

政府作为公共事务的管理者，在应对自然灾害等公共危机中积累了大量的经验，是治理灾害的核心力量，但其在公共产品和公共服务的供给上，

---

① 本文作者：薛迎春，华东理工大学2015届MPA硕士，导师刘晶。

也会出现“失灵”现象。伴随着全球性结社革命的兴起，多元主体参与公共危机治理成为一种发展趋势。近几年，随着我国重大自然灾害事件的频发，越来越多的学者开始关注非政府组织参与灾害救助这一研究专题。但是，我国非政府组织参与灾害救助的研究，主要以学理性分析为主，立足于我国国内具体灾害做研究的实例较少，缺乏实证性研究，其针对性和可操作性不强。大多数灾害救助的研究仅仅停留在“是什么”“该如何”的层面上，缺乏对“如何做”层面的深入探讨。在研究领域和范围上，目前对灾害救助的研究多见于危机管理的范围，以研究政府的行为和救灾体制居多，而对非政府组织参与救助以及非政府组织与政府、媒体等互动合作方面的思考还很不够。

本研究以浙江省C县壹加壹应急救援中心为例，在已有研究的基础上，借鉴国内外学者的相关思想和观点，通过对个案的实证剖析，从非政府组织层面入手，对其灾害救助中与外部环境的互动做全面的探讨和论述，从而分析和总结非政府组织参与灾害救助的现状与特点、困难及原因，最后对如何构建优化组织策略，促进非政府组织参与我国城市社会救助的路径进行探索。

二、我国非政府组织参与灾害救助的理论基础与实践优势

（一）非政府组织参与灾害救助的理论基础

1. 市场失灵理论

作为资源配置的主要手段，市场在促进经济发展方面体现了巨大的优越性，但由于市场本身的局限性，也带来了外部性、分配不公平、不完全竞争等问题。美国经济学家伯顿・韦斯布罗德提出，任何选民对公共物品都有需求，但在资源配置过程中，受市场内在缺陷及私人企业逐利性影响，单一的市场手段不可能达到资源的最优化配置，不能提供有效的公共物品，从而产生了市场失灵的现象。

2. 政府失灵理论

政府失灵又称政府失败或政府缺陷。公共选择理论认为,政府官员也是索取个人利益最大化的“经济人”,这与官员作为公共利益的代表存在持久的冲突,并导致政府失灵。而政府失灵一般体现在公共决策的低效率、政府机构运作低效率、利益寻租三个方面。

综上所述,公共治理的政府—市场模式存在缺陷,已不能满足现实需求,独立于两者之外的“第三部门”——非政府组织由此应运而生。非政府组织具有专业化、低投入、灵活性等优势,可以弥补市场、政府失灵,克服市场和政府不公平和低效率等不足,处理好公共事务。在灾害救助中,非政府组织凭借自身的特性,成为政府开展救灾活动的有益补充。

(二)非政府组织灾害救助的实践优势

1. 非政府组织有参与灾害救助的意愿

非政府组织具有自愿性和公益性的特性,组织成员的使命感和责任感迫使他们重点关注社会弱势群体,而这些人因缺乏自我救助的能力最容易成为灾害事件的受害者。在灾害危机发生时,他们会针对个体的不同需求实施差异化救助,以尽量降低他们的灾害损失。当灾害危机发生时,政府首先考虑的是如何减少危机对社会整体利益的损害,从而可能会忽略某些群体的利益,而非政府组织则可以补齐政府在这一方面的“短板”。

2. 非政府组织在灾害救助中有较强的资金和技术优势

在资金方面。国际上,成熟的非政府组织有充裕的财力支撑,有能力深入全球开展救助活动。一些老牌的非政府组织如凯尔国际、乐施会等由于资金稳定、运作成熟,可以在灾害救助管理中发挥较大的作用。灾害事件通常具有强大的破坏性,而这些灾难性后果若都由政府承担,必然会对政府财政带来巨大压力,而非政府组织可以通过社会募捐等形式,迅速筹集社会资金、调动民间资源,帮助政府缓解财政压力。

在技术方面。很多非政府组织在成立时就对自身的定位十分明确,于是它们会按照自身的定位标准招募志愿者。这些人员由于具备深厚的专业背景和相关领域的从业经验，对灾害事件有着特殊的敏感性，在灾害事件发生前的疏缓和准备阶段可以对可能来临的事件做出风险预判和评估。在灾害发生阶段，非政府组织可发挥技术和知识方面的专业优势，深入调查研究灾害事件并制订解决方案，同时运用专业知识尽可能消除公众对灾害事件的恐慌心理，这些都有助于灾害危机的解决。在灾后的恢复阶段，非政府组织可以组成相应技术支持小组，继续在灾害发生地对受灾害的人群提供技术指导并抚平心理创伤，针对某些潜在的危机问题进行调查研究，呼吁国际社会的关注。

3. 非政府组织在灾害救助中有较强的灵活性

灾害事件的发生一般伴随较大的社会动荡，在处理危机事件时，政府具有其他部门不具有的动员社会资源的能力和特权，能够最大限度地考虑各方利益和需求，但是政府应急救援系统涉及多个层级多个部门，易导致灾害信息传播失灵，从而错失救援的最佳机会。而非政府组织扁平化的管理结构，使其在灾害事件发生时能快速制订救助方案并投入救灾活动，收集灾害信息，及时向社会公布与灾害相关的重要信息，利于民众、企业和政府开展有针对性的救助。

4. 非政府组织在灾害救助中有广泛的社会基础

非政府组织的自愿性决定了非政府组织是带有一定公益色彩的组织，激励人们参与救助主要依靠的是社会的责任感和使命感，更代表了社会公众的利益，这些特性决定了非政府组织在引导民众参与方面有得天独厚的优势，并且具有极强的社会号召能力和凝聚能力。在灾害前的预警阶段，非政府组织可以对可能受灾的人群宣传有关灾害的防范知识，提高有关人群应对灾害反应的能力。在灾害发生阶段，非政府组织的动员能力可以调动民众的参与热情，鼓励民众加入抵御灾害的队伍中，防止灾害事件进一步扩大造成更多的损失。而且，由于非政府组织的地位属于“上连政府、下接民众”的地位，既可以将政府的相关决策第一时间告知民众，也可将公众的需求反映给政府，起到信息沟通和反馈的作用。在灾后救助恢复阶段，非政府组织的广泛社会基础可使其抚平受灾害影响的人的心理创伤，重拾信心。这些都有利于社会各界发挥解决灾害事件的主动性和积极性，实现危急时刻的自我管理并与政府进行良性互动。

三、C县壹加壹应急救援中心参与灾害救助机制分析

（一）壹加壹概况

C县壹加壹应急救援中心于2007年成立，2008年11月在C县民政部门正式登记注册，是全国首家正式登记注册的民间应急救援组织，属民办非企业单位，登记主管单位是C县人民政府办公室，同时接受C县应急委员会成员单位的业务指导。作为非政府组织，其主要职能是积极协助政府有关部门、乡镇做好防范和处置各类突发事件，宣传相关应急知识，帮助群众提高灾害自救、互救技能等。该组织一直倡导属地救援，也和C县政府相关职能部门在应对自然灾害等方面进行合作，在应急救援领域取得了显著的成效。

本研究选取壹加壹作为代表性个案进行实证分析，主要采用的调查方法为访谈法和观察法。访谈法主要根据半结构式访谈提纲，就壹加壹的组织运作、参与灾害救助中与外部环境的互动情况，选取壹加壹及C县政府相关部门人员进行访谈；观察法主要观察壹加壹和政府部门、新闻媒体、社会公众的日常互动。

（二）壹加壹创立的现实背景

1. 独特的地理位置和气候

C县位于浙江省最南端，地处沿海，且由于浙南鳌江流域属亚热带季风气候区，多年平均降雨量大，降雨集中。特殊的区位环境和气候条件使C县成为强台风和超强台风频繁登陆的区域，伴随着这两者而来的通常是风灾、潮灾、洪涝灾害及次生灾害，这些灾害破坏性强，严重危害着当地民众的生命、财产安全。因此，灾害救助已成为C县的迫切之需，这种现实需求推动

了壹加壹的创立。

2. 政府在灾害救助中面临的挑战

上文分析了C县的地形和气候，可知强台风和超强台风带来的风灾、潮灾、洪涝灾害及次生灾害危害巨大，因而每年台风来临的季节（主要是夏季），该县政府部门需要投入大量的人力、物力、财力来防台抗灾。所以该县总结出了一套积极应对台风的措施，即采取“建、防、避、抢、逃、救”等方针，把人员伤亡，财产损失降到最低。但是C县复杂的地形及庞大的人口，为转移工作带来了巨大的压力。台风前，C县主要靠政府部门人员在短时间内转移众多灾害点的民众，经常会面临着人员不足、地形不熟、转移不够及时等问题。同样在台风来临时的“避、抢、逃”和台风过后的“救”等阶段，政府救灾都呈现出反应滞后、人员缺乏、信息不通畅等问题，急需借助社会力量参与共同救灾。壹加壹凭借其人数多、情况熟、动员力强等资源整合优势，弥补了政府救灾的缺陷。

（三）壹加壹在灾害救助中的作用

壹加壹拥有明确的组织职能定位，即作为一支配合政府专业救援力量的辅助性救援队伍，应该充分发挥组织灵活、高效等优势，以弥补政府失灵的不足，实现和政府的优势互补。壹加壹的主要职能是在发生灾害事件，尤其是台风等自然灾害时，协助政府专业应急救援队伍，发挥组织贴近民众、志愿者熟悉地理环境、服务快捷高效等特点，在当地政府的统一领导、指挥和调度下，参与灾前宣传、抢险救灾及灾后重建等工作。在平时没有应急救援任务的情况下，壹加壹应发挥普通志愿者的作用，配合当地政府的中心工作，提供新居民管理、治安管理、孤儿帮助等社会协助性公益服务。

（四）壹加壹的内部运作机制

壹加壹经过多年的运作探索，组织自身已建立了较为完善的内部运作机制，其内部运作机制如图4.1所示。

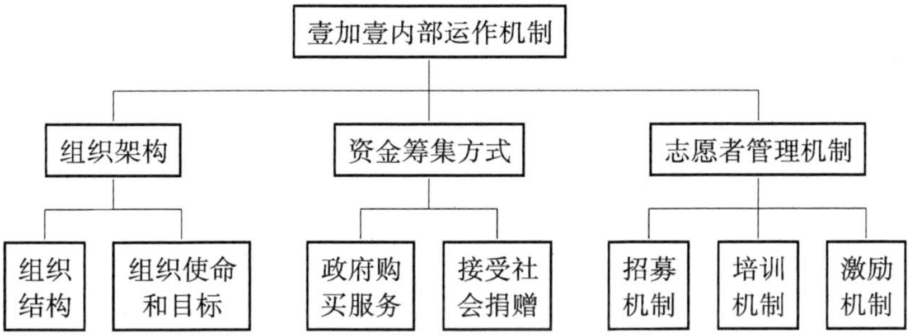

图 4.1 壹加壹内部运作机制

1. 组织架构

壹加壹的组织使命和目标是协助政府有关职能部门、乡镇做好防范和处置各类突发事件，宣传相关应急知识，帮助群众提高灾害自救、互救技能等。根据其使命和目标，壹加壹下设办公室、艺术团、出租车防汛应急服务总队、自备车应急救援服务总队、医疗应急救援服务总队、抢险救灾志愿者服务总队、灾后重建义工联合分会、灾后心理干预志愿者服务队、中心网站(会刊)等 9 个分支机构。除直属专业救援队伍之外，壹加壹还在 C 县 8 个主要乡镇组建了救援中队，以当地户外、冬泳、野越车爱好者等为成员，对各自乡镇实施属地灾害救助。

同时壹加壹以自我管理为主，部门业务指导为辅。在成立之初就制定了工作章程，规定了各项工作制度和程序(图 4.2)。根据章程，壹加壹设理事会和监事会进行日常管理。C 县人民政府办公室为主管单位，接受 C 县应急办的业务指导。同时壹加壹还要接受 C 县文明办、团县委、国土资源局、林业局、卫生局、教育局、交警大队、运管所、消防大队等单位的监督和业务指导。

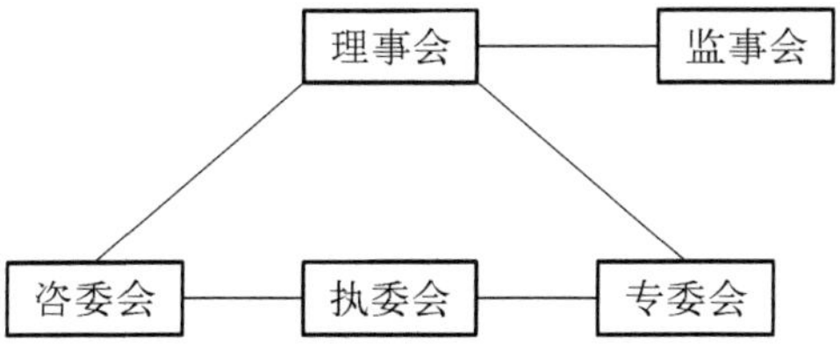

图 4.2 壹加壹组织结构

2. 资金筹集方式

经过几年的运作，壹加壹的主要筹资渠道为政府购买服务和接受社会捐赠。壹加壹参与政府购买服务的具体操作方式为：(1) 政府部门与壹加壹初步签订项目协议书，双方约定项目的具体内容、服务形式等；(2) 壹加壹根据公益项目内容，做出具体的资金预算计划；(3) 双方就项目内容、资金预算等进一步协商；(4) 壹加壹实施项目；(5) 政府部门对项目进行效果评估后，支付经费。目前，政府购买服务已成为壹加壹的主要资金来源，政府购买服务收入约占组织总经费的 90%以上。同时壹加壹也接受各类社会捐赠，这类资金根据捐赠人意愿定向用于扶贫救困等社会救助领域，不用于组织建设。

综上所述，壹加壹的组织运作发展资金基本上依赖政府购买服务，靠承接政府部门的公益项目所得盈利维持生存。

3. 志愿者管理机制

首先是在招募机制方面。组建专业化的救援团队是灾害救助工作有效开展的基本保证，志愿者招募作为首要环节，尤其重要。壹加壹充分意识到这一点，为了组织发展的需要，制订了详细且有针对性的招募方案。壹加壹以志愿者自愿参加为前提，依据救援工作的紧急性、危险性和专业性程度需求，结合志愿服务标准等综合要求选拔人员，优先选用青年志愿者和有救援经验的志愿者，努力构建立体化、系统化、综合性的灾害救援志愿服务队伍。同时，壹加壹建立了志愿者信息数据库，采集志愿者的个人信息，以备在紧急事态下能快速找到相匹配的救援人员。

其次是在培训演练机制方面。一支专业化的、素质过硬的应急志愿服务队伍能提高救援的速度和救援质量，更好地完成救援任务。因此，壹加壹注重对社会民众和志愿者应急能力和紧急救援能力的培训。一是救灾和自救培训。壹加壹将救助培训对象分为两类：针对普通民众，救助培训内容主要包括灾害预警意识培育、防灾减灾知识学习、简单救助步骤的介绍等，目的在于提高大众的灾害应急能力和灾情处理能力；针对志愿者，培训内容主要包括心理素质养成、复杂应急救援能力培育、高科技救援设备使用、各种环境下的应急救援模拟等，目的在于提高志愿者的综合救援能力和应急心理素质，打造一支素质过硬的应急志愿服务队伍。二是应急志愿服务演习，壹加壹根据不同灾害的特点制订不同的演习计划和灾害应急预案，经常协助相关政府部门开展应急救援演习活动，强化"政府、组织、市民"三者之间的配合和协调能力，提高队伍应对现实问题的解决能力。三是反复培训救援意识和积累救援知识。壹加壹经常通过案例教学、社会实践等提高志愿者救援能力，实现志愿者培训的常态化和循环化，从而达到志愿者救援意识和救援知识有效积累的效果。

最后是激励机制，它是保证壹加壹志愿者制度长期化，维持应急救援服务体系发展的前提。为充分挖掘救助志愿者的潜能，调动志愿者的积极性，更好地参与应急救援服务，壹加壹制定了相关的激励制度。例如，为免除应急志愿者的后顾之忧，使其全身心投入抢险救灾活动中，壹加壹给予了志愿者基本成本补助保障、人身安全保障、身体健康医疗保障等多方面保障。

（五）壹加壹与外部环境的互动

一是与政府部门的互动。非政府组织存在资源供给的"先天不足"，导致其需要依赖外部资源以获得生存和发展的空间，实现个体自身利益。在行政主导型的社会里，政府掌握着各类资源，非政府组织与政府的合作是获得合法性和资源的途径。而且随着非政府组织的发展壮大，政府认识到控制好权力让渡，将一些公共事务交由社会组织处理，能填补政府失灵，实现双方的资源互补，是一个能使公共利益和政府自身利益扩大化的行为。

二是与社会公众的互动行为分析。非政府组织社会合法性的获得需要与社会公众进行互动，为组织的存在与运作创造必要的社会条件。非政府组织与社会公众间的互动是建立在信任的基础之上的，在二者的互动过程中，社会公众通常以捐赠者的身份出现，非政府组织以受赠者的身份出现。两者之意是委托—代理关系，如壹加壹经常接受商业机构或企业的慈善捐款，帮助慰问孤寡老人、残疾人等弱势群体，接受社会各类募捐，帮助受灾地区民众恢复灾后重建。

三是与新闻媒体的互动行为分析。在中国，非政府组织还处于比较弱势的地位，没有太多表达诉求的方式，所以媒体成为其运作的重要资源。很多非政府组织都投入了极大的时间和精力来建立自己的媒体网络，努力将自己发展成为媒体的消息源，或者动员其他的专家学者作为组织的文化资源，从而表达自己的诉求。这使得非政府组织和相关专家，成为媒体上几乎唯一活跃的消息源，客观上也使得非政府组织和媒体的关系更为密切。

（六）壹加壹参与灾害救助的经验启示

1. 组织内部建立了较完善的运作机制

非政府组织科学合理的内部治理机制有助于组织有效实现使命，从而赢得政府信任和社会公众认可。壹加壹充分认识到这一点，把自身的能力建设视为机构生存的根本，在参与救灾减灾实践工作中不断健全机构职能，提高组织运作能力，包括建立完整的组织架构、较稳定的资金筹集机制和稳定的志愿者队伍等。

2. 组织与外部保持良性互动

一是与政府保持良好的合作关系。我国非政府组织起步较晚，相对于政府来说处于弱势，在获得生存所需的资源时，还有赖于政府的帮助和支持。为获取政府的信任和支持，与政府部门建立良性的互动关系，壹加壹需加强与政府的沟通交流，充分了解政府的需求，找到双方目标的契合点，建立合作关系。二是加强社会动员。非政府组织的社会动员是指运用非行政力量发动的，旨在传递信息或观念，引起动员对象的行动，从而引起社会资源的重新整合和个人角色的重新认知。最终达成共同目标的过程，通常包括对捐助者的社会动员和对志愿者的社会动员。壹加壹的主要筹资方式为政府购买服务，因此它的社会动员对象主要是志愿者。其对志愿者的社会动员主要有运用大众传媒招募、运用政府机构力量招募和对社会团体进行资源整合三种主要方式。三是推广公益影响力。公益传播，即“为公益而传播告之”。传媒作为公益传播的载体，在公益传播方面起舆论导向的作用。壹加壹传播公益主要是利用电视、报纸、广播等传统媒体及论坛、微博等新媒体主动进行公益活动宣传。同时也依托各级政府部门打造组织公益品牌，借用行政力量推广机构知名度。

四、壹加壹参与灾害救助的机制困境及原因分析

（一）壹加壹参与灾害救助的机制困境

1. 组织运作资金缺乏保障

非政府组织具有非营利性，本身不能带来利润和收入，经济保障问题成了其维持生存和发展壮大的关键，迫切需要更多的支持和援助。有别于一般的非政府组织，除公益活动需要的经费外，壹加壹这样的应急救援组织要维持自身的运作，还需要大笔的装备技术经费。近几年，壹加壹的资金主要来源为社会捐赠和政府购买服务。壹加壹在2011—2012年资金收入对比见图4.3。

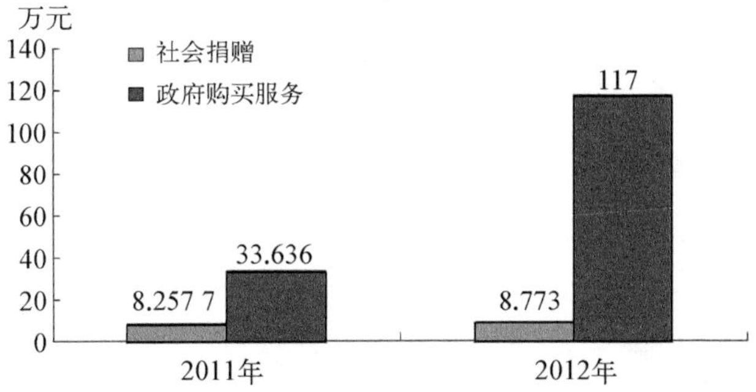

图4.3　2011—2012年壹加壹社会捐赠和政府购买服务资金对比

资料来源：根据壹加壹2011年、2012年财务报表整理

由上图可以看出，政府购买服务是资金收入的主要部分，这两年壹加壹的政府购买服务收入大幅上升，社会捐赠收入基本持平。另外，壹加壹的社会捐赠是定向用于救助弱势群体的，这表明壹加壹用于灾害救助的资金来源完全依赖政府，渠道非常单一，具有资金链断裂的风险。一旦组织与政府

合作减少，就可能导致组织入不敷出、无法生存。

2. 组织成员合法权益缺乏保障

非政府组织的成员来自社会民众，本着社会公益的共同理念为社会公益事业做贡献。但是在自然灾害救助的过程中，非政府组织成员自身利益和人身安全却难以得到保障。意识到救援活动的风险性，壹加壹为志愿者办理了相应的人身保险，在志愿者加入救援队伍时签订了免责声明，但在法律上活动的组织者依然是事故的责任主体，仅凭免责申明是不起作用的。由于非政府组织本身缺乏稳定的经济来源，难以承担相应的责任，同时组织的主管部门更不愿意承担责任。若志愿者在灾害救助中发生事故，就可能出现非政府组织无能力承担责任、政府主管部门推卸责任的局面，所以确定事故责任主体也是一大难题。而非政府组织的外在合法性得不到保障，会降低志愿者加入的激情与主动性。随着我国公民社会的进一步推进，未来，非政府组织权益保护问题将变得更加突出，如果不能及时妥善解决，将严重阻碍我国科学合理的灾害救助制度的形成。

3. 组织社会公信力不足

公信力是指社会对一个组织的认可及信任程度，它通过法律约束和自律规范来体现。壹加壹组织在规模扩张的过程中，不仅面临着筹资的挑战，更要面对各方对其组织资金管理是否透明、机构运作是否与组织宗旨相符、执行的服务项目是否有效等的提问。如壹加壹与政府合作的购买服务项目因涉及营利问题，曾遭受过质疑。壹加壹社区服务中心主要实施水环境保护类项目，并与金乡镇、钱库镇、龙港镇及灵溪镇签署协议，接手这 4 个镇 17 个社区的河道保洁和河道清洁宣传教育和巡视监督工作。但是后来壹加壹承包的金乡和钱库两个镇的河道出现了大面积的“水葫芦”，引起媒体关注，引发公众质疑治水成效。该事件让壹加壹陷入了信任危机，使媒体、社会公众及政府部门对其参与治水能力产生了怀疑，而这势必会影响其今后与政府部门的合作。

（二）制约壹加壹参与灾害救助的主要原因分析

1. 资源整合能力欠缺

首先是高素质人才引进难。人才是非政府组织赖以生存和发展的重要保障，但是我国非政府组织尚处于起步发展阶段，其人才薪酬待遇、职业发展前景、社会地位等明显处于弱势，很难吸引高素质的优秀人才加盟。壹加壹专职社工的全年报酬普遍低于C县当地企业、机关事业单位人员，工作岗位无吸引力，导致组织较难招聘到或留住有能力的人才。其次是社会认同度不高。壹加壹通过与政府合作公益项目获得报酬，曾被误解为“挂羊头卖狗肉”，就是因为公众对非政府组织可以通过服务收费，将收益用于组织发展这点缺乏认知。壹加壹的主要捐赠来源为企业捐助和个人捐款，这笔资金定向用于扶贫济困，企业和个人不愿意为组织提供专业救灾装备等看不到直接效益的援助，他们认为捐助应该用于公益项目，不该用于组织发展，这种偏见也折射出了公众对非政府组织的不信任。社会公信力的削弱，会减少非政府组织的服务收费收入、社会捐赠收入等资金，影响灾害救助活动的有效开展。

2. 组织自律与他律约束不足

非政府组织自身约束力不强和外部对其监管不严，是制约非政府组织提升公信力的主要因素。

自律规范缺失主要表现在以下几方面：一是组织定位不明确，对组织应当做什么，做到什么程度缺乏明确的认识；二是非政府组织机构设置不完善，有些组织内部甚至未建立监督管理机制；三是财务管理不透明，组织物资管理、资产运作、资助管理等未主动对外公开；四是机构对工作中出现的问题不是承认或积极解决，而是回避或向公众隐瞒。上文中提及壹加壹参与水环境治理的“水葫芦”事件引发的信任危机，究其根源，一是壹加壹与政府部门相比，社会权威性和影响力不足，话语权明显处于弱势；二是壹加壹自身管理暴露出诸多问题，如购买服务项目条款制定不周密、项目前期调研不充分等。该事件发生后，壹加壹也进行了自我反思，意识到囿于资金需求而盲目开展组织行动，极有可能丧失公信力，损害组织社会形象。

他律约束不足的表现包括：一是缺乏社会监督。我国公民对公共事务参与度不高，对未直接涉及自身利益的事，存在“事不关己高高挂起”的心理。另外公众对非政府组织缺乏深入了解，对非政府组织的运作较为陌生，对应该如何监督非政府组织缺乏明确的认识，这些都导致了非政府组织的社会监督不到位。壹加壹接受的社会捐赠根据捐赠者要求定向用于弱势群体救助，但其资助明细，并未对捐赠者或社会公开。二是政府监管不力。我国对非政府组织的登记注册设置了较高的“门槛”，要求非政府组织接受政府部门管理，并制定了年检、审计等监督管理制度，但这些条例和法规对非政府组织的约束非常有限，加之我国尚未对非政府组织的税务、财务和经营账目，募捐和资助管理等，以法律法规的形式加以系统规范化的管理。社会和政府等外部对非政府组织的监管不严，会严重降低非政府组织的公益服务品质，不利于非政府组织的长远发展。

五、我国非政府组织有效参与灾害救助的对策建议

（一）建立健全非政府内部治理机制

1. 建立多元化筹款机制

当前我国非政府组织的主要经费来源为政府资金扶持、社会捐助，收取会费、服务收费等形式的资金来源只占小部分。从长远的发展角度看，非政府组织应加强与政府部门、社会各界、国外机构的沟通与合作，运用多种手段筹资，摆脱资金来源单一带来的慈善资金不足的状况。

一是提升工作效能，赢取政府购买服务合作。政府购买服务具有稳定性和持续性，是非政府组织赖以生存的方式之一。非政府组织应提升公共服务专业化水平，积极参与政府购买公共服务的过程，争取赢得政府购买服务合作的机会，以保障较稳定的资金收入；二是创新募捐模式，提高募捐收入。非政府组织要充分借助义演、信息网络等载体，引导个人、企业或国内外组织捐赠。同时利用国家对非政府组织的免税条例规定或非政府组织的

社会影响，对企业、富人群体进行劝捐；三是加强国际交流，争取海外资金支援。我国非政府组织应顺应发展潮流，加强与国外非政府组织的沟通合作，充分利用国际非政府组织为发展中国家提供资金援助；四是拓宽服务范围，增加经营性收入。非营利性是非政府组织的主要特性之一，但国家允许组织结合自身特性经营收费项目，盈利所得用于组织发展。

2. 完善组织机构建设

首先，设立决策与执行机构。要在非政府组织内部建立最高决策机构——理事会。理事会可以吸纳不同背景具有代表性的成员，基本职责包括制定组织使命和战略规划、监督财务和筹款管理等。决策机构下设执行层，执行层的任务是分解、落实和执行理事会的决策和计划，非政府组织规模壮大后，单靠兼职志愿者已很难管理日常事务，需要引进职业化管理人才，通过专业化管理，带动组织高效运转。执行长是执行层的最高领导人，受聘于理事会，需要履行两种职责：一是协助理事长工作；二是负责组织日常行政管理。其次，建立监督机构。非政府组织作为自治主体，在灾害救助中，有可能利用手中的资源谋求组织自身利益而忽略公共利益。这就需要非政府组织建立监督机制，设立监事会，进行自我监督。监事会可作为非政府组织的专职监督机构，对非政府组织的一切经营活动履行监督职责。同时监事会必须保持自身的独立性，这是其有效履行监督职责的基本前提。

3. 建立健全志愿者管理制度

第一，建立志愿者保障机制。志愿者服务立法可以规范志愿服务行为，保障志愿者的合法权益，增强志愿服务的自主性，进而激发非政府组织的内在潜能，提升志愿服务的效能。我国非政府组织起步较晚，志愿服务立法仍不够完善，目前国内尚未出台全国性统一的法律法规，需要尽快制定国家层面上统一性的志愿服务法律法规，各地依据此法，根据地区实际情况再制定地方性规章条例。通过立法明确以下几个方面：一是在法律上界定非政府组织与志愿者的关系，明确双方的权利和义务，据此解决双方在志愿服务中产生的矛盾纠纷；二是明确政府的职责，政府对非政府组织的管理应定位为

“低度管理、高度自治”，但对组织的财务管理透明性应加以严格监管；三是明确非政府组织服务对象的条件；四是明确志愿者的权利和义务；五是明确公益服务的法律救济途径。对非政府组织在公益活动中产生的各类纠纷，明确法律救济途径和程序，同时政府也要提供各类司法援助，以保障志愿服务各方的合法权益。

第二，规范社会招募机制。一是建立非政府组织的人才遴选机制。按照公益服务项目要求，制订详细的招募计划。借鉴壹加壹的经验，优先选拔专业技能人员，这既能充实组织的人才库，又能减少组织的培训成本；实行统一的志愿者登记注册制度，建立志愿者网络数据库，分级分类实施科学化管理，按志愿者专长分派工作任务。二是建立长效的培训机制。灾害救助工作专业性强，需要对志愿者进行科学培训，提高实践能力，灾害救助培训应“因材施教”“因人而异”，根据灾害救助活动性质的不同，对志愿者制订有针对性可操作性强的培训计划，以满足各类救助活动的需求。三是强化激励提升机制。志愿者从事公益事业，其最终目的是实现自我价值满足精神需求，适当的工作激励机制会激发他们的热情，进而带动服务效率的提升。

（二）构建非政府组织与外部环境的良性互动

1. 与政府部门建立合作互补关系

当前，我国非政府组织仍处于弱势地位，还有赖于政府的帮助和支持，需要通过与政府建立良好的合作关系，来获取维持组织生存所必需的资源。政府是传统意义上的灾害救助主体，掌握着大量的社会资源，社会公信力较强，争取政府的信任，与之建立持久的良好关系，可使政府主动让渡更多的权力，从而获取非政府组织所需的资金、技术和政策支持等各类资源。为赢取合作机会，非政府组织应建立专门的沟通渠道，配合政府工作，积极主动寻求与政府在灾害救助方面的合作治理途径，弥补政府的灾害救助失灵。

2. 与社会公众建立信任合作关系

非政府组织通过传播志愿精神、志愿理念、志愿知识，尽可能减小社会对非政府组织的认知误差，创造志愿服务的社会心理基础，打造志愿服务文化。一是要注重强化组织内部对志愿精神、志愿理念的合理认知，以优良的志愿服务，塑造良好的外部形象。二是要注重开展生动鲜活的宣传活动，使志愿宣传活动更加贴近实际、贴近生活、贴近群众，实现志愿精神、志愿理念、志愿知识的普及，发挥良好的示范作用和带动影响力。同时，非政府组织也应接受政府部门的监管和社会公众的监督，不能促进非政府组织自身的能力建设，也有利于提升公众对非政府组织的信任，提升非政府组织的公信力。

3. 与媒体合作宣传公益事业

在培育公民社会志愿文化的过程中，要充分利用媒体的宣传引导作用。注重对有形宣传载体的培育，加强与各类新闻媒体的沟通，特别是建立起与社会公共媒体的良好合作关系。在媒体选择方式上，一方面，继续加强与传统媒体的沟通合作；另一方面，注重对新兴媒体的培养，特别是网络媒体等新兴媒体在公共知识的社会传播中发挥着越来越重要的作用，并能以较小的投入实现富有成效的回报。通过宣传非政府组织公益性和服务精神，使得公众更多地了解非政府组织的存在意义和管理运行机制，提高非政府组织的社会动员能力，吸收更多的优秀人才加入非政府组织。在传媒日益发达的今天，非政府组织应设立网站作为本组织宣传的窗口，利用互联网来吸纳志愿者、发布信息、募集资金等。玉树地震后，青海红十字会就是通过其官方网站发布其在地震期间接受的捐款、捐物及使用情况的公告，强化公众对其的信任，募集到了更多的救灾物资，更好地协助政府开展灾害救援工作。

参考文献：

[1] 罗军飞. 灾难管理中民间志愿者组织研究[M]. 湘潭：湘潭大学出版社，2010.
[2] 孙立平，晋军，何江穗，等. 动员与参与——第三部门募捐机制个案研究[M]. 杭州：浙江人民出版社，1999.
[3] 俞可平. 治理与善治[M]. 北京：社会科学文献出版社，2000.
[4] 康晓光. NGO 与政府合作策略[M]. 北京：社会科学文献出版社，2010.

[5] 贾西津. NGO：挡风高墙中的水泥[J]. 决策，2005(8).
[6] 李景鹏. 试论行政系统的权力配置和利益结构的调整[J]. 政治学研究，1996(3).
[7] 谢定国. 论非政府组织在抗震救灾中的作用[J]. 学术交流，2008(7).
[8] 李程伟. 民间组织及志愿者：抗震救灾的宝贵资源[J]. 中国社会报，2008(3).
[9] 张锐. 志愿者组织有效参与灾害性公共危机管理新模式[J]. 宁夏师范学院学报(社会科学版)，2011(2).
[10] 陈波. 我国非营利组织志愿的激励机制研究[D]. 成都：西南交通大学，2004.
[11] 马德勇. 善治视角下我国政府治理问题研究[D]. 青岛：中国海洋大学，2009.
[12] 贾西津. 中国公民社会发育的三条路径[J]. 中国行政管理，2003(3).
[13] 马广志. 壹加壹：救援组织的民间样本[N]. 华夏时报，2012(34).

4.4 环境污染群体性事件的演化过程与冲突管理策略研究

——以江苏省C市毒地事件为例[①]

一、研究背景

伴随现代社会冲突的不断叠加，经济发展带来的后遗症越加凸显，在公众维权意识不断提高的今天，政府的决策与处置不再仅仅是政府内部的事情，公众对知情权、对生活环境的新要求更加强烈。近年来，群体性事件频发，其中有一类群体性事件更具代表性，从柴静的《穹顶之下》到一次次环境危机的曝光，从中央到地方大范围的环境整治，环境与经济利益的矛盾一直横亘在政府与公众之间难以调和，环境问题一直具有很高的关注度。近年来爆发的环境污染群体性事件，如江苏启东事件、江苏常州市事件等，由于发生规模大、事态复杂，引起社会的广泛关注，将公众与地方政府的矛盾放大到极限。而在整个事件演进的过程中，政府对公众知情权的忽视，公众诉

① 本文作者：刘雯，华东理工大学 2018 届 MPA 硕士，导师李琼。

求渠道的阻碍，新媒体时代舆论环境的构建，都对事件本身造成很大的影响。

目前我国进入了“环境敏感期”。据统计，环境污染引发的群体性事件以年均29%的速度递增，对抗程度明显高于其他类型的群体性事件。由环境问题诱发的群体性事件频发，在事件发展过程中，权力与权利的冲突都是关键因素。对于环境群体性事件，国外学者的研究较为成熟，尤其已构建了较为完善的理论框架，对我国开展类似研究提供了大量的素材，具有一定的借鉴意义。虽然国内学者从不同学科角度对环境群体性事件进行研究，也取得了可观的成就，为优化社会管理提供了理论和现实依据。但还存在一些不足：一是专门针对某一具体类型环境群体性事件的探讨研究不足，因为不同类型环境群体性事件的发生背景、原因以及解决对策是不同的，笼统地进行归纳分析，导致提出的解决对策难免缺乏针对性和可操作性；二是国内学者较少用社会冲突理论研究环境群体性事件，作为群体性事件研究方面的经典理论，社会冲突理论视角下的环境群体性事件的分析强调冲突根源及社会功能，对政府部门优化管理更具指导性。然而，现实情况是目前中国知网期刊数据库用社会冲突理论研究环境群体性事件的相关研究文献却少之又少。

本研究基于社会冲突理论，试图对环境污染群体性事件的起因、冲突升级进行详细解释和分析，并提出化解的建议和举措，勾勒出相对比较系统的理论框架。本研究尝试从江苏省C市毒地事件的分析解剖中，理顺政府与当地群众的利益冲突，运用社会冲突的正功能理论，分析群体性事件的解决途径。通过调查研究和文献研究，试图寻找政府与公众在环境突发事件中的平衡状态，探索对地方政府决策及应对群体性事件危机中的预警与协调机制，从而重建政府公信力，增强管理社会、维持秩序的能力。

二、C市毒地事件演化过程及冲突问题分析

（一）事件概况

自2015年年底C市外国语学校搬入新校址开始，多名学生身体出现不

良反应，甚至有的被确诊为恶性疾病，由此引发了家长们的极大担忧。通过调查发现，原来新校址北面是化工污染区，尽管三家化工企业已经搬迁，土壤正在修复，但化工厂生产的大量氯苯、环芳烃、汞、镉等污染物超标严重，导致所在地块成为“毒地”。由于该地紧邻学校，虽然家长们多次向学校及相关部门反映，加上媒体的多次曝光，但是，C市市政府及学校一致认为环境监测达标，不存在“毒地”问题，致使这起环境污染群体性事件不断升级。

（二）C市毒地事件演化过程

1. 冲突酝酿阶段

由于多名学生身体出现不良反应，家长们向学校、多个政府部门以及新闻媒体反映，学校北面“毒地”在土壤修复过程中常常散发出刺鼻的气味，对学生们的身体健康造成不利的影响。对于学生家长们所反映的问题，C市市政府通过市环境监测中心对“毒地”周边空气质量进行检测，空气质量检测结果符合国家标准；又委托中科院南京土壤所、环保部南京所等多家研究机构的专家对“毒地”土壤修复调整后的方案进行评估，评估结果均为通过。因此，C市市政府认为，“毒地”周边空气达标，不会对C市外国语学校周边的空气造成污染。然而，这些看似权威的数据并没有令家长和社会信服，因为学生出现大范围的身体异样甚至是疾病，不可能是偶然事件，家长们积聚内心的愤怒，不断诉诸媒体渠道，引发了社会的广泛关注。

2. 冲突升级阶段

C市毒地事件在紧张的氛围中持续发酵，2016年4月18日，C市外国语学校国际部发布公开信，称“难以理解为什么媒体把这个问题渲染得这么严重”，并引用其校外教的话，比起C市外国语学校的毒地事件，“雾霾更应引起大家的关注”，而该校校长对外宣称“问心无愧”。一时间，家长们聚众抗议，社会舆论哗然，毕竟对校园环境、学生生命安全等问题社会是零容忍的。但是该事件直到获得央视等国家媒体的关注，才有了转机。4月17日，中央电视台报道“毒地事件”，指出紧邻学校的原化工区域，地下水和土壤中的氯苯浓度分别超标达 94 799 倍和 78 899 倍，并认为这些污染物都是早已被明确的致癌物，长期接触会导致白血病、肿瘤等；人民日报将 C 市市政府的行为批评为“无视群众利益，掩耳盗铃”。同时，环保部、江苏省政府成立联合调查组赴 C 市进行现场调查。

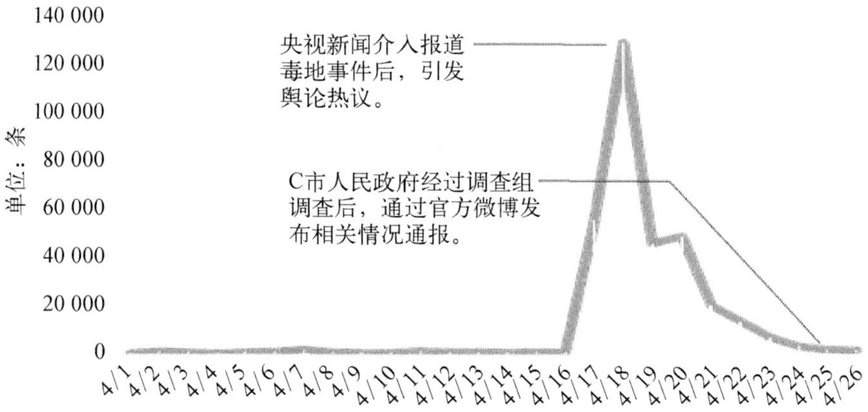

图 4.1　C 市毒地事件传播趋势

资料来源：蚁坊软件舆情监测系统

2016 年 1 月 4 日，新华网最早开始介入学校“毒地”的报道，当地政府开始关注，而冲突升级阶段集中在 4 月 17 日至 4 月 20 日，即央视等主流媒体关注的时间段，央视新闻介入报道 C 市毒地事件后，引发广泛的舆论热议。一时间，公众通过网络媒体对该事件及政府部门进行指责，学生家长集中抗议更加激烈，事态发展越来越严重。

3. 冲突削减阶段

经央视报道后，当地政府部门迅速回应，召开紧急会议，向公众表示绝不会为了经济利益而牺牲师生们的健康，会本着对 C 市的环境与学校师生健康负责的态度，展开相关工作。后 C 市市政府对公众发布公开信，承认央视所报道的整个事件基本属实，但部分内容也不够客观，加入了调查记者的主观猜测。同时，C 市市政府新闻办针对中国中央电视台等媒体报道中所提出的各点质疑以书面的形式进行了逐条公开回应，对学校未批先建、学生身体出现异常等核心焦点问题予以正视。最后，经过调查组调查后，C市政府通过官方微博发布了相关情况通报，4月25日之后，事态渐渐平息，传播趋势趋缓(图4.2)，进入冲突削减阶段，后续问题由当地政府与学校协调解决，并进入司法程序。

图4.2 C市毒地事件演化流程

4. 演化升级流程

（三）关于C市毒地事件中冲突问题的调查分析

本次调查共发放问卷150份，回收问卷112份，回收率74.6%，有效问卷110份，有效率98%。样本基本情况统计：实际受访人112人，其中20～30岁有59人，31～40岁有38人，40岁以上有15人；在职业方面，机关及事业人员40%，企业人员及个体经营者占50%，退休及无业人员占10%；常住地区集中在长三角；在文化程度方面，高中及以下占20%，大学学历为60%，研究生及以上为20%。调查所涉及的主要内容有：(1) 对C市毒地事件的了解；(2) 对政府部门处置态度的评价及建议等。通过问卷调查，分析C市毒地事件存在的冲突问题及解决途径。

1. 环境现实性冲突明显

作为一起典型的环境污染群体事件，C市毒地事件经历了从酝酿、爆发到削减的完整过程，因为“环境”和“校园”等敏感话题的叠加，它从曝光开始就被广泛关注，家长们聚众抗议是为了维护孩子们的身体健康，保障他们的环境权益，具有明显的现实性冲突特征。问卷调查显示，对C市“毒地”事件的了解程度，40%的人表示很了解，38%的人表示一般了解(如图4.3，说

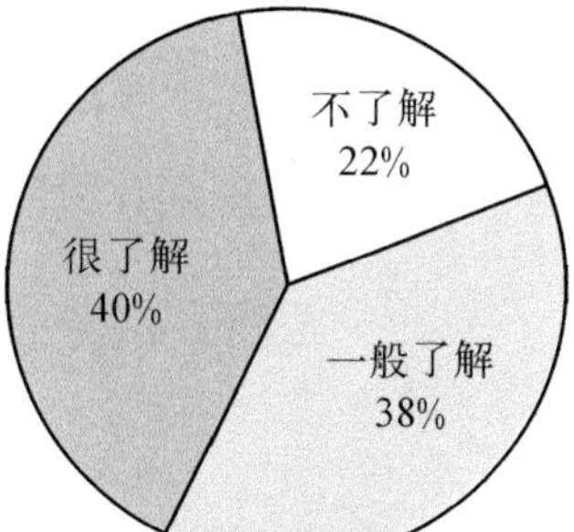

图4.3 对C市毒地事件的了解程度

明公众知晓度达到 70%以上）。

C 市毒地事件中的现实性冲突问题主要体现在以下两个方面。

（1）环境问题严重

C 市外国语学校搬入新址后，学生不断出现各种不良反应和疾病，究其原因是学校北侧原常隆地块在土壤修复过程中，散发出刺鼻的气味，检测发现地下水和土壤中的有毒物质严重超标，长期接触就会导致白血病、肿瘤等。如此严重的环境问题以及学生安全问题激发了家长们及社会的高度关注，导致 C 市毒地事件现实性冲突明显。

（2）公众缺乏合法表达诉求的渠道

在 C 市毒地事件中，家长及附近群众的抗议、上访没有得到重视，政府部门通过专家、机构发布的检测数据难以让人信服，司法举证难度大，成本高，使得家长们只能诉诸媒体，聚众给政府部门施压，希望得到有力的回应，导致冲突性事件越演越烈。

问卷调查（多选）显示，对于环境污染群体性事件频发的原因（如图 4.4），公众普遍认为环境污染是造成社会冲突的现实根源，而在事件冲突发生发展过程中，群众表达渠道的缺乏、政府应急管理不足、群体性心理因素诱导也都是不可缺少的因素。

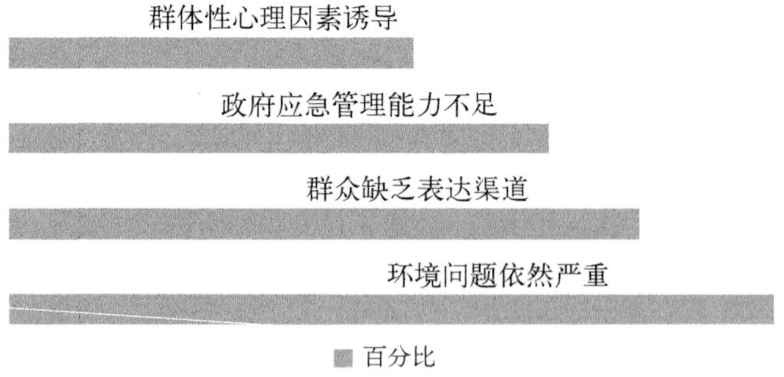

图 4.4　环境污染群体性事件频频发生的原因

2. 政府应对危机中存在的问题

C 市毒地事件经历了冲突酝酿、冲突升级和冲突削减三个阶段，由于前期C市政府部门应对不当，事件不断发酵，冲突不断升级，主要体现在以下方面：一是前期没有重视校园环境问题，面对家长们的反映及媒体的关注，政府和校方消极对待，导致家长们与政府部门的冲突不断积聚，对当地政府公信力产生了负面影响，公众更愿意相信媒体的报道和家长们的质疑，对家长们的聚众抗议及引发的系列群体事件表示理解和支持；二是政府部门的应对滞后，在央视报道、舆论一边倒的质疑与指责后，才立马改变应对态度，积极回应，甚至通过主动发声的方式发布官方调查结果；三是政府部门应急管理不足，面对突发状况，没有完整有效的应急机制。调查问卷显示，在前期报道中，C市否认有污染并认为央视报道主观，有70%的人认为央视可信；85%的人认为该环境问题与学校学生身体出现异样有关，应当引起重视，10%的人认为原因不确定，有待考证；对该事件中政府反应态度的评价，75%的人认为“反应不及时，有掩盖隐瞒之嫌”，10%的人认为“不重视，害怕事件恶化，影响政府形象”，10%的人认为“做了初步努力，但效果不明显”，5%的人认为说不清，说明社会公众对政府部门的应对普遍持怀疑和批评态度。

3. 政府应对危机取得的成效

C市毒地事件在处置与应对过程中，推动了政府职能的转变，从最初的进行政治统治、行使行政权力转变为管理社会、兼顾民生发展。

(1) 政府及时转变职能，缓和冲突矛盾

事件后期政府部门正面积极应对，促进冲突事件的缓和或解决，体现了社会冲突的“正功能”效应。毒地事件经央视报道后，当地政府部门迅速回应，立即召开紧急会议，表示将本着对师生健康高度负责、对环境污染“零容忍”的态度，迅速展开相关工作，C市外国语学校发布公开信，回应相关质疑。在当地政府部门行政手段压制无果，甚至加剧事态发展时，才运用其社会管理职能，积极做好协调沟通工作，高度重视公众的权利和利益，促进相关问题的解决和事态的平息。问卷调查显示，80%的人认为该事件最终产生了积极的社会影响，政府部门对校园环境问题更加重视，促进了一些校园环境隐患问题的解决，对优化政府管理职能起到了推进作用；对身边发生此类事件的态度，90％的人表示支持，10％的人表示旁观，说明对于此类事件的发生以及后期解决，大多数人都表示支持，也说明政府对环境问题的重视和解决得到了社会的认可，这也体现了冲突事件对社会整合的正功能效应。

(2) 疏通表达渠道，预防冲突矛盾

一是畅通维权途径，尤其是信访维权渠道，让权力救济成为舒缓社会冲突的“安全阀”。问卷调查显示，对家长们的维权途径，60％的人认为“应向上级政府部门反映”，30％ 的人认为“应向媒体曝光，获得舆论支持”，10％的人认为“应集合家长们和平抗议”，说明公众更倾向于通过合法的渠道维护自身的环境权益，对环境信访提出更高要求和期待。同时政府决策立项要完善相关法定程序，做好信息公开，保障公众的知情权，才能减少环境群体性事件发生的可能性。

二是让主流意识形态的“议程设置”发挥积极作用。政府部门在面对矛盾冲突时，只有积极应对、主动承担责任，在信息发布中掌握优先权，提前设置议题，才能控制事态发展的走势，重新树立政府的公信力，也只有这样才能从根本上减少非理性言论，从而达到为事件降温的目的。该事件后期，C市市政府新闻办公室向澎湃新闻发了近 5 000 字的书面材料，就中央电视台等媒体日前报道的“C 市外国语学校周边土地污染以及部分学生出现异常反应”事件逐条做出回应，由此掌握了舆论的主动权，通过权威的主流媒体向社会发布关键信息，做到有理有据，增强了政府部门的公信力。

三是畅通新媒体环境下公众的话语表达。新媒体时代，每个公众都是信息的发布者、传播者，在这样的情况下，如果政府部门在应对危机事件时，采取回避的态度，不但不利于事件的平息，反而会吸引更多的公众视线，使得事件快速升温，甚至出现虚假、煽动性信息，加剧事态的恶化，导致现实中群体性事件越演越烈，形成恶性循环。问卷调查显示，对政府部门如何处置该事件建议(多选)，第 1 项“主动承担责任，将学生安全、校园环境放在首要位置”的选择率 100％，第 2 项“正面回应，主动发声，让学生家长参与到事情的解决中”的选择率 85％，第 3 项“及时调查处置，还原事实真相”的选择率 70％，第 4 项“积极引导舆论，提升政府公信力”的选择率 100％，第 5 项“其他”未有补充。如图 4.5 所示，畅通新媒体环境下公众话语表达，通过政府部门的主动发声，引导舆论走向，保障公众的知情权，才能进一步减少现实中群体性事件发生发展的危害性。

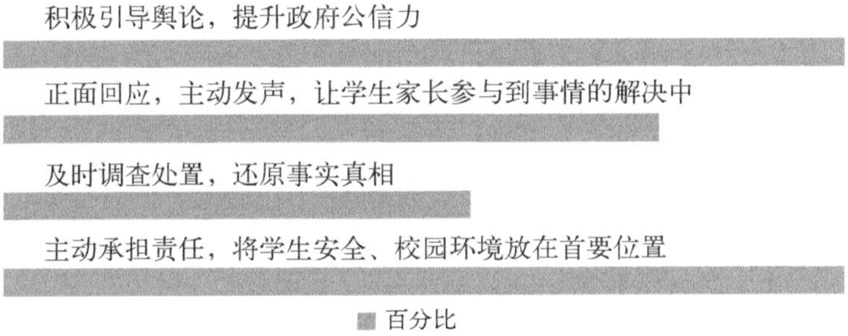

图 4.5　政府部门应对处置建议

所以，在环境污染群体事件中，政府、媒体、公众三者关系非常密切，一旦事件触发，政府部门应把握先机，迅速查究真相、正面应对，尤其应安抚公众情绪，对媒体开诚布公，把握好主流媒体渠道，及时发布有效信息，应对社会及舆论的聚焦。

三、C 市毒地事件社会冲突原因分析

C 市毒地事件是一起典型的环境污染群体事件，因与校园、学生相关，社会关注度极高，但不能简单归结于环境问题，究其根源，事件爆发过程中各方矛盾的积聚、参与者的群体性特征、社会影响力的深远性都值得深入研究。

（一）政府与公众的利益困境

1. 政府单纯追求经济利益

在 C 市毒地事件中，C 市市政府根据之前的城市规划，决定对 C 市外国语学校北迁异地重建，不仅让出原校区市中心的黄金地块，缓解主干道的交

通压力，也将教育资源北移，统筹区域教育水平的均等化，同时包括“毒地”在内，以学校为中心规划新的商业综合体，囊括精英化的教育资源和时尚商圈，周边是成熟的配套设施，后期地价、房价必然可观。因此，媒体质疑当地政府在既没有完成土壤修复也没有经过长期监测评估时，就提前将污染土地圈定用途是为了追求高昂的地价等利益。作为城市的总体规划，当地政府的决策并无硬伤，但学校选址不单单服从经济和教育发展要求，环境评价也应纳入重点考虑范畴，由此就暴露出新校区未批先建、环境评估不达标，地方政府部门单纯追求经济利益和政绩表现等重点问题，产生了极大的环境隐患，是对公众环境利益的侵占甚至是侵害，从而加剧了政府与当地群众之间的利益冲突。

2. 公众环境权益被“剥夺”

近年来，人们的环保意识和维权意识逐步增强，面对自身环境权益遭到侵害，合理的利益诉求长时间得不到相关工作部门的有效回应，而且环境问题具有很强的公共产品性质，事关特定区域内每位公民的身体健康，很容易引起众人的共鸣，他们集合起来维护自身权益，导致群体性事件的发生。

（二）政府部门应对不当

政府作为公共利益的维护者和社会矛盾的仲裁者，应该加强环境监管，对公众的不满及时回应。然而，地方政府在为获得片面政绩观的促使下，面对环境问题及其隐患，消极回应，漠视群众的健康。在C市“毒地”事件整个演化发展的过程中，政府部门控制信息传播，对家长们及公众的诉求回应不及时，导致社会关注度不断提高，各种舆论压力不断积聚，事件发展方向一时难以掌控，冲突不断升级，环境群体性事件的出现也就在所难免。

1. 政府权力运行功能弱化

在片面政绩观的指导下，某些地方政府为了谋求当地经济的发展，利用降低准入门槛、减税等优惠政策吸引高污染企业落户，这些企业本身不符合环保标准，在其生产过程中，埋下了重大的环境隐患；一旦发生环境污染问题，政府的处置力度严重不足，反应严重滞后，知情诉求、利益诉求长期得不到有效回应，最终酿成大规模的抗议活动。就“毒地”事件而言，学校急于搬迁是为了城市的综合发展，新搬迁的地址位于原先的化工集中区，存在诸多隐患，学校却对外公开表示环境评估达标；“毒地”导致学生们出现大范围身体不适，家长们情绪激动、集体抗议，引来媒体及社会各方面的聚焦，导致事态一时难以把控，使得政府部门处于被动地位。

2. 权力救济的缺失

就环境污染事件来讲，一方面，举证难度大，时间跨度长，成本高、效率低通常将一些合法维权的公众拒之门外；另一方面，政府救助范畴相对比较狭窄，一些合法权利受到侵害却无法提出申诉，且抽象行政行为往往被阻挡在受理范畴之外。所以，受害公众诉诸司法的维权之路异常艰难，在各种压力和情绪的感染下，只有通过媒体曝光、聚众施压让政府部门予以重视并寻求解决途径。在C市“毒地”事件中，家长们及附近群众的抗议和上访没有得到重视，政府部门通过专家、机构发布的检测数据难以让人信服，司法举证难度大，成本高，使得家长们只能诉诸媒体，聚众给政府部门施压，希望得到有力的回应。

（三）利益诉求渠道不畅通

民意表达是民主政治的根基。如果社会有畅通的利益诉求机制，民众的不满情绪及时得到宣泄，问题及时得到解决，群体性突发事件会逐步得到控制。但是在“毒地”事件中，公众要求公开土壤修复前的相关论证报告，却未得到及时回复，同时地方政府单方面检测的空气质量和土壤质量数据也难以令人信服。而且地方政府在制定城市规划过程中未进行充分论证，未通过听证会、网络等形式征求公众意见，导致学校搬迁到紧邻化工污染区的地点，引发一系列矛盾冲突。

（四）公共舆论激化冲突矛盾

在群体性事件中，舆论是非常关键的一个因素。在已成为高度媒介化的社会中，任何人在社交媒体上的言论都可能演变成社会事件的焦点，形成强大的舆论力场，滋生出诸多不可预知的伴随性风险，导致事态的发生及走向一时难以把握。新媒体的出现使得舆论环境出现了极大的扭转，公众作为信息发布者可以通过微博、微信等媒介自由发表意见，同时新媒体的传播力度也非常惊人，公众意见的表达拓展出前所未有的广阔空间。源清智库舆情检测室的数据显示，2016 年 4 月 17 日至 4 月 30 日，共有涉及此事的媒体报道 2 775 篇(包括媒体转载)，微博 5 335 条，论坛主帖 1 725 条(含其他博友评论和互动讨论)，微信公众号相关文章 1 099 篇(如图 4.6)。

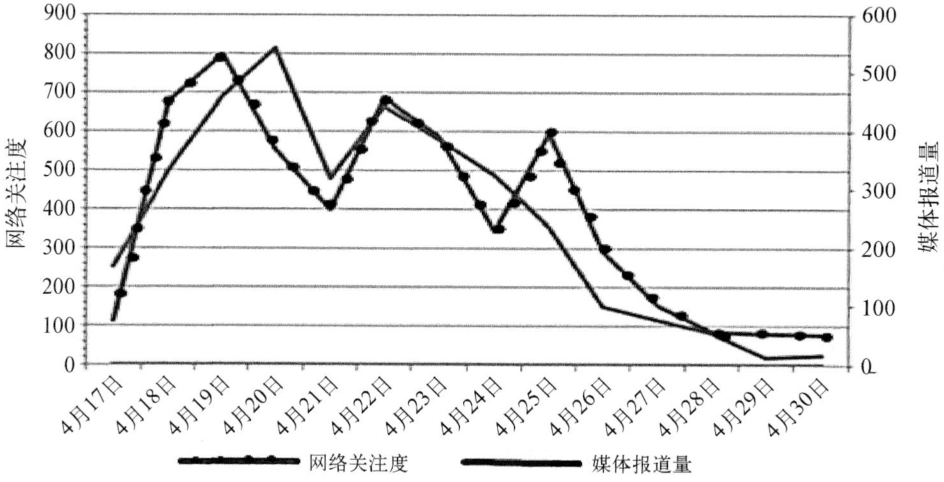

图 4.6 C 市毒地事件舆情走势(网络+媒体)

C 市“毒地”事件因为网络等媒体的广泛关注，才引发社会热议。一方面，公众通过微博等网络渠道抢先发布信息，占领舆论高地，使得政府部门处于被动地位，让政府部门的“信息圈禁”、信息隐瞒难以实施。在 C 市“毒地”事件中，学生的身体状况、家长们的质疑在微博等媒体上迅速传播开来，挑战政府对外发布的环境质量检测数据的可靠性。另一方面，公众还会通过评论的方式针对政府发布的信息表达自己的意见，与政府进行抗争，以维护自身权益，正是这样的舆论造势引起央视等主流媒体的关注，继而改变事态的发展方向，这正是当地政府对于强烈的“民意压力”做出让步和妥协的重要表现(如表 4.1)。最后，在央视等权威媒体的关注下，当地政府才积极回应，促进了事态的缓和和问题的解决。

表 4.1 C 市毒地事件网民话题分析

言论	嘲讽“无视”比“中毒”更可怕	质疑学校为何“死扛”	传播学校近 500 名学生身体异常	爆料早期曾报道学校被污染	抨击 C 市政府不作为	谴责专家和科学家集体沉默	其他
占比	29%	23%	20%	13%	8%	5%	2%

四、地方政府对环境污染群体事件的冲突管理策略

（一）冲突控制：源头把控与预警机制

1. 完善源头治理机制

一是减少污染源。在政府权力与公众利益之间寻找平衡状态。环境群体性事件发生的最主要的原因就是环境污染及隐患等环境冲突的存在。因此，预防和减少环境领域大规模抗议行为的发生，必须转变经济发展模式，立足长远发展，走经济发展和生态环境和谐发展的道路，保障公众对美好环境的需求，保护公众的环境权益。

二是加强环境决策的公开性和民主性。降低冲突形成的可能性。政府在进行招商引资时，应着眼于长远发展，认真审核企业信息，要符合本地区发展的趋势，做好环境评价工作。对存在环境污染隐患的化工项目，要进行严格的环境风险评估，确保信息公开、透明，确保公众的知情权和参与权。同时诚意邀请群众组织和民意代表参与环评和立项决策的过程，认真倾听他们的建议，并确保通过政府权威渠道及时公开相关信息。

三是切实规范政府行为。环境群体性事件的出现，在很大程度上是因为政府及环保部门的不作为、监管不力造成的。因此，要建立以环保部门为核心的监督机制，充分发挥环保部门的环境监督检查职能，才能从源头上减少环境群体性事件的发生。

2. 构建预警与应急系统

提前进行预警分析，才能全面掌握环境隐患等风险。所以，在初期阶段，政府部门应积极预防，构建预警机制，通过信息监测，提前做好预防；通

过认真排查，及时发现环境领域存在的隐患，将矛盾解决在萌芽时期，为科学的应急决策提供充足的信息。

一方面，从隐患排查角度进行预警分析，尤其对群众来信来访、上级环保部门交办件、环保热线投诉件、环境污染纠纷调解失败件等方面的持续关注。从环境污染涉及人员的数量、危害程度、受到污染危害的时间长短，污染问题是否得到妥善解决进行分析；从突发环境污染事故发生的性质、地域特点、预计造成或已经造成的危害成果，应急处置情况及效果等方面综合分析；从对违法企业是否依法整治到位进行分析；从受污染危害群众提出的合理赔偿要求是否依法进行行政调解、调解是否成功、调解形成的意见是否履行进行分析；从环境执法人员是否依法履行职责、是否处置失当进行分析。通过预警分析，对存在引发群体性事件隐患的，进行调查取证，提出处理意见，采取应对措施，将环境污染群体性事件扼杀在萌芽状态。

另一方面，对公共舆情进行预警分析。在危机没有爆发之时，及时全面掌握各种舆论动向，并疏导负面舆论，强化正面舆论对政府形象的重树作用，防止舆论危机蔓延。要对公众和媒体关心的话题及时解释和疏导，掌握舆论的主动权、主导权、引导权。

此外，要制订周密而详细的应急预案。通过前期预警分析，根据预测和类似事件的实践经验总结，结合当地政府对辖区存在环境隐患的企业以及环境信访问题的排查报告，对潜在的或可能发生的事故类别进行预估与归纳，按照不同类别和影响程度事先制订应急处置方案，从构建应急指挥体系、应急信息网络系统及应急处置措施方面加以完善，形成处置环境污染群体性事件的快速反应机制，有效降低事态的危害性。

3. 畅通诉求表达渠道

一是完善公众参与机制。首先，我们要拓宽各种参与渠道，激发民众参与公共决策的积极性，鼓励他们畅所欲言地发表自己的意见。其次，还要通过各种形式保障公众的参与权，严肃处理截访或其他形式妨碍民众参与的行为。

二是完善环境信访“安全阀”机制。首先，建立环保信访举报渠道，确保环境信访渠道的畅通。其次，政府部门应高度重视并迅速回应如何解决环境污染举报的问题。最后，保证司法诉求渠道畅通。对于明显的违法侵权行为，环保部门应做好沟通协调工作，鼓励运用法律武器来解决，以维护法律的尊严，实现对环境权益充分的救济。

（二）冲突化解：积极引导社会冲突的正功能

1. 坚持正确的舆论导向

面对危机事件，政府要积极面对，根据事态的发展，做出准确回应，主动沟通协调化解危机，引导媒体参与，努力形成“鼓劲”的正面传播效果。要完善信息传播机制，加强舆情引导机制建设。在新媒体传播的环境下，伴随各类质疑、指责声，事态发展更加难以预测。以上问题加剧了公众对环境问题的担忧，导致环境群体事件往性质恶劣的方向发展。因此，政府部门应主动承担责任，积极引导，健全信息传播机制，让信息的公开透明成为谣言的粉碎机，摒弃以往“堵、截” 的信息圈禁策略，及时表明立场和态度，避免负面情绪的扩散和干扰。

2. 掌握应对的主动权

环境污染群体性事件告诉我们，时机很重要，一旦群体性事件发生，应立即启动新闻发言人机制，第一时间公开权威信息，统一舆论口径。此外，要积极争夺话语权，重新设置舆论议题。当群体性事件危机爆发之时，负面舆论大多是非理性的，媒体报道更是随意跟风，抓人眼球，容易引起事实扭曲，导致社会舆论朝危险方向发展。相对于公众而言，政府部门拥有绝对的话语优势，尤其应主动运用主流媒体的公开发声，减少对官方的质疑，通过信息公开，还原事实真相，为公众释疑解惑，与公众及媒体达成共识。这样，舆论方向才可以朝积极的方向发展，环境群体性事件危机才能化解。

3. 主动疏导风险点

加强与公众的沟通协商，避免冲突升级。当出现大规模人员聚集时，政府要及时做好与群众的对话沟通工作，主动邀请部分群众代表参与“座谈会”，倾听群众的意见。政府部门应主动深入群众，调查走访，了解他们的基本诉求，化“被动沟通”为“主动疏导”。同时，还应讲究沟通的时效性，越早介入越能降低冲突的危害性，越能体现政府部门的真诚态度和职责权威，对事态的缓和与解决就越有把握。

4. 积极培育第三方监督力量

应邀请第三方介入，通过专业权威的第三方机构对环境问题进行客观评估、详细论证，找到问题的根源，将已造成或潜在的环境风险剖析出来，令公众信服，避免群体性事态的进一步扩大。同时也应积极发挥公众的监督作用，培育社会环保监督力量，民间环保组织在倡导公众参与环保，提高全民的环保意识，维护公众环境权益方面发挥着重要作用，已成为推动我国环境保护事业发展与进步的重要力量，具有重要的社会协调功能。充分发挥民间环保组织的作用，可以有效地促进环境保护，为公众提供一个对话和交流的平台，及时排解纠纷，降低环境群体性事件发生的概率。

参考文献：

[1] 范铁中. 社会转型期群体性事件的预防与处置机制研究[M]. 上海：上海大学出版社，2014.

[2] 许尧. 中国公共冲突的起因、升级与治理——当代群体性事件发展过程研究[M]. 天津：南开大学出版社，2013.

[3] 古斯塔夫·勒庞. 乌合之众：大众心理研究[M]. 北京：大众编译出版社，2004.

[4] 沃尔特·李斯曼. 公共舆论[M]. 阎克文，江红，译. 上海：上海世纪出版集团，2011.

[5] 郭尚花. 我国环境群体性事件频发的内外因分析与治理策略[J]. 科学社会主义，2013(2).

[6] 冯仕政. 社会冲突、国家治理与"群体性事件"概念的演生[J]. 社会学研究，2015(5).

[7] 李伟权，谢景. 社会冲突视角下环境群体性事件参与群体行为演变分析[J]. 理论探讨，2015(3).

[8] 李亮，郭辉. C市毒地事件中政府环境话语分析[J]. 南京林业大学学报，2016(2).

[9] 高栗，石昌智，刘国峰，等. 环境污染诱发群体性事件背后的思考[J]. 企业技术开发，2012，31(28).

[10] 李凤菲. 社会冲突理论视域下的群体性事件治理研究[D]. 天津：天津师范大学，2015.

[11] 李保臣. 我国近五年群体性事件研究——基于案例的宪政分析[D]. 武汉：华中师范大学，2013.

第 5 编

生态治理

5.1 农村水环境污染现状与治理策略

——以P县X镇为例[①]

一、研究背景

20世纪80年代兴起的农村工业化潮流，使乡镇企业数量快速增长。由于当地政府不合理的规划及环保部门的监管不力，农村企业分散化、无序化地发展，其排放的污染物对农村水环境造成了严重的污染。另外，现代化农业在农村得到广泛的推广，大量的化肥、农药、地膜在促进农业生产发展的同时产生了大量的污染。农村工业化和现代化农业的急速推进打破的不仅是城乡二元经济结构，同时还有城乡生态环境的二元状态。从20世纪90年代开始，由于城乡发展的不平衡和我国城乡“二元”的发展结构，城市的工业污染逐渐通过各种方式转移或转介到农村，广大的农村地区由于追求经济的快速发展，环境保护观念的缺失，环保政策措施、环保设施缺位，导致环境

① 本文作者：林雪琼，华东理工大学2017届MPA硕士，导师刘燕。

不断恶化。在城乡“二元”结构下，农村环境沦为城市环境的支持者，成为城市污染的消纳地。

其中，农村水环境污染尤为突出，未经处理的工业废水，现代化农业生产中的农药、化肥以及村民日常生活产生的生活垃圾、生活废水导致目前乡村的河流、湖泊、沟塘、水库等呈现相当严重的富营养化。这不仅造成环境破坏，也对人们的生产、生活、安全带来了巨大的威胁，还直接威胁着广大农村地区农民的身体健康，制约了农村经济的发展。按照国际公认标准，人均水资源低于 3 000 立方米为轻度缺水，低于 2 000 立方米为中度缺水，低于 1 000 立方米为重度缺水。目前，我国人均水资源量一直徘徊在 2 000 立方米左右，处在中度缺水的水平。而水环境污染造成的水质性缺水，更加剧了我国水资源短缺的状况。根据《2017 年中国环境状况公报》，我国七大水系即长江、黄河、珠江、松花江、淮河、海河和辽河，水质总体状况为轻度污染。203 条河流、408 个地表水国控监测断面中，Ⅰ—Ⅲ类，Ⅳ—Ⅴ类和劣Ⅴ类水质的断面比例分别为 67.9%、23.8%和 8.3%。目前我国农业每年缺水约 300 亿立方米/年，饮水困难的农村人口有 7 000 万。农村水环境问题已经成为我国经济社会可持续发展的重大问题。

近 20 年来，虽然我国污水处理厂不断兴建，污水处理率在不断提高，但大都集中在工业集中和人口稠密的城市，环境保护资金重点投资均用于城市环保建设。农村地区长期受到忽视，各种生产生活废水及废弃物几乎未经过垃圾处理站和污水处理厂处理便直接排放，污染物随着雨水径流等方式进入各种水体，导致水体严重污染。农村污水排放量在污水总排放量中的比例越来越大。若不及时进行处理，后续的补救工作将需要更大耗资的控制计划，而且还会使越来越多的用水方案失去效用。

《中共中央关于推进农村改革发展若干重大问题的决定》指出，要加强农村基础设施和环境建设，切实改善农民生产生活环境，把农村建设成为广大农民的美好家园。开展农村污水治理工作是农村生态与人居环境改善的重要措施，是农村发展的客观需要。但目前我国农村水环境治理情况严重滞后于农村经济社会发展，其治理运行的格局几乎仍沿袭传统方式，许多地方仍然采用政府一统到底的统包统揽治理模式，严重阻碍了我国农村环境污染治理更快更好地发展。

如何尽快找到适合我国农村的污水治理模式，全面有效地形成一套科学有序的农村水环境治理体系，将直接改善农村的生态环境，提高农民生活水平，加快社会主义新农村建设，以促进农村经济和社会的可持续发展。本研究采用了文献法、调查法、访谈法、观察法、归纳总结法，与平阳县治水办及X镇政府分管领导和相关科室工作人员进行访谈，了解X镇水环境治理的基本情况和进展，以及治理过程中存在的问题。根据平阳县X镇的水环境污染及治理现状，提出农村水环境也是一种公共物品，强调公共物品的供给结构是多元化的，公共组织（政府）、私人组织（市场）以及公民组织均可成为治理水环境污染事务的参与者，要构建政府、市场和社会三维框架下的多中心治理模式。

二、我国农村水环境污染状况与危害

在高污染、高消耗的粗放经济发展模式下，我国农村经济虽不断发展壮大，但对GDP增长的追求和历来淡薄的国民环保意识导致水环境污染问题日益严重。由于缺乏相应的环保知识和环保意识，农民随意丢弃、堆放农业生产过程中产生的有害垃圾，使大量有毒有害物质进入各种水体。再加上国家财政对农村地区环保基础设施投入资金不足，广大农村对生活用水的处理措施极不完善。大量塑料薄膜和地膜等难降解的材料被投入使用，化肥有机质与农药残留随泥沙进入水体，导致地表水富营养化和地下水环境被污染。另外，部分对环境污染严重的特殊行业，为了逃避城市环境综合治理相关部门的监督和检查，向农村地区转移，将未经处理的工业污水、生活污水用于灌溉农田或直接排至河道、湖泊、池塘等水体，使土壤、农作物、地下水、地表水受到污染，给农村水环境带来了更严重的影响。

水环境污染带来的危害更不可小觑，除危及人的身体健康、威胁农产品品质量安全之外，其更制约着农村经济和农业的可持续发展，阻碍了社会主义新农村的建设。根据世界卫生组织(WHO)的调查，人类80%的疾病和50%的儿童死亡率都与饮水水质不良有关。每年，全世界都会有许多人因水环境污染而患上痢疾、疟疾霍乱等传染性疾病，重金属水污染的水进入人体，更会导致急性或慢性中毒。环境污染直接威胁着民众的健康和生命安全。此外，使用被污染的水进行灌溉生产，会使土壤板结、土质变差、盐碱化，影响农作物的收成与质量。致使各生产行业需要投入更多成本，造成明显的经济损失。

长期以来，我国在环境污染治理上“重城市、轻农村”，导致农村环境问题日益突出，尤以农村水环境污染问题为甚。不仅危害了农民的身心健康、影响了农村生态安全，更为农村社会的安定团结埋下了隐患，严重影响农村经济的可持续发展。进入新时期，党和国家提出了社会主义新农村建设的战略举措，农村水环境治理与保护应成为社会主义新农村建设的重要内容。

三、X镇水环境治理现状调查及分析

(一) X镇及其水环境污染治理概况

X镇建于1985年，是温州市乃至全国的塑料编织产业聚集带。近年来，城区规模不断扩大、产业结构升级，造成城镇工业污染、生活污水向郊区、农村地区转移的趋势进一步加重。部分印染、制革、电镀、废旧塑料洗涤等低级产业的工业废水已逐渐成为影响X镇水环境质量的重要因素。据X镇治水办统计，X镇大小河流沿岸共有451处排污口，每天约有1.23万立方米的污水经化粪池或不经化粪池就直接排进河道，由于相应的基础设施未及时跟上，垃圾和废弃物随意堆放的现象日益严重。

面对X镇水质日益恶化的状况，X镇政府高度重视，整合水利所、执法办、城管中队和环卫所的力量成立了治水办统一领导部署与污水治理相关的工作。对于工业企业污染，X镇开展“五水共治”行动推进重污染企业整治改造和关停工作，倒逼产业转型提升。X镇还打击查处了一批非法的塑料布洗涤、废塑料造粒工厂和烂版加工厂。2015年，X镇累计完成旧厂区改造27.3万平方米，拆除违法建筑面积48.16万平方米，关停了5家造纸厂和11家未入园的卤制品企业。制革企业（大哥大、华星）、印染行业（大鑫针织）、电镀行业（共11家）完成整治，19家小微企业被列为“小升规”重点培育对象，40家资源综合利用企业被列为整合重组提升对象。此外，X镇于2010年委托浙江省城乡规划研究院进行污水处理设施整体系统的规划，跟进X镇污水处理厂及主管网工程与污水支管网工程。X镇污水处理厂已于2015年7月完工，设计日处理水量3万吨。于2015年完成了13条黑臭河和垃圾河整治，清理河道垃圾计共约2 500吨。

（二）X镇水环境污染治理工作存在的问题分析

本研究就X镇水环境污染治理工作对平阳县治水办、X镇分管领导和相关科室负责人进行访谈。就公众对水环境污染治理工作的认知度和参与度，采取随机抽样方法，对X镇附近的商业区和人口集聚地开展实地调查。共发放285份问卷，有效问卷270份，占总数的94.7%。

其中，调查对象中认为最近一年X镇总体水质好的只占样本的10.37%；认为水质差和很差的共占样本的55.18%。可见X镇的水环境形势较为严峻（见图5.1）。

而认为X镇政府改善水环境的保护和治理工作非常有效的占样本的0.30%。比较有效的占样本的8.15%，效果一般的占样本的70.37%，基本没效果的占12.96%，完全没效果的占0.26%。可见X镇的水环境污染治理工作尚存在诸多问题（见图5.2）。

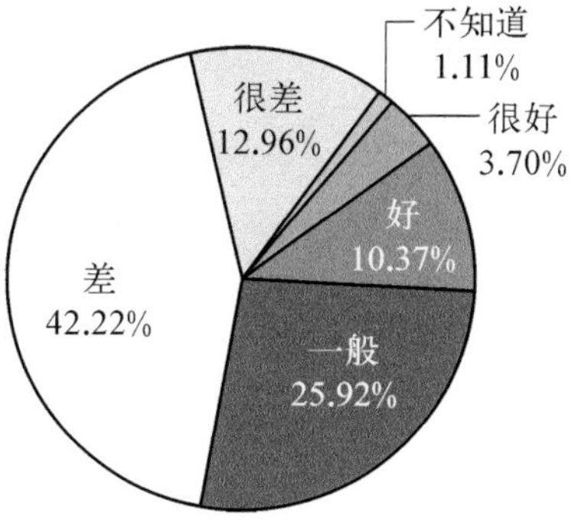

图5.1 感知到的总体水质情况

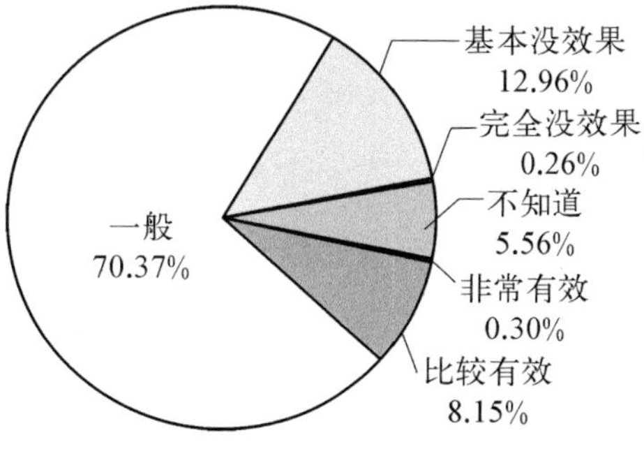

图5.2 政府活动和行为的效果

1. 治理资金投入不足

X镇人口多、河流多，基础设施欠账比较多，设施建设任务重。与此同时，水环境污染治理工程投资大、周期长、见效慢，社会融资难度较大，每年用于水环境污染治理的资金，远不能满足相关基础设施建设和污水治理的要求。农村水环境污染治理的资金主要来源仍然是政府财政拨款，但随着经济发展和污染排放量的增加，以政府为主导的公共财政投入已远远无法满足农村对水环境污染治理的需求。新的多渠道融资的市场机制尚未建立，公众对于水环境污染治理的投资来源的认识也还停留在政府投资层面。在针对"治理农村水环境污染的资金来源渠道"的问卷中，只有4.44%的受访者认为应三者共同出资治污，而县市财政补贴和乡镇财政补贴两项加起来有90%。说明在公众(包括大部分的政府工作人员)认知中，水环境污染还只是政府的责任(见图5.3)。

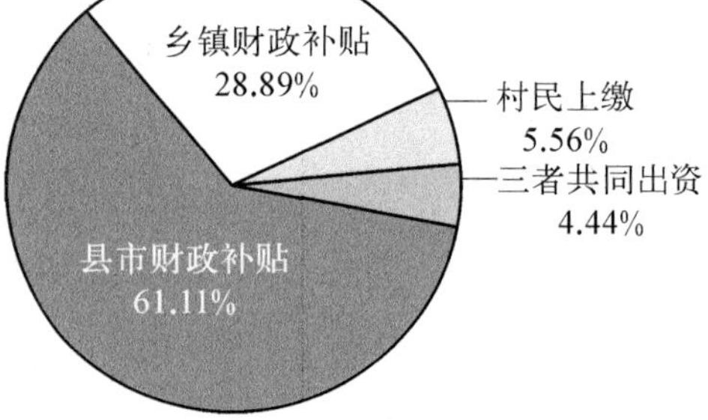

图5.3 群众认为治理水环境污染的资金来源渠道

2. 产业结构落后

受乡村自然经济的深刻影响，农村工业化形成了以低技术含量的粗放经营为特征，以牺牲环境为代价的反积聚效应，不仅造成污染治理困难，还导致直接污染危害。当前，塑编、纺织漂染、制鞋制革、纸制品等传统产业为乡镇工业的支柱产业，占据了全镇乡镇工业的八成。但是其普遍科技含量不高、附加值低，废水排放量大，成为水环境污染的来源。塑编行业的原料大多来自经过洗涤的废旧塑料，每生产一吨塑料粒子，至少需要300平方的水清洗。未经处理的污水排放到当地的河流湖泊，造成巨大污染。

3. 企业难以自律

采取粗放型经营管理模式的乡镇企业往往把经济效益放在第一位。领导及员工的环境保护意识普遍淡薄，为了获得高额回报，乡镇企业采用各种手段减少治污成本，致使工业废水已成为农村水环境污染的罪魁祸首。有企业主在访谈中表示没有经济实力对污水进行规范化处理。而且大家现在都是这样生产的，只要未被相关部门查处，就不必花费大量人力物力增加生产成本，降低企业竞争力和利润。水体的污染，日后自会有政府部门整治(见图 5.4)。

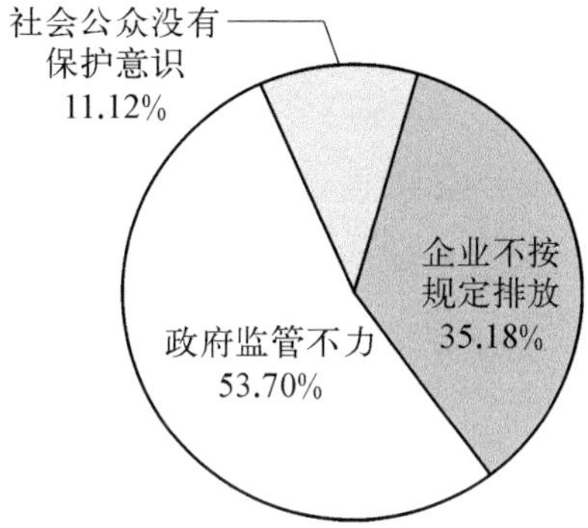

图 5.4 群众对水污染责任主体的认识

4. 缺乏有效的公众监督机制

受传统文化和体制的影响，X 镇居民环保意识薄弱，参与意识不高。X 镇目前尚未建设专门的社会团体关注水环境污染问题，相关的治理、宣传等工作主要是政府在组织。在访谈中，表示参加过水污染治理相关社会活动的居民只有 24.07%(见图 5.5)。

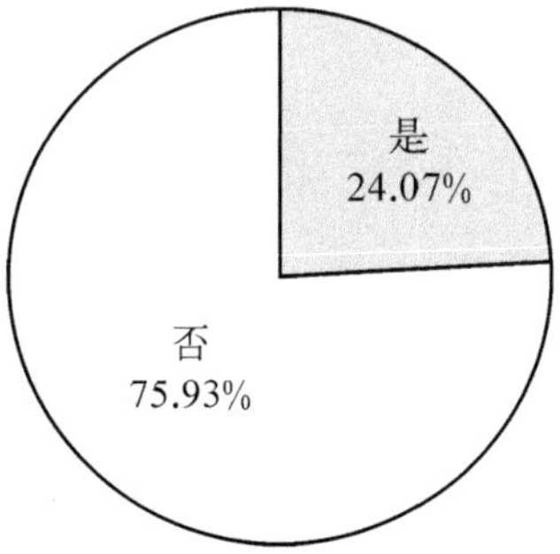

图 5.5 水污染治理中的参与情况

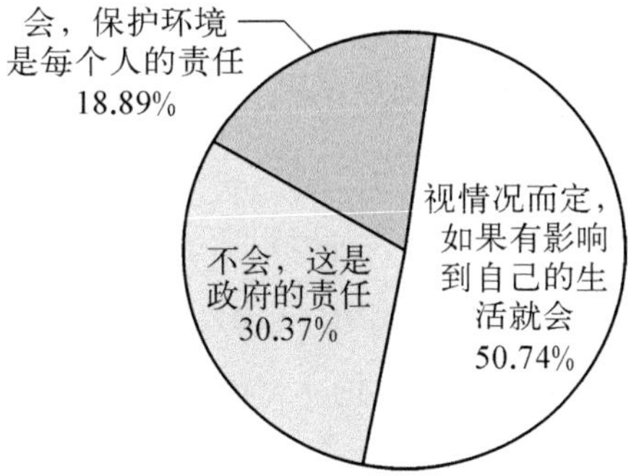

图 5.6 对污染企业和行为的举报情况

大多数公众在保护水环境方面的维权意识不强，法制观念比较淡薄。在是否对污染企业和行为进行举报的调查中，只有 18.89%的人选择会举报(见图 5.6)。

对于受到水环境污染之后，通过怎样的途径来维护自己的合法权益，超过70%的公众选择向政府或者环保部门举报或投诉。全民治水的思想未深入人心，公众对水环境污染治理的认识还停留在最原始的阶段，对政府存在一定的依赖性，认为社会公共事务管理是政府的责任，与个人无关，习惯于依靠政府解决社会公共问题(见图5.7和图5.8)。

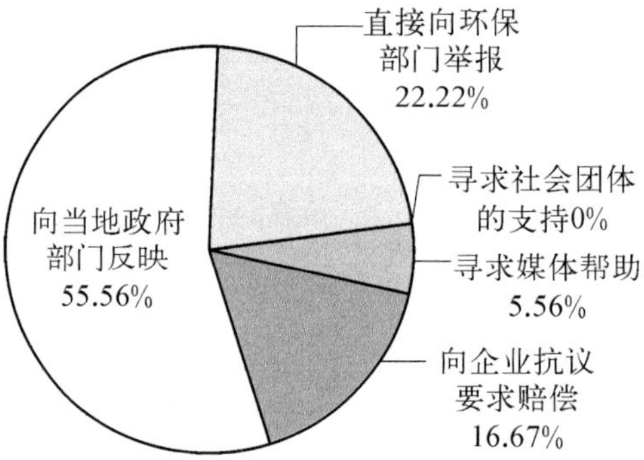

图5.7　权益维护途径

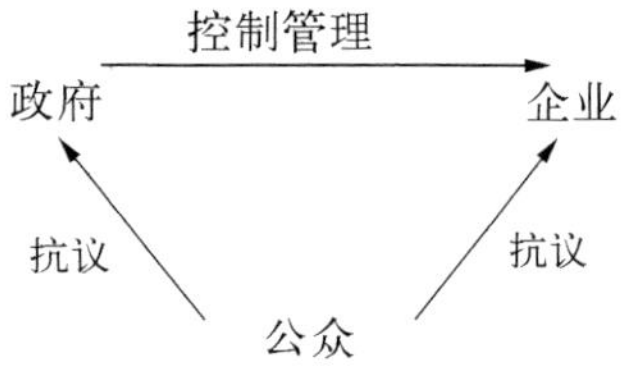

图5.8　公众所理解的政府、企业、公众在水环境污染治理中的关系

四、X镇水环境治理存在问题的根源分析

(一) 地方政府执政理念落后

我国自20世纪80年代起就以国内生产总值(GDP)作为国民经济核算的核心指标，其也作为衡量各级地方政府政绩最硬的指标。由于任期考核指标的压力，GDP和税收的增长成为地方官员的优先选择，从而导致重增长、轻环保的地方保护主义倾向。为了获得上级领导的肯定，地方政府片面追求GDP的高速增长，忽视了生态环境的保护。虽然党中央近几年已经提出科学发展观的理念，也强调要把“绿色GDP”纳入国民经济核算的指标，但缺乏明确和有效的具体考核指标。各级地方政府仍旧把工作重心放在推动经济的增长上，而对环保事业的关注不多。

(二) 市场发育不健全

长期以来，我国大部分民众都认为农村水环境污染治理是政府的职责，从相关法律法规的出台到资金的投入，从基础设施的建设到管理，都是政府应承担的公共事业。但日益沉重的环境治理任务给政府资金带来巨大压力，致使环境污染治理难见成效。而我国经济仍处于转型时期，市场发育并不完善，经济（市场）手段应用较少且效率不高，自愿性水环境污染防治投入几乎空白。就市场因素而言，价值规律应该发挥完全作用，实现资源的优化配置，如开拓多种融资渠道，吸收社会闲散资金，运用市场机制和辅助性的宏观调控措施来监督农村环境污染治理的主体、权力的实行，促使排污者减少、消除污染。

（三）公众参与条件缺失

我国目前在水环境污染治理工作中尚未建立有效的公众参与机制，发挥公众应有的作用，这已严重阻碍了我国水环境污染治理工作的深入进行。一方面，公众参与水环境污染治理的工作仍缺乏具体的法律保障。宪法仅对公众参与的原则性意见做出规定，而对参与的主体、参与程序等方面并未做出具体规定，实际操作仍存在许多问题。《水环境污染防治法》虽确立了结合流域和行政两种管理体制，但并未明确公众的主体地位。公众缺少对参与水环境污染治理相关法律知识与保护自身权利的法律手段的了解，也无相关的程序意识，成为水环境污染事件中的弱势群体。此外，政府和公众之间缺少沟通，对公众的意见咨询活动未形成长效机制和相应的反馈机制。导致政府在治理水环境污染方面的公共决策缺少社会基础，降低了政策的民主性和科学性，进而无法平衡各方利益，形成有效的公共决策。政府公信力的削弱，又增大了政府决策执行的难度。

另一方面，公众参与的组织化程度不高、信息知情权不强。认为水环境污染治理只是政府的责任，不善于向政府反馈自身的利益诉求。由于我国公众参与水环境污染治理的途径较少、成本较高，影响了公众参与的积极性。社区组织和民间环保组织发展缓慢，缺乏专业性和技术性，也面临严重的资金和人才困境。无法发挥其应有的吸纳和引导公众参与水环境污染治理决策和监督的作用。

五、多中心治理模式下水环境污染治理的对策

（一）发挥政府主导作用

传统的水环境污染治理以政府作为唯一主体，从政策制定至监督执行都由政府直接管理，社会力量发挥不出应有的作用，市场的基础性作用被严重忽视。政府各个机构又分管环境污染的各个环节，导致了部门推诿、效率低下。要实现水环境污染危机多中心治理，要以简化政府部门的环境管制为前提，转变政府的“划桨”职能。强调政府在水环境污染治理中仍然占据主导作用，政府制定相关的法律规范环境污染治理体制中的各种问题，而将具体的业务通过市场机制进行责任和权力的让渡，同时运用隐形约束力和引入第三部门对其进行监督，实现政府由传统的全能型、管制型向有限型、有效型的角色转变。

1. 增加对水环境污染治理的资金支持和投入

目前，中央和各级地方政府对农村水环境污染治理的资金投入不足。政府应在财政预算资金中加大对水环境污染治理的倾斜力度、加大对水流域内污染治理的转移支付力度，对于水流域污染严重的地区，实行倾斜性补助；对于区域内水环境污染治理成效显著的地区，实行奖励性补助。建立资金投入的效果考评机制，对投资效果建立一套专门的考评体系和一系列的量化指标，从而提高资金的使用效率。

原受《中华人民共和国预算法》第二十八条规定“除法律和国务院文件另行规定外，地方政府不得发行地方政府债券”的约束，目前中国地方政府并不允许发行债券。但现在的财政分级制度以及地方政府在事权和财权上的不平衡，必然导致地方政府资金在水环境污染治理中存在巨大缺口。因此，可考虑选择经济较为发达、财力较为雄厚的沿海大中城市开展试点，效仿市政债券筹集建设资金的模式，由地方政府或指定的代理机构发行债券，用于农村水环境污染治理的基础设施建设的新型融资机制，积累经验后在今后全国的水环境污染治理工作中展开。

2. 完善地方政府监管机制

政府监管部门长期以来重视经济效益，缺少对企业排污、治污情况的管理和监督，导致防治水环境污染效率低下。因此，政府必须加大对高污染、高排放企业的生产行为的监管。健全环境保护部门行政执法问责制，督促相关环保部门的监管行为。整合现有环保执法力量，把分散在十多个部门的执法力量有机凝聚，使水环境污染治理的执法具有一致性。同时，保障环保部门的核心地位，使其统一调配、协调所有的执法力量，提升执法的总体效率和水平。其次，通过一系列的惩罚措施，提高企业的污染成本。可借鉴美、德等发达国家的先进经验，征缴污染税、严惩污染者。对事先未采取污染治理措施而造成污染的相关责任人给予处罚，追究其经济责任，对于情节严重的行为要求其承担刑事责任。使赔偿费用远高于采取良好控制污染措施的投资，以此迫使相关责任人预先做出有利于污染治理的选择。

3. 完善信息公开制度和相关评价机制

通过严格执行环境影响评价制度，规范工业结构布局。组织专家对所有新规划进行评价，对问题产业布局制订修正措施；对于未进行水环境影响评价的老规划，应补办影响评价手续，提出措施控制污染物排放总量标准，制订相关计划对产业结构进行调整。对可能产生重大水环境污染风险的企业按照相关法律法规，对水资源环境进行影响后评价；对于不符合规定的企业，严格按照法律法规的相关条款责令整改，整改不到位的予以关闭。规划区域与建设项目时应当纳入水环境污染事故防范措施和应急预案。

（二）发挥市场机制调节作用

1. 拓宽多元化投融资渠道

当前，要改变以政府为单一投资主体的水环境污染治理投资体制，整合市场、政府与社会多方面的资源，建立起多元化的投资融资渠道，使其与市场经济体制相适应。以企业为主体，形成包括企业、政府与社会在内的多元化投资格局，解决我国目前水环境污染治理资金短缺，投入不足的问题。综合利用股票、债券、项目融资、租赁、TOT 与 BOT 专项基金以及绿色银行等多种融资方式，让政府投资和社会融资互为补充。建立现代企业制度，将政府投资资金引入资本运营领域，让其得到保值和升值，从而减轻财政负担，保障资金持续利用。

2. 引入多元运营模式

转变“谁污染、谁治理”的思路，形成“谁污染、谁付费”的新策略。政府组织需统筹协调不同利益群体的活动，促进不同利益群体之间形成合力。充分发挥投资效益，形成规模性的经济效应，实现集约化的水环境污染治理模式，使之形成产业链。对布局分散、污染严重、治污困难的中小企业，将同类或相近行业进行并购，再将企业转移到相对集中的治污区域，也可以以联合投资入股的方式，组建正规的大型污水处理公司，并按股份市场化进行网络化管理。

在环保基础设施建设和工业污染源治理中，要发挥市场服务的功效，充分利用规范化、专业化的服务，形成规模化水环境污染治理产业，保障水环境污染治理目标的实现。鼓励相关企业以合同的形式，聘请提供专门技术服务的环保公司参与企业的污水治理。也可将其排污治污设施外包给环保服务公司，保证污染物的达标排放。

3. 发展循环经济

与传统经济的高消耗、高污染、低利用相比，将资源、产品、再生资源之间循环利用的循环经济具有低消耗、低污染和高利用率和高循环率的特点。

工业企业需实现资源高效利用和循环利用。在接受产业转移新建、搬迁企业和项目园区化时，要对建设项目合理布局，按照产业循环的顺序推进企业集聚发展，构建循环经济产业链，推动废物交换利用和废水循环利用，促进产业绿色低碳循环发展，避免走“先污染、后治理”的老路。在农业方面，大力发展节约型种植业，加快淘汰老旧农业机械，推进抽水泵站节能改造，推广普及节能型太阳能蔬菜大棚与高效节水灌溉技术。因地制宜推广农作物秸秆饲料化、肥料化、基料化、原料化、燃料化等利用方式，推广畜禽清洁养殖、雨污分流、干湿分离和设施化处理技术。构建畜禽粪便—沼气—

发电、畜禽粪便—沼气—沼渣、沼液—无害化处理—肥料、农药—农林作物、畜禽加工—副产物—生化制品等农牧业循环经济产业链。构建布局合理、资源节约、环保安全、循环共享的生产生活共生体系。

此外,加快建设乡村再生资源回收站、再生资源分拣中心和再生资源集散市场。鼓励社会和民间资本进入再生资源回收利用领域。健全生活垃圾分类回收体系,完善生活垃圾回收、运输和处理体系,建立有机生活垃圾收运系统,实现厨余垃圾单独收集、循环利用,加强废金属等传统再生资源的回收。

4. 完善环境税收制度

党的十七大报告首次提出要“建立健全有偿使用制度和生态环境补偿机制”,由生态受益一方向生态受损区支付一定的资金或实物等方式进行补偿,包括企业对农户、城市对农村进行利益补偿。完善排污收费制度,对高污染行业的乡镇企业征收治污管理费。推行“以奖促治”“以奖代补”的财政补贴政策,鼓励当地的农民和企业主采用更加先进的生产方式减轻对水环境的污染。

（三）发挥公众参与的辅助作用

1. 提高公众参与意识与能力

公众是治理水环境污染危机的主力军,必须提升公众保护水环境资源的意识,构建公众参与水环境污染治理机制。学校可增设相关的实践课程,通过课余教育活动引导学生开展形式多样的水环境保护活动,提高学生的实践能力。社区可整合资源,通过宣传栏、环保教育讲座等形式充分发挥社区的社会服务功能,向公众普及现代水环境污染信息、掌握水环境问题的相关知识,形成对水环境污染问题的正确认识。此外,新闻媒体要充分发挥舆论导向作用,营造良好社会氛围,使各阶层、各类群体社会成员认识自己的主体地位,主动参与水环境污染治理的实践,以民主自由、理性公正的姿态与政府形成互动,理性、有效地参与水环境污染治理,建成一支拥有良好保护水资源意识、具备一定专业知识和技能的“公众队伍”。

2. 完善公众监督制度

目前我国公众参与水环境污染治理的途径主要是投诉、申诉、信访。对此，政府需构建新型水污染治理监督制度，使公众从政策决策的制定、实施到反馈，实现从过程到结果、从局部到整体的多方位、多角度、全过程的监督。

首先，政府需严格规定水环境污染治理中的信访处理程序、畅通信访渠道，及时解决公众就水环境污染治理的意见和建议；严格保密信访举报的公众信息；切实做好因信访举报而造成公众权益受损的救济工作。其次，政府需利用现代电子网络技术，大力推行电子政务，利用信息网络的公开性、快速性，加强公众与政府之间的交流。及时更新发布权威的环境信息，同时加强对水环境污染治理政策的宣传，使公众能够了解政府决策过程，加深公众对政府政策的理解和认同。开设水环境污染治理的民生专题，建立公众网络论坛，举办听证会、座谈会开展民意调查、政府咨询活动，使公众自由表达自身的利益诉求，也可以就有关水环境污染治理政策的制定、实施情况向政府咨询。政府也能最大限度地了解公众的社会需求，收集更加真实、全面的信息，从而制定科学、民主的公共决策，实现各种利益的整合。

六、结语

水环境是人类生存和发展的基础，只有良好的水生态环境才能保障我国社会主义新农村建设的顺利推进。长期以来政府主导整个农村水环境污染治理体制的模式已越来越不适应时代的发展。市场经济的发展和社会意识的觉醒，促使公民社会的自主性不断提升，政府单纯地靠权威来进行统治的时代已经不能够满足多元化的趋势。在市场经济已经蓬勃发展的今天，政府部门应当顺应时代潮流，不断地调整自己，加快政府职能的转变。除了一如既往地发挥在水环境污染治理中的主导作用，加大财政的投入力度之外，还应该充分认识到多元化的社会力量在农村水环境污染治理中的作用，以及构建新型治理体系的重要性。

公共组织(政府)、私人组织(市场)以及公民组织均可成为治理水环境污染事务的参与者,要构建政府、市场和社会三维框架下的多中心治理模式。这种模式充满竞争、富有效率和活力,能最大限度地整合社会资源,为深入解决农村水环境污染防治过程中出现的各种问题提供完善的解决方法。希望本研究提出的对策能对我国农村水环境污染治理工作有所裨益,进一步改善农村水环境,促进农村经济发展和社会主义新农村建设。相信随着社会经济的发展、政府执政理念的更新、公众参与意识的增强,与水环境污染治理相关的政策决策机制将会不断完善,水环境污染问题将会被逐步解决,X 镇水环境污染治理工作也将取得良好成效。

参考文献:

[1] 金其铭,董新. 乡村地理学[M]. 南京:江苏教育出版社,1990.

[2] 曾鸣,谢淑娟. 中国农村环境问题研究:制度透析与路径选择[M]. 北京:经济管理出版社,2007.

[3] [美]埃莉诺·奥斯特罗姆. 公共事物的治理之道[M]. 上海:上海三联书店,2000:33—167.

[4] [美]迈克尔·麦金尼斯. 多中心体制与地方公共经济[M]. 上海:上海三联书店,2000:20—67.

[5] Blunden J. The Mineral Resources of Britain: A Study in Exploitation and Planning[M]. Hutchinson,1975.

[6] 范彬,武洁玮,刘超. 美国和日本乡村污水治理的组织管理与启示[J]. 中国给水排水,2009(10):6—10.

[7] 于立,那鲲鹏. 英国农村发展政策及乡村规划与管理[J]. 中国土地科学,2011(12):75—80.

[8] 贾天生. 集中管理、统一规划、综合防治——英国和联邦德国水污染综合防治经验介绍[J]. 环境保护科学,1986(2).

[9] 吴楚材,陈雯,顾人和. 中国城乡二元结构及其协调对策[J]. 城市规划,1997(5):38—41.

[10] 张晓文. 论农村环境污染防治的法律对策[J]. 农业经济,2006(1):33—35.

[11] 韩玲,刘湘,石碧清. 基层环境保护行政执法现状分析及对策研究[J]. 环境科学与管理,2008(2):18—20.

[12] 黄德春,陈思萌,张昊驰. 国外跨界水污染治理的经验与启示[J]. 水资源保护,2009(4):78—81.

[13] 李宪法.我国水污染防治的战略与政策的探讨[J].城市环境与城市生态，1993(2)：31—34.

[14] 薛辉.浅析公共管理主体多元化的政治学意义[J].中国行政管理，2004(4)：6.

[15] 林秀玉.现代化和英国农业制度性及结构性的变革[J].上海交通大学学报(农业科学版)，2002(1)：54—59.

[16] Parker D J, Penning-Rowsell E C. Water planning in Britain[M]. London: George Allen and Unwin, Environmental Conservation, 1981 8(3).

[17] Zhai R, Liu Y. Dynamic Evolvement of Agricultural System and Typical Patterns of Modern Agriculture in Coastal China: A Case of Suzhou[J]. Chinese Geographical Science, 2009, 19(3).

[18] Mtani A. Governance Challenges and Coalition Building among Urban Environmental Stake Holders in Dares Salaam, Tanzania[J]. Annals of the New York Academy of Sciences, 2010, 1023(1).

5.2 区域大气环境的政府协同治理困境和对策

——以长三角地区为例①

一、引言

改革开放以来，我国产业结构重型化造成了高能源消费倾向和炭偏好。经济发展始终没有摆脱“高能耗、高污染、低产出”两高一低的方式，大量的煤炭使用导致大气污染问题日益突出。空气的流动性和大气组成成分的复杂性，决定了治理大气污染，不能仅靠一时一地的努力，需要“各地一盘棋”统筹推进，历时弥久，才能见到实效。2014 年 1 月 7 日，由长三角三省一市和国家八部委组成的长三角区域大气污染防治协作机制正式启动，出台了《长三角区域落实大气污染防治行动计划实施细则》，在燃煤消耗控制、产能结构优化、交通污染治理、扬尘污染控制、秸秆禁烧工作、预警应急联动、机动车污染治理、区域大气污染成因溯源和防治政策措施等方

① 本文作者：高蓓，华东理工大学 2017 届 MPA 硕士，导师王芳。

面开展合作。

但我国的行政性分权和行政区划的刚性约束，人为地割裂了环境要素的跨区域流动，导致整体大气环境被分成若干个地方性大气环境。各地政府在大气环境治理方面存在信息和财政不对等、沟通不畅、权责不清等问题。如何在保证经济增长的情况下，综合治理大气环境，有效降低能耗，实现能源、经济和环境协调发展，既是一项重要的科学问题，更事关长三角地区经济的可持续发展。研究长三角大气环境政府协同治理路径，探寻综合治理策略，是长三角实现经济效益与社会效益共赢的必然选择，地方政府在协作过程中的互动也为跨区域公共管理提供了基础，对跨区域环境治理的权利真空和政府缺位这一问题的解决具有一定的理论价值和参考意义。

本研究通过文献研究法和案例研究法，基于省政府、省职能部门以及各地市政府及其职能部门的文件、工作报告、领导讲话，以及公开出版的年鉴、公报、数据汇编等资料，从区域治理论、资源依赖论、集体行动论等理论出发，对长三角地区大气环境政府协同治理现行机制和运转效果进行了研究，对区域大气环境政府间协同治理的困境进行了分析。总结了先进地区的成功经验和对长三角地区的启示。从培育共同治理文化、完善区域治理法律法规体系、构建区域协同管理机构、完善协调沟通监督机制、完善联合执法监测机制、建立区域补偿机制等角度，提出了完善长三角地区大气环境政府协同治理的路径。以期为长三角地区政府协同治理提供理论借鉴和实操指导，同时也为跨区域污染治理提供参考样本。

二、区域大气环境政府协同治理的现行机制及运行效果

（一）长三角地区大气环境质量概况

近年来，长三角地区各市环境空气质量总体呈好转趋势，但距离空气优良的要求还相去甚远。按照《环境空气质量指标》(GB3095—2012)的评价，2015—2017年，浙江省环境空气质量基础好，改善幅度也最大；江苏省的

AQI 和 PM2.5 较为稳定;2017 年上海市 PM2.5 降幅要远高于平均水平;安徽省 AQI 及 PM2.5 均排名最末(见表 5.1)。

表 5.1 长三角地区环境空气质量情况

地区	上海		江苏		浙江		安徽	
年份	AQI (%)	PM2.5 ($\mu g/m^3$)	AQI (%)	PM2.5 ($\mu g/m^3$)	AQI (%)	PM2.5 ($\mu g/m^3$)	AQI (%)	PM2.5 ($\mu g/m^3$)
2015	70.7	53	66.8	58	78.2	47	77.9	55
2016	75.4	52.3	70.2	51	88.4	40.4	74.3	50.3
2017	75.3	39	68	49	90	35	66.7	56

长三角区域的大气污染原因主要有以下三点:第一,长三角地区的工业基础较为浓厚,从 20 世纪初开始,电力、钢铁、造船、化工等重化工业成为经济增长的主要动力,该产业快速发展带来了资源的巨大消耗,同时也造成了大气环境的恶化。第二,长三角地区 90%以上的发电来自火力发电,而火力发电转换效率普遍在 30%左右,大量燃煤导致煤炭消费总量居高不下。近年来,火电热电机组进行了脱硫脱硝提标改造,但排放总量仍然较大,给大气环境质量改善带来巨大的压力。第三,长三角地区汽车保有量逐年增加。2015 年,三省一市机动车保有量达到 4 212.94 万辆。中国科学院对大气灰霾追因与控制进行了 5 年左右的跟踪研究,认为汽油车在大气中反应后产生的大量二次颗粒物,是城市 PM2.5 的重要来源之一。

(二) 区域政府协同治理现行机制

在经济全球化和区域一体化的背景和趋势的促动下,长三角区域政府合作治理机制经历了从无到有、从简单到丰富的过程。目前主要存在三个层次的协同治理机制:(1) 主要领导定期会晤机制;(2) 长江三角洲城市经济协调会;(3) 长三角各城市政府职能部门之间的协调会。随着长三角地区各省市经济的发展和改革的深入,各地方政府越来越重视加强区域合作协调。开始主动加强合作,将大气联防联控纳入城市互动交往协议中,如南京区域经济协调会、浙东经济合作区域协议等。通过建立合作机构和合作机制、签订合作协议、定期召开联席会议等方式，长三角地区政府对各自承担的职责进行了一定程度的规范、对接，对各自的行政权力有了最低限度的让渡，在一定程度上减少了行政壁垒。此外，长三角三省一市实施省际联合、部门联动，齐抓共管、紧密配合，全面开展燃煤、油气、扬尘、挥发性有机物、重点废气企业监管等综合管控，有力地保障了上海世博会、南京青奥会、国家公祭日、中东欧国家领导人"16+1"会晤活动、G20 峰会等大型活动期间的大气环境质量。

长三角地区区域化水平较高，大气环境政府协同治理机制虽然正式启动时间不长，但区域合作的组织形式和制度规则均在不断完善之中，并且逐渐步入制度化阶段。通过协调，长三角地区在一些大型的国际活动、会议上已经成功实施了一系列区域性联防联控的政策手段，并且能在活动、会议期间让环境空气质量达到良好的效果。但这些政策手段大多属于临时性措施，带有明显的时间性和地域性，也没有继续对地方政府间协同模式进行深入研究，不能长期有效地对区域性大气污染防治制度进行联防联控，临时性的管控方案更会导致区域性污染的反弹，尚需加强深化。

三、区域大气环境政府协同治理面临的主要困境

长三角地区大气环境政府协同治理已初见成效，但其大多是在外生型力量的推动下进行的，政府的内生需求较少。此外，主体多元化带来的利益取向多元化使得各个利益主体之间既存在利益取向的一致性，也存在着利益取向的差异性，从而导致区域合作基础的缺失。碎片化的政府协同治理模式同样给区域大气环境的协同治理带来极大的难题。

（一）区域合作基础的缺失

在地方政府对于自身利益最大化的关注以及"经济人"的有限理性的影响下，极有可能出现个体理性和集体理性之间的矛盾，从而导致集体行动失效。目前，只关注显性 GDP 数据增长的发展方式虽逐步得到扭转，但仍未

从根源上消除经济至上的理念。

由于区位优势与资源、文化传统、区域经济现实状况以及区域发展战略等方面存在差异，江浙沪皖四地在社会发展水平上仍然存在较大差距。上海、江苏、浙江已经进入后工业化阶段，对自然资源尤其是能源的依赖将大幅降低，而处于工业化中期的安徽对自然资源尤其是煤炭、石油等资源的依赖性相对较大，由此产生的大气污染也会相对严重。

长三角地区经济发展的不均衡，也导致地方政府在区域大气环境治理目标上存在差异，直接表现是大气环境治理投入资金的差异。经济相对发达地区更重视对大气环境的保护和治理，有更多的资金倾斜到相关污染治理中。经济相对落后地区仍存在经济发展优于大气环境保护的现象，不可避免地出现以地方环境换取经济发展的情况。“搭便车”问题也损害了发达地区大气环境治理的积极性，降低地区的治理期望，进而成为区域地方政府大气环境协同治理良性发展的障碍。

在我国的政治体制之下，上级官员主要依据经济增长来考核和提拔下级官员，因此，地方政府官员将中心工作放在一切可以促进当地经济发展的领域。正如集体行动论所认为的，个体的理性将会导致集体的非理性，地方政府的利益观呈明显的短视化，局限于谋求本地区发展和当前短期政绩，这使得地方政府自然而然忽视了区域大气治理这类短期内难见成效的公共产品的供给，区域大气政府协同治理自然陷入集体行动的困境。

受区域经济发展的失衡、大气治理目标的差异、政治锦标赛的追逐，各地政府在大气环境协同治理合作理念上还缺乏夯实的基础条件。

（二）政府协同治理模式的不合理

长期以来，我国实行地区分割、部门分割的环境管理体制，大气治理的职责散落到各级政府和各职能部门之中，独立化的治理政策、条块化的投资机制和碎片化的治理结构使得区域大气环境协同治理陷入困境。

1. 法律保障不完善

建立完善的区域政府协同治理法律法规体系，是解决区域大气环境问题的保障，区域大气环境问题的长期性要求区域政策能够发挥长期稳定的作用。在立法途径方面，由于法律缺乏整合机制的规范，在面对复杂的区域大气环境问题时，既无先例可循，也无具体参照的规范，致使地方政府在立法层面陷入无序化。

法规条例内容的模糊性导致政策落地困难。在三省一市的大气污染防治条例中，虽然都将“区域大气污染联合防治”单列一章，但内容都较为原则性，如四地条例中均指出“省人民政府应与长三角区域省、市以及其他相邻省建立大气污染防治协调机制”，江苏和浙江均有“省有关部门应当与长三角区域省、市以及其他相邻省相关部门建立沟通协调机制”这一条，上海相对较详细，分别明确了政府、交通和环保部门各自的职责。这些规定都是纲要性的指导意见，缺乏相配套的具体操作措施和工作方案，在大气污染治理权限和职责上模糊不清，使得如何具体落实这些政策缺少必要的法律支撑，执行难度较大。在遇到重大事项或突发事件时，主要还是由相关方自行协商解决。

2. 资金保障不充足

地方政府的大气环境治理存在资金缺乏统一管理和资金投入不足等问题。投资体制条块分割的事实，导致长三角地区大气综合治理效益难以充分显现，在整个治理过程中，缺乏充足的财政支撑。在经济相对发达地区治理大气的投入更多，具有正外部性，经济相对落后地区配套资金投入存在困难，有时候投入明显不足。长三角地区受季风气候影响，秋冬和春夏风向截然相反，仅靠部分地区的投入水平远远不够，然而对投入损失和收益情况的评价还缺乏科学的评判标准。基于市场机制的生态补偿还不完善，补偿资金力度不足、渠道欠缺，地方政府间矛盾重重。

3. 政策执行力不强

长三角地区内各级政府只在本辖区内执法，各职能部门只对本部门涉及的大气污染问题开展执法，这必然导致执法的职能相互交叉、重叠。一旦出现重大问题，相关方各执一词，相互推诿扯皮。大气环境的流动性和大气污染治理的复杂化，导致某一职能部门的管理权限可能无法满足执法的现实需求，往往需要其他部门的介入和帮助(见表5.2)。

表5.2 部分大气污染治理的执法职能

	环保	交通	公安	港口	建设	经信委	城管
燃煤锅炉淘汰	√					√	
挥发性有机物治理	√					√	
码头油气回收		√		√			
扬尘污染治理		√		√	√		√
推进绿色交通		√	√		√		
餐饮油烟整治	√						√

此外，政府间合作协议不像市场契约一样明确责任条款和法律效力，因此地方政府是否忠实执行合作协议并不能受到有效约束。合作协议的履行情况经常靠双方的自觉性及合作意愿的维持。受制于现行中国行政体制任期年限，地方领导的更迭有时候会造成已达成的合作意向和项目夭折或者流于形式。在区域横向合作中该现象更为明显。由于缺乏法律和制度的支持，合作政策执行缺乏稳定性、强制性，制度化程度较低。

四、美国大气环境政府协同治理的经验和启示

20世纪40年代，美国南加利福尼亚州依赖于汽车的新兴生活方式所形成的烟雾污染，于1943年7月开始给洛杉矶市居民健康带来巨大危害，这引发了全美上下对大气环境质量的高度关注。通过数十年的努力，美国已经建立起一套完善的区域协同治理体系。

美国区域协同治理的主要经验有：(1) 州政府彼此之间自愿组成的区域协会。在联邦环保署不断发展利用区域办公室和区域机制的同时，州政府也同时发现了其在改善区域空气质量上的价值，开始自发组建相对松散的区域联合会并达成合作协议。区域规划和城市规划紧密结合，区域规划制定时把区域的经济、环境和能源一并加以考虑。例如，洛杉矶与周边三个

郡有 6 000 平方公里，1 778 万人口，汽车保有量在 1 000 万辆以上。按照空气污染区域划分，四郡共同协商合作，根据污染源的区位和输送通道，做出责任分工。(2) 设立区域办公室，进行统一管理。美国依据地理和社会经济水平，打破地区界限，在全美建立了 10 家区域办公室，负责管理 10 个大的地理区域，这些区域与普遍接受的地理和社会经济区域一致，按各州的州界划分，促进落实联邦环保署诸多职能和措施。例如，位于美国东南部的环保署 4 区办公室有 15 个独立的单位，负责解决区域大气质量、许可、模拟、移动污染源、计划和执法方面的工作。各区域办公室都与环保署总部保持着密切的联系，在国家政策制定中发挥了关键的作用。与此同时，区域办公室也具有充分的灵活性，与各州合作、创新区域管理机制。(3) 建立区域大气环境管理机制。国会授权 EPA 建立了系列区域大气环境管理机制，包括：南加州海岸空气质量管理机制，在区域内统一立法、执法、监督和处罚，以此控制南海岸地区的大气污染；臭氧污染区域管理机制，划分了臭氧传输区域，并在臭氧污染严重的东北部 13 个州和地区建立了臭氧传输委员会，主要负责开展东北部臭氧形成及传输影响的研究，同时为实现东北部各州臭氧的达标，提出适用于本区域更加严格的控制措施；能见度保护与区域灰霾管理，建立跨州空气污染传输区域及其管理委员会等(见表 5.3)。

表 5.3　美国区域大气污染联防联控管理模式

	区域办公室	针对某一大气环境问题的区域管理	州政府发起的区域行动
区域划定	与普遍接受的地理和社会经济区域一致，按各州划分	由环保署认定某些地区有必要或适合达到并保持大气质量标准，与相关地方政府协商后，即划定为大气质量控制区	与普遍接受的地理和社会经济区域一致，按各州划分
执行机构	国会成立的区域办公室	国会授予联邦环保署成立的区域委员会	州政府自发成立的区域组织或合作协会

续 表

	区域办公室	针对某一大气环境问题的区域管理	州政府发起的区域行动
执行机构人员构成	联邦环保署派出人员	联邦环保署派出人员 各州(地方)政府代表 其他利益相关方(专家学者、NGO、公众)	各州(地方)政府代表其他利益相关方(专家学者、NGO、公众)
执行机构主要职能	1. 对州级和地方政府的行为进行监控和指导 2. 监督州政府和地方政府的大气管理措施 3. 收集和分析数据和信息 4. 在区域一级的管理和推动联邦大气措施和政策 5. 将联邦政府对州、地方和区域的投资进行优先排序 6. 成为联邦政府拨付给州、地方和区域资金的通道,各州、地方和区域对国家资金的使用通过区域办公室向国家过渡 7. 为政府官员提供额外的培训机会,承担领导性作用	1. 针对特定区域大气环境问题划定行动计划 2. 监督区域大气质量行动计划的实施 3. 开展区域污染防治能力建设,提供技术和政策协助 4. 提供并开展合适的培训	1. 加强州之间的交流 2. 进行区域大气环境问题模拟 3. 对区域问题管理进行评估并向区域办公室提供建议 4. 提供并开展合适的培训
合作机制	1. 纵向机构的主体管理 2. 政治决策建立在科研机构科学认知的基础上 3. 依行政命令实现合体 4. 信息公开,接受公众监督	1. 纵向机构的主体管理 2. 政治决策建立在科研机构的科学认知基础上 3. 依行政命令实现合体 4. 信息公开,接受公众监督	1. 横向机构的主体管理 2. 关注区域大气环境问题模拟和其他技术工作 3. 通过责任、利益协商实现合作

美国在治理大气环境时,并未将行政区视作单一的主体,而是遵循自然规律,将整个区域视作一个整体,统一部署管理。区域内各地政府在共同利益的驱动下,始终将区域整体大气环境改善作为本地区的目标,认真实施好不同时间的区域大气治理各项规划。通过设立十个区域办公室,对区域内的大气环境统一管理,决定了区域大气环境政府协同治理步调的一致性。

相对完善的法律法规体系，赋予了区域管理机构法律地位和法律手段，对于地方政府间协同治理有明确的指导，也有效减少了区域大气环境治理中的交易成本。

五、完善区域大气环境政府协同治理的对策

区域大气环境治理中最核心的问题，是环境利益在各行政区如何实现最大限度的普惠与共享。只有社会中的所有成员都拥有共同利益，才会减少利益主体搭便车的可能，避免社会成员通过偏离合作的策略来实现套利。共同利益使得地方政府协同治理变得必然和可能。区域大气环境协同治理应当是地方政府追求公共利益、形成良性互动和谐关系的过程，为实现这一目标，需要地方政府达成一致，并建立完善相应的法律、制度和机制保障。

（一）确立区域协同治理共同文化

首先，大气污染具有明显的区域性、外溢性和无界化的特征，而大气环境的改善又具有显著的公共产品特征和溢出效应。区域公共产品从技术的角度难以清晰地界定产权而做到排他性，区域公共产品供给相较于传统的公共产品供给，呈现出空间性和行政跨域性特征。长三角地区各地政府要以相互信任为基础，共同建设协同治理文化，将协同治理思想深入各项合作协议及规章制度中，使其成为一种文化氛围。培育地方政府对协同治理的认同感，将区域内各个地方政府的经济发展路径与协同治理行为结合，使政府在发展的过程中树立协同发展、科学发展的意识。对已经成功的协同治理案例加强宣传，使更多的人认识到政府协同在大气环境治理中的重要性。

其次，三省一市需以绿色 GDP 考核促进区域大气环境治理，加大环境保护在绩效考评中的权重，强化绿色发展绩效考核结果的运用。建立以考评结果为基础的奖惩机制，探索建立绩效评估与财务预算和项目经费管理相结合的联动机制，将政府绩效评估结果与自身建设结合起来，强化绩效

评估的激励和约束功能。积极推动建立绿色GDP政府绩效评估与公务员考核的衔接机制，加强目标任务的跟踪管理，加大奖励力度，强化责任追究制度，实现考核的激励作用、引导作用和示范作用，切实做到有考评、有结果。

（二）完善区域政府协同治理模式

长三角地区大气环境政府协同治理不是各辖区内大气治理工作的简单叠加，也不是同时在各地区推进全部的大气环境治理工作。区域公共管理的实质就是政府治理方式上的制度变迁，即打破原有行政区行政的安排，重塑利益格局的演变过程。

1. 健全区域协同治理的法律法规体系

有法可依是实现长三角大气环境政府协同治理的基础，有法可循是落实大气环境政府协同治理的重要保障。在国家法制层面，积极探索区域性立法的可能性，赋予区域性立法的合法性，通过国家层面制定统一法律的方式来协调解决。在省级层面，三省一市的立法机关联合立法，共同制定区域大气环境政府协同治理的法规，将区域大气环境政府协同治理纳入法治体系，保持长三角地区内立法的一致性（目标一致、责任一致、处罚一致）和执法的统一性（统一执法主体、统一执法标准、统一执法程序）。长三角地方人大或政府可以通过订立联合立法协议，制定区域统一规则，通过三省一市人大或政府的联合立法或协作立法，制定统一法规或规章，减少区域内的多头立法或重复立法。对于社会关注，群众关心的热点、难点、重点立法项目，三省一市人大可成立联合工作组联合立法，制定共同法规，然后各自公布；对于有共性的立法项目，由一省或一市牵头组织起草，其他省市予以配合，立法结果由三省一市资源共享，法规各自公布。这样既可以节约宝贵、稀缺的立法资源，又能从源头上避免长三角区域立法冲突，从而有效规范和促进长三角区域经济一体化的法制进程。

2. 建立强有力的经济刺激制度

区域大气环境具有明显的非排他性和外部效应，容易产生“搭便车”的行为，导致"集体行动的失败"。因此，需将三省一市的各类废气排放总量作为考核挂钩标的，根据各地每年排放的污染物总量，以吨为单位收取污染排放统筹资金，逐年按照一定比例提高收取标准。根据大气污染物减排考核结果，对完成年度减排任务的市、县、区，按收取该地区资金总额的40%返还；对未完成年度减排任务的市、县、区，适当降低返还比例，减排任务中有一项未完成的，返还比例降低5个百分点，依此类推。对PM2.5、AQI达标率达到任务的各地，分别按收取该地资金总额的20%进行奖励。返还和奖励资金各地全部用于大气环境治理与保护；其余资金由区域管理机构统筹用于支持区域环保工作，以及跨界重大大气环境治理与工程建设。此外，长三角地区可参照美国的排污权交易，建立区域大气排污交易机制，围绕排放减少信用，允许不同工厂之间转让和交换排污削减量，以市场机制促进污染减排和环境；可以电力、钢铁、水泥（平板玻璃）等高架源为突破口，污染因子覆盖氮氧化物和二氧化硫，结合"十三五"区域总量控制和行业总量控制等新要求；在区域协同管理机构下设大气排污权交易平台，提供交易信息、办理排污权储存和借贷等服务。

3. 成立权威的大气环境协调管理机构

受外部环境压力和自身需要的影响，所有组织都必须与其他组织进行资源的交换，只有通过与其他组织联盟，组织才能够获得领域内对稀缺资源的控制能力。同理，地方政府也需要与区域内其他地方政府合作结成联盟，以增强自身解决大气环境治理的能力。从现阶段来看，更为适合长三角地区大气环境政府协同治理的是建立相对松散的区域协调管理机构。地方政府通过将权力让渡给协调管理机构，使得协调机构成为区域内超一级的行政机构。

跨区域环境污染问题涉及面大、复杂性高，而条块分割的环境管理体系更加重了处理的复杂性。因此，政府有必要建立跨行政区域的、技术性高和权威性强的管理机构来承担这项工作。在中央政府的主导下，地方政府通过权力的让渡来组建区域管理机构，抽调各省政府及职能部门人员，实体化办公，对区域大气治理统一决策、管理和协调。在协调管理机构内部，细化负责大气环境治理各方面的小组，小组内部可由不同职能部门构成，分别牵头各事项，形成多层次的协调管理机构体系（见图 5.1）。

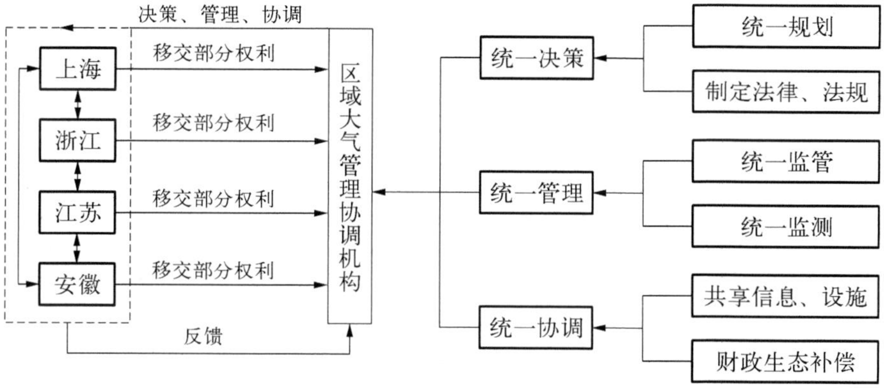

图 5.1　区域大气治理协调管理机构建立路径

4. 完善区域协作沟通体系

先进的技术手段可以促进长三角地区政府间协同治理的整体优化，随着新经济时代和信息时代的到来，技术和制度出现亲和互动性趋势，两者紧密联系、相互推动，唯有整合在一起，才能推动区域大气环境政府协同治理的现实力量。在技术条件给定的条件下，交易费用是一个核心，用最少的费用提供定量服务的制度安排，将是合乎理想的制度安排。区域大气环境治理包含区域调控机制和运行体系的技术系统，为区域大气环境污染综合防治提供科技支撑（见表 5.4）。

表 5.4　区域大气污染治理五大关键技术

名　称	技术要点
区域大气复合污染在线立体监测技术	发展大气复合污染关键污染物的快速在线监测技术、三维立体和流动在线监测技术，为构建天、空、地一体化城市群大气复合污染观测、研究和示范平台奠定技术基础
区域动态污染源清单技术	建立区域大气污染源排放信息的技术规范、技术标准和动态数据平台，开发区域大气污染源识别与污染源清单校验技术

续 表

名 称	技 术 要 点
区域大气复合污染预测与预警技术	通过多尺度、无多污物的区域综合空气质量模拟系统，建立科学家、管理者和公众皆认可的具有约束力和公信力的法规空气质量模拟系统和决策性工程化模型，实现区域空气质量的实时预测、预报和预警
关键区域污染源控制技术与设备	针对城市群区域大气复合污染关键物，开发各种有共性的源排放控制技术和设备
区域大气复合污染控制的决策技术	建立城市群区域的环境承载力与大气复合污染控制的指标体系，确定区域内各行政单元的减排目标；开发区域污染物排放总量控制技术和分配技术，构建区域大气复合污染区域调控的多目标决策支持平台，建立区域协调机制与管理模式

建立长三角地区大气环境共享系统，实现为智能决策提供及时的、低成本的、高效的和可靠的大气环境信息，使信息能够充分及时地传播交流，进而减少政府间谈判、协商和合作的交易费用，有利于在大气环境治理时统筹兼顾各方利益，做出有利于区域整体大气环境的正确判断(见图 5.2)。

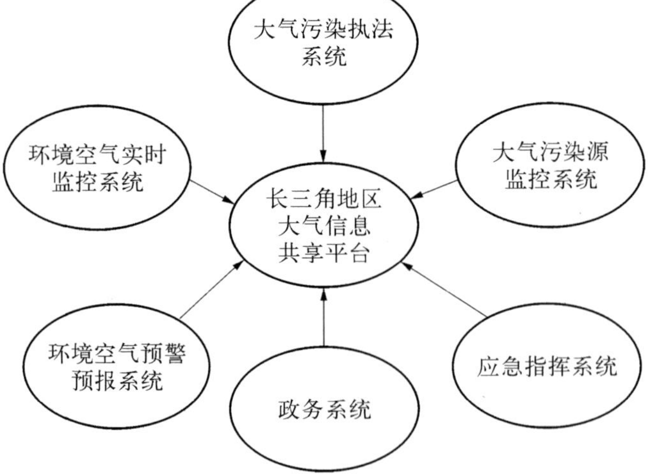

图 5.2　长三角地区大气信息共享平台

建立重大项目大气环境影响评价会商机制。对区域大气环境有重大影响的火电、钢铁、石化、水泥、有色、化工等项目，要以区域规划环境影响评价、区域重点产业环境影响评价为依据，综合评价其对区域大气环境质量的影响，评价结果向社会公开，征求项目影响范围内的相关城市及公众的意见，作为环境影响评估审批的重要依据。建立大气环境信息共享机制。围绕区域大气环境政府协同治理的要求，依托已有网站的建设，促进区域大气环境信息共享，集成区域内各地环境空气质量监测、重点源大气排放、重点建设项目等信息，建立区域大气环境共享机制，促进区域内各城市之间的大气环境信息交流。

建立区域大气污染预警应急机制。加强极端不利气象条件下大气污染预警体系建设，加强区域大气环境质量预报，实现风险信息研判和预警。建立区域重污染天气应急预案，构建区域、省、市三级联动一体的应急响应程序，将保障任务层层分解、层层落实。当出现极端不利气象条件时，所在区域能够及时启动应急预案，实行重点大气污染物排放源限产停产、建设工地停止扬尘作业、机动车限行等紧急控制措施。

加强区域大气环境政府协同治理能力建设。建设完善区域空气质量监测网络。制定统一的监测数据质量控制方案，将区域内各地监测点数据实时联网到共享平台。加强区域大气污染物排放在线监控能力，加强对重点企业的监督性监测，重点企业建成在线监控装置，并与区域共享平台联网。完善区域、省、市、县四级自动监测系统网络，推进县级大气污染源监控中心建设。推进区域大气环境治理科研合作，共同开展科研技术交流，培养人才队伍，提升长三角地区大气环境治理的科研能力。

参考文献：

[1] 曹晓凡. 新大气污染防治法实施操作指南[M]. 北京：中国民主法制出版社，2015.
[2] 陈振明. 国家治理转型的逻辑：公共管理前沿探索[M]. 厦门：厦门大学出版社，2016.
[3] 孙兵. 区域协调组织与区域治理[M]. 上海：上海人民出版社，2007.

[4] 唐亚林. 长江三角洲的理论与实践[M]. 上海：复旦大学出版社，2014.
[5] 保罗·R. 多梅尔. 政府间关系[M]. 九州，译. 北京：北京大学出版社，1997.
[6] 弗兰西斯·福山. 信任——社会道德与繁荣的创造[M]. 李宛蓉，译. 内蒙古：呼和浩特远方出版社，1998.
[7] 曼瑟尔·奥尔森. 集体行动的逻辑[M]. 陈郁等，译. 上海：上海人民出版社，1995.
[8] 柴浩放. 地方政府间的互动与合作——相关理论及其启示[J]. 城市发展研究，2015(2)：96—100.
[9] 崔晶，孙伟. 区域大气污染协同治理视角下的府际事权划分问题研究[J]. 中国行政管理，2014(9).
[10] 董骁，戴星翼. 长三角区域环境污染根源剖析及协同治理对策[J]. 中国环境管理，2015(3)：81—85.
[11] 刘峰. 新时期区域公共管理创新[J]. 中国行政管理，2002(3)：39—41.
[12] 吴兴智. 生态危机治理的现实情境：一个跨行政区案例[J]. 改革，2010(7)：92—98.
[13] 王佃利，王玉龙，苟晓曼. 区域公共物品视角下的城市群合作治理机制研究[J]. 中国行政管理，2015(9)：6—12.
[14] 杨妍，孙涛. 跨区域环境治理与地方政府合作机制研究[J]. 中国行政管理，2009(1)：66—69.
[15] 杨爱平. 论区域一体化下的区域间政府合作[J]. 政治学研究，2007(3)：77—86.
[16] 杨爱平. 区域合作中的府际契约：概念与分类[J]. 中国行政管理，2011(6)：100—104.
[17] 郑权，田晨. 美国洛杉矶雾霾之战的经验和启示[J]. 环球经济，2013(11)：70—71.
[18] 曾维和. 协作性公共管理：西方地方政府治理理论的新模式[J]. 华中科技大学学报(社会科学版)，2012(1)：49—55.
[19] 朱德庆. 跨域环境污染协同治理研究——以长三角雾霾治理为例[D]. 上海：上海交通大学，2014.
[20] Marks G, Hooghe L, Blank K. European Integration from the 1980s: State-Centric v. Multi-level Governance[J]. Journal of Common Market Studies, 2010, 34(3).

5.3 可持续发展视野下自然保护区社区共管模式研究

——以江苏省 Y 市 D 区麋鹿保护区为例①

一、研究背景

可持续发展要求环境与经济相协调，人与自然和谐共处，自然保护区可持续发展是实现社会经济可持续发展的有效途径和重要手段。自 1956 年以来，自然保护区在我国发展渐趋成熟，但同时也存在一定隐患。在传统的自上而下的强制性管理模式下，专业人员严重不足、业务素质普遍偏低、基础设施较为薄弱、部分区域划界未明确，存在着土地方面的纠纷和自然保护区与周边社区之间的矛盾。而单纯依靠行政命令和法律法规的方式，不仅无法解决现实矛盾，还会使矛盾越加激烈。当下，以人为本、多元发展已经是历史必然，也必然成为未来自然保护区在管理模式上转型的方向。我国从 20 世纪 90 年代中期起，就把社区共管作为一个重要的改革内

---

① 本文作者：顾娴，华东理工大学 2016 届 MPA 硕士，导师张良。

容，积极探索解决发展与保护之间的矛盾。社区共管模式作为解决生物多样性保护和社区发展、利用自然资源矛盾的有效途径，对缓解周边社区的压力、促进生物多样性保护具有重大意义。从 2002 年 10 月到 2008 年 10 月，全球环境基金在我国实施了“林业可持续性发展项目(SFDP)”，社区共管作为“保护区地区管理(PAM)”的子项目，涉及 7 个省的 13 个自然保护区。

D 区麋鹿保护区位于江苏省 Y 市，地处江苏东部黄海之滨，占地面积 4 万亩。D 区麋鹿保护区作为野生动物和湿地类型的自然保护区，拥有典型完整和高度自然的海滨湿地生态系统，是南黄海湿地生态系统的重要组成部分。1986 年由原国家林业部和江苏省人民政府联合批准建立，迄今，D 区麋鹿保护区麋鹿数量已达 3 223 头，占世界麋鹿总数的 1/2，是世界面积最大的麋鹿保护区，也是世界最大的野生麋鹿种群及世界最大的麋鹿基因库。D 区麋鹿保护区已被列入国际重要湿地名录、东亚—澳大利西亚鸻鹬鸟类迁徙网络和人与生物圈保护区网络，成为全球环境基金(GEF)中国项目示范区、中国生物多样性保护示范基地、全国示范自然保护区等。

社区共管是一种全新的自然保护区管理模式，以 D 区麋鹿保护区为例探讨该模式具有较强说服力。鉴于此，本研究以自然保护区社区共管为切入点，以可持续发展理论、生态经济学理论、环境公平理论以及协同治理理论为指导，采取文献调研法、访谈调研法、个案调研法，通过借鉴国内外有关研究成果，分析保护区管理和社区发展的关系，深入探讨解决自然保护区建设与社区发展矛盾的社区共管发展管理操作模式，从根本上减轻当地群众对自然保护区资源的过度依赖及由此可能造成的破坏，做到“保护”和“发展”两手抓。进而促进麋鹿保护区及其周边社区的可持续发展，为研究社区在自然资源保护体系中的作用和探索保护区与社区管理可持续发展模式提供借鉴。

二、D 区麋鹿保护区管理体制的演变

（一）D 区麋鹿保护区建设概述

20 世纪 80 年代初，国家决定让麋鹿回归故土，经有关专家慎重研究，意向选址按四条标准：一是出土过大量麋鹿化石、亚化石的地区；二是现沼泽湿地环境与麋鹿古生境相似或相近；三是沼泽湿地面积不少于 1 000 公顷（15 000 亩）；四是地方政府支持。经过对植物区系、动物区系、土壤、气象等相关因素的全方位调查，在尊重科学、注重证据、按照麋鹿生活繁衍的客观规律、科学要求的基础上，最终确立 D 区县林场为麋鹿生活的较为理想的栖息地。

1983 年，世界自然基金会与中国原国家林业局签署了“麋鹿重引进放养、建立自然保护区”的项目书。1985 年，原国家林业局代表中国政府与世界自然基金会在合作项目书的基础上，又与江苏省农林厅签订了“麋鹿重引进，在江苏省 D 区县林场南场划拨 15 000 亩林地，建立 D 区麋鹿保护区”的项目协议书。与此同时，国家林业部以拨改贷的形式下拨保护区第一期项目工程资金 120 万元人民币，江苏省农林厅代表省政府签订了协议书后，及时向省编制委员会提交了“关于建立江苏省 D 区麋鹿保护区”的报告。

（二）D 区麋鹿保护区管理体制演变的阶段

1986 年至 1997 年为科层建制阶段。1986 年 2 月 28 日，经江苏省编制委员会（苏编[1986]18 号）批准成立“全民科级全额拨款事业单位，列事业编制 15 名，在 D 区县林场南场辟出 15 000 亩建立 D 区麋鹿保护区”。业务上接受林业部、省农林厅领导，行政由 D 区县代管。保护区和 D 区县林场为两块牌子一套班子，业务干部由县统一调配，技术工人由林场内部调剂解决。保护区基本建设投资主要由林业局负责，省农林厅承担部分基本建设投资和施工，保护区的专项事业经营费用由省财政厅按规定增拨。保护区内的林权、地权性质不变，仍归林场所有。

1998 年至今为初级建制阶段。1997 年 12 月 8 日，经 D 区市人民政府

申请、省政府推荐、国家林业部审报，国务院正式发文（国函[1997]109号）批复，保护区晋升为江苏D区麋鹿国家级自然保护区。1998年8月31日，江苏省编制委会以苏编[1998]89号文件批复江苏省D区麋鹿保护区更名为“江苏省D区麋鹿国家级自然保护区管理处”，为处级全额拨款的全民事业单位。2001年9月28日，省林业勘察设计院根据国家林业局（原国家林业部）要求重新编制了保护区总体规划。2002年，由于D区麋鹿保护区建制的上升和体制的进一步理顺，完全从D区林场剥离，行政上由原来隶属于D区市人民政府调整为Y市人民政府，业务上归省林业局管理。2003年9月5日，国家林业局对《江苏省D区麋鹿国家级自然保护区总体规划》正式下达批复。随着江苏省机构设置的改革，2003年7月19日，中共Y市委员会发文成立“中共江苏省D区麋鹿国家级自然保护区管理处党组”（盐委组[2003]101号）。同年9月25日，江苏省编制委员会又以苏编办[2003]186号文件批复，将江苏省D区麋鹿国家级自然保护区管理处，由江苏省农林厅划归江苏省林业局管理，其编制、经费渠道等均不变，人员经费列入省财政年度预算，由省财政直接下拨。2005年5月16日，为落实国家林业局有关文件精神，成立Y市麋鹿自然保护区管理局。2006年10月25日，国家林业局（林护发[2006]208号）将D区麋鹿国家级自然保护区定为全国林业示范自然保护区。

（三）D区麋鹿保护区的管理体制

D区麋鹿保护区为正处级建制公益性事业单位，党务和管理受中共Y市委和Y市人民政府领导，业务上受江苏省林业局领导。江苏省D区麋鹿国家级自然保护区管理处（Y市麋鹿自然保护区管理局）设立5个内设机构和1个下属事业单位，均相当正科级，分别为：办公室、技术管理处、宣传教育处、安全保卫处、资源巡护处和Y市麋鹿研究所。同时管理处下设3个公司和1个旅行社，分别为Y市麋鹿旅游发展有限公司、Y市苏华饲料有限公司、Y市绿野园艺有限公司和Y市快鹿旅行社。下设单位均为独立法人单位。保护区总人数为90人，其中研究生9人，本科生20人，中专以上39人；专业技术人员24人，其中初级职称13人，中级职称6人，高级职称5人。

自然保护区主要经费来源于国家发改委、国家财政部、省财政厅、市政府每年的固定拨款，涵盖基本职工工资和运管费用。其中，发改委承担管护基础设施建设投资，财政部承担能力建设投资，省财政厅承担日常管理经费和补饲经费，地方政府承担保护区其他管理经费。同时，保护区每年依托亚行项目、绿色江苏、湿地保护等获取项目资金。自 2012 年起，D 区麋鹿保护区湿地保护项目作为亚行贷款 Y 市湿地保护项目实施的 4 个子项目之一，总投资 600 万美元，其中 300 万美元为亚行贷款，省政府承诺保护区亚行贷款由省财政全额支付。绿色江苏项目和湿地保护项目由保护区每年申报省林业局批核，最后由省财政厅下拨专项资金，实行专款专用。此外，保护区经费来源也包括旅游收入和慈善基金会赠款。D 区麋鹿保护区每年游客接待量为 10 多万人次，加之另外的费用，共计收入 1 500 万元。世界自然基金会（WWF）和全球环境基金（GEF）分别在 1998 年、2003 年为 D 区麋鹿保护单项活动或项目提供资金。

D 区麋鹿保护区总面积 2 666.67 公顷，土地使用权类型为划拨，用途为农用地，按土地利用结构来分，包括滨海沼泽、滩涂和林地。2014 年，D 区麋鹿保护区调整区划，将第一核心区原属于林场的 7 000 亩林地调整为保护区国有林地。但是 Y 市湿地珍禽和 D 区麋鹿两个保护区在地域范围上有重叠，不利于有序管理。

三、D 区麋鹿保护区与周边社区关系分析

（一）D 区麋鹿保护区与周边社区的关系变化

第一阶段处于弱关系阶段。为对物种进行抢救式保护，D 区麋鹿保护区在建立初期采取强制性和封闭式保护措施，产生了以下后果。其一，保护区限制当地居民对保护区内资源的利用，以牺牲居民利益为代价发展保护区，导致双方利益出现冲突；其二，由于国家对保护区投入资源不足，造成了保护区规避法律法规、钻起法律空子的局面，极大破坏了当地的资源。因此，在建设初期，保护区和社区处于弱关系阶段。

第二阶段处于冲突诉求阶段。在建设初期所采取的管理模式下，保护区面临着两大冲突：社区和保护区利益冲突，生态环保与生产发展目标冲突。当保护区建设对社区居民使用自然资源带来严重隐患时，社区与保护区便发生了利益冲突。同时，野生动物损害庄稼严重导致了庄稼减产，甚至出现粮食负产出的现象，生态环保和生产发展也出现了目标冲突。保护森林资源是为了长远发展，但当社区居民生存已成问题时，必然到达利益诉求矛盾阶段。当社区居民作为相关决策主体介入管理计划项目时，便可以积极参与经营活动并受益，分享来自资源保护和管理的利益，使保护区与社区利益冲突最小化，把林业发展与有限的土地资源的利用连接起来。

第三阶段处于有限协调阶段。2008 年 8 月，D 区麋鹿保护区主动尝试社区共管活动，提高保护区及周边社区在保护区建设、管理体制中的作用，吸引社区参与保护。社区共管模式打破了以往强制封闭式的管理，将社区居民的利益纳入管理主体，社区居民有了话语权，作为管理主体与保护区管理当局共同组成保护地共管委员会。保护区管理机构在制定保护地管理计划时要充分征求、听取当地居民的意见和建议，当地居民对管理计划享有投票表决权。此外，保护区管理机构还要与当地居民签订保护协议，当保护区涉及社区所有土地和居民所有或使用的土地时，当地社区和居民对这部分保护地负有按照保护区管理目的使用和保护的义务。

（二）D 区麋鹿保护区与周边社区的冲突表现

其一，管理目标冲突。保护区的管理目标是最大程度地保护生物多样性，而周边社区的管理目标是促进生产发展。保护区建立直接减少了周边居民的土地面积和基本生活来源，双方在管理目标层面存在很大冲突。在面临双赢局面时，保护区和当地居民会增强协作意愿，但面临冲突时便加大了社区共管的阻碍。贫困现象持续存在，保护区对资源使用限制过严，或因经费问题而开发资源等现象，都会激化保护区与社区的矛盾。

其二，具体利益冲突。目前，由于我国对保护区的立法还不够完善，可操作性和协调性差，自然资源保护层面的法律法规缺失使管理者左右为难。

保护区的建立与发展给原居民的生活生产经济来源带来影响，甚至导致他们变成无房、无田、无职业的三无人员。虽然政府采取了一些补偿措施，但那些简单的经济补偿解决不了村民实际的生活需要及他们今后的生活问题，造成后期在保护工作上的不配合、抵触，甚至破坏。产生利益冲突的主要原因是未能正确地对待社区居民的利益诉求。在D区麋鹿的社区共管开展中，东灶村社区的居民并没有真正获得他们的既得利益，后续问题并没有得到较好的解决，缺乏相应的社区共管法律法规保障和村民利益表达机制和伤害补偿机制。

其三，管理职责冲突。根据管理条例，国家对自然保护区实行的管理方式为综合管理和分部门管理，实行统一监督管理与分类管理。分属几个部门主管导致部门之间业务分隔而管理职责重叠，形成了多头管理，管理责、权、利不清，这些矛盾的存在使部门之间存在冲突。另外，保护区管理区域的土地未能按《自然保护区土地管理办法》规定征用集体所有的土地，土地使用权与管理权的分离给社区共管的实施埋下了隐患。D区麋鹿保护区共管过程中，鱼类养殖项目和渔政、水利部门都想介入，而且都具有合法的理由与依据，这种现状给渔民增加了无形的压力与成本。同时，实施社区共管需要有较高的启动经费门槛，前期宣传、组织建设以及基础设施建设、教育培训、教育指导等工作的开展都需要大量的资金。目前的保护区管理基本上是自上而下的强制管理，政府没有足够的经费投入，多数保护区处境困难，保护区自己的资金投入在短期内存在很大的困难。建设所花的巨大经费压力，也会挫伤当地居民建设自然保护区的积极性，导致保护区不得不走上自养的道路，形成资源的保护者与经营者的双重身份。体制上的混乱将造成管理上的混乱，由此引发社区的纠纷，导致保护与发展总是处于不断冲突之中。

（三）原因分析

1. “部门割据”下的多头管理体制

在D区麋鹿保护区的社区共管工作中，参与主体力量不对称，政府力量占主导地位，政府各部门的力量不能聚合在一起形成合力，导致保护区处于

“部门割据”的状况之中，造成了多头管理、各自为政的现象。20世纪90年代制定的自然保护区社区共管体制，是为了促进自然保护区与周边社区同资源环境之间实现可持续发展的管理体制。随着经济的不断发展，与外界的往来日益频繁，区内居民的生产生活方式已不适应目前的社会经济条件。因此，D区亟须探索制定新的区域共管管理体制，重新界定职能部门之间的管理权属。

2. 补偿机制依据的法律法规不完善

目前，中国有关自然保护区的相关条例、法规效力偏低，可操作性和协调性差，滞后于保护区所在地发展的要求，常常使保护区管理者左右为难。野生动物误入社区破坏庄稼和袭击社区居民造成了巨大的财产损失，影响了社区居民的切身利益。D区麋鹿保护区针对野生动物伤人、伤农事件进行赔偿，但杯水车薪无法解决实质性问题，如何补偿、以什么形式进行补偿成为自然保护区和当地社区居民争执的焦点。补偿机制健全与否，直接影响社区居民对共管工作支持与否，成为自然保护区社区共管工作不容忽视的重要问题。

3. 周围社区参与缺乏有效的激励机制

目前，社区共管主要采取行政和政策手段，通过提供发展资金、工具设备、建设物资生态保护与地区经济发展之间的矛盾等援助活动进行，以经济激励为主。例如，保护区聘请社区农户为巡护员，实施护林员制度并给予定额补助，但采用现金补贴的方式不但给当地财政增加难度，而且在一定程度上培养了他们的依赖性和惰性。社区居民参与共管是因为他们看到了直接的利益，如果他们的利益不能被满足，或者利益取向发生了变化而没有被及时考虑，必然会降低其参与的意识和兴趣，甚至会产生不合作的行为。

四、D区麋鹿保护区与周边社区关系的合理化探索

（一）D区麋鹿保护区社区共管实践

1. 成立社区共管委员会

D区麋鹿保护区通过多年实践，积极取得了当地政府和社区对保护各项

工作的支持，广泛吸收保护区、周边社区及有关政府机构和生产经营单位，于2008年成立社区共管委员会，成立社区工作科，共同协商处理利益分配问题，具体组织实施社区公关项目，实施对社区自然资源的管理。共管委员会以东灶村委会为主，由保护区管理处项目办、社区工作科和川东林业管理站的代表参加。社区共管委员会是共管活动的具体实施机构，主要负责开展参与性乡村评估(PRA)、收集共管信息，制订东灶村资源管理计划、管理社区投资基金项目，建立东灶村资源保护体系，开展保护意识教育和技术推广工作，执行东灶村资源管理计划中的规章制度和解决大湾村在自然资源利用和管理中的矛盾冲突等工作。

2. 编制示范社区资源管理计划

D区麋鹿保护区选定东灶村为示范社区，利用二手资料、农户调查和PRA方法收集东灶村示范社区基于本地调查的资料，简要精练地描述东灶村社区的现状。麋鹿保护区在该村开展基本情况和能源需求分析的调查，调查东灶村的基本概况、历史、组织结构、自然资源利用、矛盾冲突、存在问题和限制因素等方面，对东灶村自然资源利用方面的冲突和存在问题进行了讨论和分析，编写了东灶村社会经济调查报告和能源需求分析报告，在此基础上建立示范社区保护体系。

3. 建立社区共管野外巡护协调员制度

D区麋鹿保护区与周围社区建立伙伴关系，共同协调发展，主动邀请社区居民走进保护区，与他们谈心、交心、换心，共同建立社区共管巡护体系，将D区麋鹿保护区划定为3个责任区进行管理，主动为他们的生计出主意、想办法，同时也主动让他们为自然保护区的发展出谋划策，让他们与保护区共生存、共发展。保护区社区工作科的管理人员和社区居民一起实行定人员、定面积、定职责、定考核、无捕猎和无采挖目标管理，并签订一系列的目标责任书，把各项目标工作任务落实到具体人员，责、权、利紧密挂钩，增强野外巡护体系和协调员的激励机制。

4. 开展法规与执法宣传工作

D区麋鹿保护区经常去社区积极宣传《中华人民共和国自然保护区条例》《中华人民共和国野生动物保护法》以及其他法律、法规，普及率已达95%以上；制定《江苏省D区麋鹿国家级自然保护区管理办法》；优化执法队伍，提高执法水平，加强保护资源管理，依法履行保护管理职能，对滥捕乱猎等行为进行预防和打击，有效保障了区内自然资源及麋鹿栖息地安全。

5. 推广社区职业培训

结合技术培训，做好社区村民的宣传工作。组织项目工作人员向村民介绍共管知识，编印社区共管宣传资料1 000份，发放到每家每户。定期举办社区技术推广培训班，聘请本地农林方面的工程师为社区讲授各种科学技术知识，提高村民学习科技知识的积极性，为社区投资基金项目的启动和实施提供技术保障。

6. 发展麋鹿生态旅游

D区麋鹿保护区兼顾社区居民的利益，与社区协调相处，利用保护区的资源优势，以保护麋鹿为主题发展生态旅游，增强保护区自养能力，这是保护区给予社区的间接补偿方式。生态旅游业一方面缓解当地社区的就业问题；另一方面将麋鹿保护的宣传推向外界，吸引社会公众来参与麋鹿的保护，最后达到以旅游促进保护区发展的目的，带动了保护区周边地区经济发展。

（二）D区麋鹿保护区社区共管相关利益者及其需求分析

自然保护区相关利益者是指能够影响自然保护区建设和发展，或受自然保护建设发展影响的个人或组织。以D区麋鹿保护区为例，根据半结构小组访谈、关键信息人访谈及农户调查结果，确定自然保护区管理者、当地政府及社区居民为确定利益者。

政府涉及中央政府、地方政府和保护区管理机构。尽管《自然保护区管理条例》明确禁止在核心区和缓冲区进行开发利用，但自然保护区的保护制度在政府安排下会为其效用最大化，许多地方政府为自身经济发展，并没有真正执行中央政府的制度设计。在中央政府有关保护区管理的规定中对社区利用资源的限制是产生矛盾的主要因素，但同时，地方政府并没有主动设计使当地社区利用资源并获益的权利的动机。在有限的任期内获得政绩、升迁等机会的驱动下，地方政府官员的行为往往短期化，表现在自然保护区的资源管理上，就有将地方政府经济收益置于保护和社区居民收益之上的可能。

保护区管理机构作为中央政府的代理人需要将服务于中央政府的效用最大化，作为“理性人”又会以自身效用的最大化为目标。因此，保护区管理机构的利益就与统治者不完全吻合。自然保护区资源的有效保护是中央政府的目标，但是保护区管理机构为了其自身的利益也会排斥地方政府及当地社区对资源的利用，以实现自身利益最大化。

当地社区在面对各级政府机构的逐利行为时，虽没有话语权，但会用对抗性方式来抗衡，但在现实中这种对抗会受到搭便车行为而被削弱。对农民而言，其对抗成本是非常高的，在现行政治制度结构中，农民的谈判地位和组织化程度很低，抵制的私人成本要高于抵制的私人收益，从而造成了农民的对抗不足，无法对地方政府和保护区管理机构形成制约，更无法和中央政府的法律法规相抗衡。

根据对D区麋鹿国家级自然保护区管理处、当地政府及周边社区小组的访谈和农户调查资料，对自然保护区相关利益者需求取向进行分析，我们发现他们的需求取向存在较大的差异。

（三）D区麋鹿保护区社区共管效果分析

其一，社区共管缓解了保护区与周边社区的矛盾。随着社区居民环保意识的提高，资源破坏活动也会减少，村民积极主动地加入保护区管理建设的工作中，使栖息环境及周边生态环境均得到明显的改善，保护区与周边社区的矛盾来源减少。其二，社区共管改善了周边社区的生态环境和基础设施。D区麋鹿保护区资助兴办的医疗站，不仅解决了当地看病难的问题，而且解决了当地的卫生防疫问题。保护区社区共管委员会通过推广节能改灶、建立村级医疗站、修建蓄水池、推广移动式喷灌机等社区共管项目，不仅解决了当地能源消耗大、看病难、用水难等问题，而且改善了当地居民生活条件，提高了村民的健康水平和生活质量。其三，社区共管明显增强了社区居民的保护意识和自觉性。D区通过实施社区共管，对居民开展环保教育活动，缓解社区与保护区的矛盾冲突，建立乡村自然保护组织，使他们在共管中发挥重要作用。其四，社区共管增加了社区居民的经济收入。D区帮助和指导社区居民因地制宜地开展社区发展项目，拓展社区居民的经济收入来源，同时农民因为参加工程建设、开发旅游市场，而获取了更多的就业机会，拓宽了增收渠道。其五，社区共管提高了保护区的综合管理能力。通过共管项目的实施，D区加强了保护区同当地政府、居民的联系。目前，自然保护区多数领导和工作人员已认识到共管活动的积极作用，强调与当地社区建立伙伴关系的重要性。

五、推进D区麋鹿保护区进社区共管模式的思路和策略

在推进社区共管模式的思路层面。第一，采取生态效益、社会效益和经济效益并重的思路。D区麋鹿保护区社区共管模式应注重改善和调节区域生态环境、维持区域生态平衡；同时提高管理水平，在宣传教育、科学研究等方面工作都可加大力度，增强保护区的自我发展能力；并通过不断改善基础设施建设和服务水平，促进保护区社区共管的良性循环。第二，采取“保护第一、合理利用”原则，“科学利用、持续发展”原则和“因地制宜、讲究实效”原则。坚持把保护作为第一要务，把发展和利用作为前提。正确处理自然保护与资源利用的关系，利用资源优势适度开展生态旅游活动，增强保护区自我发展能力，实现区域环境、资源、社会相互协调可持续发展。因地制宜，讲究实效，全盘考虑，使整体与局部有机结合和协调发展。第三，D区麋鹿保护区的社区共管模式分为参与磋商式共管、合作式共管、功能性共管和自我能动式共管。参与磋商式共管是指社区并不直接参与决策，而是通过提意见的方式间接影响管理。合作式共管是指参与者的群体通常能得到社区组

织者的帮助。功能性共管是指把社区分成村民小组、学校、按贫富划分的群体、妇女等社会群体，确保这些群体有发言权。自我能动式共管是指社区居民在需要外部的帮助的同时积极参与共管活动。第四，组织形式分为“政府＋保护区＋社区”“政府＋保护区＋社区＋NGO”和“政府＋保护区＋社区＋公司”。其中，在“政府＋保护区＋社区”管理模式中保护区起主导作用，“政府＋保护区＋社区＋NGO”管理模式中环保 NGO 和科研机构等非政府组织可发挥主要作用，在“政府＋保护区＋社区＋公司”管理模式中公司作为共管的主要参与者。

在 D 区麋鹿保护区优化对策层面。首先，采取合理的保护对策。第一，合理规划保护区功能区域，根据发展需求合理划分核心区、缓冲区与实验区，严格实行分区管理。第二，加强社区培训工作，提高社区居民的科技能力和社区居民的综合素质，并准备长期性的科技服务和培训。第三，推行社区共管保护模式，扶植社区发展。第四，制定优惠政策，改善社区条件。第五，构建全方位生态教育体系，通过培训、参观、研讨等方式转变相关领导和共管人员的观念，达成对共管工作认识上的一致。

其次，实行周边社区对策。第一，提高社区领导制度建设，完善社区共管委员会。鼓励周边社区居民参与保护，加强社区共管领导制度建设，保护社区居民的根本利益，形成统一领导，共同规划、决策和管理。第二，提高社区居民科技水平，走科技兴区之路。通过开展经济转产转型、脱贫致富方面的培训和劳动技能培训，提高周边社区居民科学文化水平。第三，加大对社区基础设施建设的投入力度。合理规划社区学校、医疗等公益设施，加大投入力度。第四，发展替代生计，提供小额贷款。在不破坏自然资源的前提下充分利用现有的资源库获得经济发展，积极发现当地优势，寻找可持续替代生计。第五，建设特色产业基地，增强社区造血能力。在做好保护区共管的基础上采取多种经营管理模式，解决村民的切身利益，在资金上重点扶持，在技术上专门指导，确保国家、集体利益不受损失，有选择性地发展经济项目，努力提高社区居民的经济收入，提高社区居民的经济能力。

再次，加强保障措施。第一，建立合理的共管运行机制。加强区域共管的实施，建立科学的共管运行机制，健全相关法律法规体系，为自然保护区区域共管的顺利开展提供良好的法律和制度保障。第二，建立规范的保护补偿机制。在保护野生动物的同时，侵害村民利益的现象时有发生，加上自然保护区建立后自然资源开发利用受到限制，一定程度上损坏了村民利益，因而应该给受损农户以经济补偿。保护区财政需要多渠道筹措社会资金来补贴，坚持"谁保护、谁受益、谁付费"的制度，视情况落实好生态补偿的主体和标准。第三，建立有效的奖励激励机制。以经济激励、政治激励和社会激励，充分调动员工积极性，提高工作效率，进而促进当地居民参与社区共管的积极性。第四，建立协同的社会参与机制。发挥社会机制的调整作用是促进自觉形成生态保护内部制度的必经之路，主要从加强生态环境教育、支持 NGO 发展和扩大参与性上体现。第五，建立多元的经费保障机制。多渠道筹措共管资金，加强对共管资金的规范管理，正确认识共管的多样化，探索多渠道和多途径共管的可能性。

最后，建立科学的监督评估机制。我国自然保护区社区共管工作尚处于探索阶段，尚未建立起对共管效果科学评价的体系。因此，社区共管亟须建立符合我国保护区社区共管实际情况的监督评估机制，从根本上解决自然保护区管理与社区发展的矛盾冲突，进而有效地指导、促进保护区即周围社区环境、社会、经济的可持续发展。

参考文献：

[1] 国家林业局野生动植物保护与自然保护区管理司. 国家级自然保护区工作手册[M]. 北京：中国林业出版社，2008.
[2] 国家林业局野生动植物保护司，国家林业局政策法规司. 中国自然保护区立法研究[M]. 北京：中国林业出版社，2007.
[3] 蒋志刚，丁玉华. D区麋鹿与生物多样性[M]. 北京：中国林业出版社，2011.
[4] 王献溥，崔国发. 自然保护区建设与管理[M]. 北京：化学工业出版社，2003.
[5] 余久华. 自然保护区有效管理的理论与实践[M]. 咸阳：西北农林科技大学出版社，2007.

[6] 胡伟. 社区共管：公众环境权与居民生存权的权衡[J]. 生态经济，2017(6)：212—215.
[7] 孙润，王双玲，吴林巧，安辉，覃世赢，刘有军，谭伟福. 保护区与社区如何协调发展：以广西十万大山国家级自然保护区为例[J]. 生物多样性，2017(4)：437—448.
[8] 郭恢财，胡斌华，万青，李建新. “点鸟奖湖”——鄱阳湖南矶湿地保护区社区参与共管双赢模式的思考，林业经济，2016(10)：69—73.
[9] 乔斌，何彤慧，苏芝屯. 自然保护区社区共管模式的四个维度研究[J]. 环境科学与管理，2017(8)：168—171.
[10] 于静涛. 平潭综合实验区“共同管理”主体架构的形成性思考[J]. 海峡法学，2011(2)：25—31.
[11] 李斌. 三江源国家公园社区共管机制现状研究[J]. 河北企业，2018(1)：23—24.
[12] 闫颜，徐基良. 韩国国家公园管理经验对我国自然保护区的启示[J]. 北京林业大学学报(社会科学版)，2017(3)：24—29.

后　记

新时代我国经济社会的发展转型，迫切需要转变政府职能，实现地方政府治理转型。为顺应新时代社会主要矛盾的转化，地方政府应积极寻求向法治政府、责任政府、服务型政府的转变，其中服务型政府是地方政府治理转型的落脚点或目标。

关于地方政府治理转型的相关理论，学界已从不同理论维度进行了探讨甚或严密论证，实践层面的相关研究也可谓不计其数。但是，基于新时代背景，以及作为我国经济社会发展示范区的长三角地区的经验研究，尚不多见。鉴于此，本书立足“新时代”，从近三年长三角政府治理实践的“第一线”取材，由地方政府治理的具体实践人员负责经验研究的原创，反映了长三角政府治理转型的真实图景和实践动态。本书的特色在于，立足以人民为中心的发展观，紧扣地方政府职能转变的新时代内涵，结合长三角地区的实践典范，聚焦地方政府治理实践中的“基层治理、市场监管、公共服务、生态治理、应急管理”等重要方面，基于中国理性的国家—市场—社会的关系形态，探讨地方政府的治理价值、治理体制、治理结构或治理行动等核心内容，以引领我国地方政府治理的快速转型与高质量发展。

本书由曾莉担任主编，负责全书的编写大纲、内容安排、结构、体例和总论第一节和第五节的撰写。正文各专题原创作者为华东理工大学2015—2018届公共管理专业硕士(MPA)研究生。参与本书编写和编辑的人员有李雅欣(总论第二节)，李若瑾(总论第三节)，盛艳梅(总论第四节)，高淑怡(基层治理)，王卉(市场监管、生态治理)，酒毓(公共服务、生态治理)，李素芹(应急管理)等。按照本编著的统一布置和要求，在征得原作者同意的基础上，编写人员对初稿进行了修改，最后由主编对全书核验定稿。

尽管编者对每个专题都已尽最大能力选择最具代表性的研究成果，但囿于篇幅、能力和偏好，论文在筛选上难免留有遗憾，或者存在诸多不妥之处。因此，非常欢迎读者的批评和指正！本书的阅读对象主要为高等学校和研究机构中从事公共管理研究的学者，以及在公共部门工作的实务界人士。

本书作为华东理工大学MPA教育培养成果的展现，由华东理工大学MPA教育中心提议和组织，得到华东理工大学长三角一体化研究中心的支持。编写本书引用了多名MPA学生的毕业论文，对各位同学的热情支持深表谢意！同时，也要对付出大量辛勤劳动的所有参编人员表示特别的感谢！最后，为了本书顺利出版，华东理工大学出版社社科事业部编辑、MPA教育中心李玲老师等也付出了大量辛勤劳动。在此，一并表示诚挚的谢意！

曾　莉

2019年6月

于华东理工大学徐汇校区